落落乾坤大布衣

于右任·画传、楷书、自传、年谱

于江 编著

陕西师範大學出版总社

图书代号　WX19N1185

图书在版编目（CIP）数据

落落乾坤大布衣 : 于右任画传 / 于江编著. -- 西安 : 陕西师范大学出版总社有限公司, 2019.7
ISBN 978-7-5695-0985-4

Ⅰ. ①落… Ⅱ. ①于… Ⅲ. ①于佑任（1879-1964）—传记—画册 Ⅳ. ①K827=7

中国版本图书馆CIP数据核字（2019）第148412号

落落乾坤大布衣：于右任画传

LUOLUO QIANKUN DABUYI　YUYOUREN HUAZHUAN

于 江　编著

责任编辑 / 张建明　岳战理
责任校对 / 胡　明
装帧设计 / 朱天瑞　卫东青
出版发行 / 陕西师范大学出版总社
（西安市长安南路199号　邮编 710062）
网　　址 / http://www.snupg.com
经　　销 / 新华书店
印　　刷 / 西安奇良海德印刷有限公司
开　　本 / 787mm×1092mm　1/16
印　　张 / 27
字　　数 / 451千
版　　次 / 2019年7月第1版
印　　次 / 2019年7月第1次印刷
书　　号 / ISBN 978-7-5695-0985-4
定　　价 / 128.00元

读者购书、书店添货或发现印装质量问题，请与本社高等教育出版中心联系。
电话：（029）85303622（传真）　85307864

于右任（1879 — 1964）先生风仪

达者为先，师者之意。“先生”，是对德行志高者的一种尊称，也有世间对人生修为者的崇敬之情和感佩之心。于右任世称“于先生”。

· 出版感怀 ·

清末民初，内忧外患，工业革命的坚船利炮兵临城下，传统农商自足，闭关锁国的大清帝国几经与西方列强交手，摇摇欲坠。洋务、维新、改革、新政，世界潮流无可抵挡……

在此时代更迭、社会进化过程中，自古圣贤辈出的关中——陕西三原走出了“西北奇才”——于右任。先生幼年受传统经典教育，又能够深知民间疾苦贫寒。少年追随名师发奋苦读；青年广泛游学，民族意识增强，参加同盟会，反抗满清封建王朝；中年办学办报倡导书法弘扬传统文化，树立靖国军义旗以文领军策应北伐；晚年奠定监察制度。一生集新闻、教育、文学、书法、收藏、民主革命等领域建树于一身，立功立德立言立艺为一体，以儒家之风范、侠士之英豪，以忠贞之信仰，爱国爱民之气概，受各界推崇，其事迹照耀史册，众尊为圣贤。

本书以先生一生为主线，用一帧帧照片叙述，记录那时那景那人，以为纪念。

—— 于 江

第二章

楷书 于右任先生

第三章

我的青春时期

※附录

目录

第一章

画传 于右任先生

第一章

于右任先生画传

求学 · 从师

于宝文先生（于右任父亲）

· 01 ·

于家世居陕西泾阳县斗口村，后有“关中于氏”之名。于右任祖父为峻唐公，大伯父为于宝铭（字汉卿），二伯父为于宝善。父亲为于宝文，生母为赵太夫人。

于宝文（1853 — 1908），字新三。12 岁入蜀江津典铺做学徒，后转至岳池。在四川生活九年，偕继母刘氏，移居三原东关河道巷。喜爱藏书并钦点《二十四史》三遍。于右任自言略识学术门径，得益于庭训为多，在当时有“一灯如豆下苦心，父子相揖背章文”之美谈。

1938 年末，为纪念父亲新三公，于右任出资 3500 元，在四川岳池县办了一所中学，即以新三命名。1951 年，新三中学与岳池中学合并。

房太夫人（于右任伯母）

· 02 ·

于宝铭之妻房太夫人，膝下无儿女。虽为于右任伯母，对其却有养育之恩。

房太夫人是泾阳县杨府村人，房氏娘家有姊妹十五人，她排行第九，也称九姑娘，于右任两岁丧母后，由房氏养育九年，视为己出。于右任知恩图报，后在泾阳杨府村兴办小学，取名"宗海小学"，以纪念舅父房宗海；后又在舅父居住过的庄头村兴办"思恭小学"，还曾多次回乡看望房太夫人，并将伯母接至上海、南京游玩。因对伯母始终怀有感恩之情，多次书写怀念诗文和《先伯母房太夫人行述》碑铭。

于右任自画像（陕西省文史馆藏）

· 03 ·

清光绪五年（1879），于右任出生于陕西三原县东关河道巷。7 岁始入三水老儒第五氏私塾，11 岁就读名塾师毛班香先生，学古、近体诗，其间从太夫子亚农公学草书，临习东晋书圣王羲之《换鹅贴》。14 岁入县学古书院考课，得奖银，17 岁以秀才之身入县学，游历于三原宏道书院、泾阳味经书院、西安关中书院，20 岁以岁试第一人为补廪膳生。其间拜访名师朱佛光、贺瑞麟、刘古愚等名贤，后入陕西中学堂深造，日益精进。25 岁中举人。26 岁赴河南开封参加礼部主持的会试，为求贡士功名，却因处女诗集《半哭半笑楼诗草》中的诗句，被告发为“逆竖倡言革命，大逆不道”“无论行抵何处，拿获即行正法”，而亡命上海……因而于右任曾有自嘲为“老进士”之缘由。

· 04 ·

于右任年轻时曾受古代爱国诗人文天祥、谢叠山的诗文启蒙和影响，很早就树立爱国志向，心怀忧国忧民之思。宏道学堂试卷是于右任 19 岁时根据科举考试之需所书写，字体端庄秀丽，为其正书的早期作品。其文章洋洋洒洒，引经据典，剖析传统节用与西方预算之弊端；为国计民生应从长计议，对国内外形势有独到之看法。

此试卷在当时受到陕西学政叶伯皋（尔恺）赞赏：“笔端奇气不可遏抑，作者奇才妙色，可以自成一家”，甚至将于右任誉为“西北奇才”。

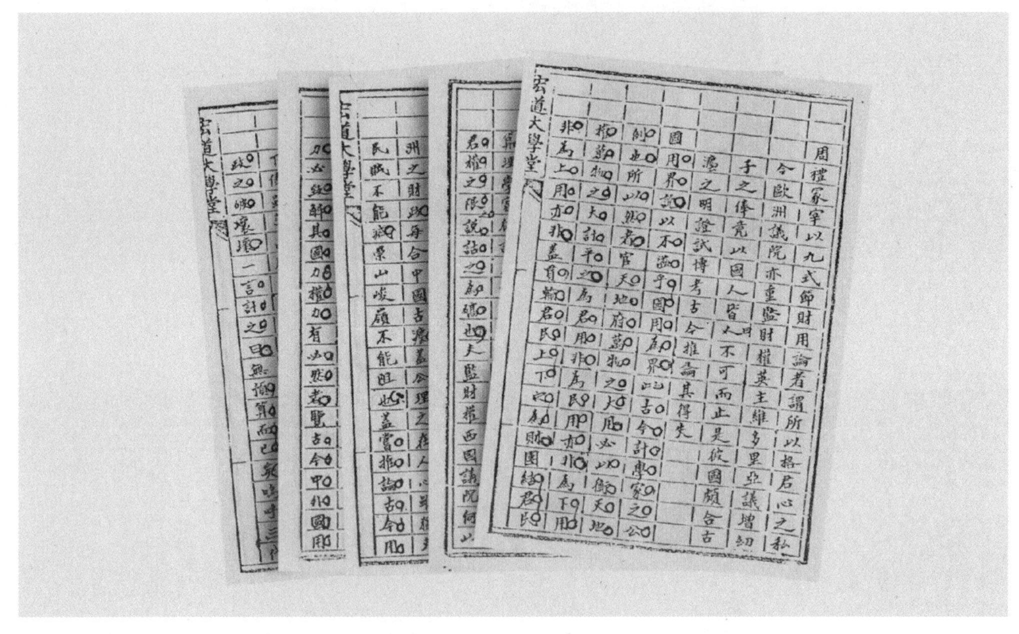

于右任在宏道大学堂试卷（局部）

· 05 ·

于右任游学、 执教于关中各地期间， 吟诗、议政于民族兴亡之感慨，随作随录，汇编成册。于右任当时自号“半哭半笑楼主”，好友为之收集整理为《半哭半笑楼诗草》，并秘密出版。光绪二十五年（1899）21 岁时的于右任，诗集的封

于右任第一本诗集封面

面为诗人披发握刀照，两旁自题联语：“换太平以颈血，爱自由如发妻”。

其中诗云：

“误国谁哀窈窕身，唐徭祸首岂无因；女权滥用千秋戒，香粉不应再误人。”“署中豢尔当何用，分噬吾民脂与膏。”“太平思想何由见，革命才能不自囚。”

……

这本充满“叛逆”色彩的诗集，引起知县德锐的关注，并密报给总督升允。此时于右任赴开封应礼部考试，却因诗集一案被告发遭到通缉。幸得家乡同学李和甫父亲李雨田先生得知，父子两人商议，重金雇信差赴开封救于右任于危难之中。于右任化名为刘学裕，经汉口、南京抵上海，经同乡吴仲祺介绍，结识马相伯，入震旦公学。

陕西中学堂所在地北院，被改行宫

· 06 ·

沈卫督学陕西期间，时值旱灾，为救济灾民，于右任被委任为济粥厂长，在三原开办粥厂，广泛接触社会。1900 年春，施粥结束后，沈学使推荐语右任在西安陕西中学堂深造，校址在北院。总教习丁保树（信夫）精通经史，讲解详明，虽经半年，获益不减。

时逢庚子之变，西后慈禧入陕，“北院改行宫”，致使学校被迫停办，师生们在雨中迎驾，愤懑至极。于右任愧愤之余，欲上书陕西巡抚岑云阶“手刃西后，重行新政”。书未发，为同学王麟生（炳灵）所见，极力归劝。

· 07 ·

马志德（1840 — 1939），字相伯，中国著名教育家、宗教家。曾在上海创办震旦学院。于右任听说后，极为向往，写道：“及闻上海志士云集，议论风发，我蛰居西北，不得奋发，书空咄咄，向往尤殷。”

光绪三十一年（1905）初，于右任入上海，受马相伯知遇，入震旦半工半读。因不满学校教育观念，与恩师创设复旦公学兼任联名长助理。在此期间，又创设中国公学兼任国文教习。

于右任先生与恩师马相伯

革命·从政

· 01 ·

虽上海志士云集，资讯发达，于右任议论时政投稿屡试不登，遂蒙发办报志向。1906年9月偕邵力子赴日，有意结识中国同盟会（1905年成立于东京）领导人孙中山，同时也为考察日本新闻事业及募集办报资金做准备。

不久，经陕籍同盟会员康心孚、井勿幕引见认识胡汉民，出席秦陇晋豫省留日同乡大会，募集办报资金。11月13日，与孙中山会晤，星夜深谈，立誓约入同盟会。

1907年4月在上海创办《神州日报》，宗旨为废弃清帝年号，宣扬民主自由。

1908年8月在上海创办《民呼日报》，为黄帝子孙之人权宣言，大声疾呼，为民请命。

1909年10月在上海创办《民吁日报》，其宗旨为：民不敢声难有吁耳。

1910年10月在上海创办《民立报》，昌言国民自立、言论自由。

于右任创办的报刊

赴日期间加入同盟会的于右任

（左一为于右任、中为王伊文、右为张登云）

· 02 ·

因批评、抨击时政，言论激烈，引起同业嫉视与清廷之仇恨，于右任被诬陷侵吞赈灾款项而被捕入狱。经律师抗辩，同乡会、商会等商号支援，先生虽被获释，《民呼日报》被永久取消发行权，逐出租界，发行仅 92 天，划破夜空而陨落。

《民呼日报》案后，于右任东渡日本，筹划另一份报刊《民吁日报》，意志更加坚定。1909 年 10 月回上海创办的《民吁日报》因鼓吹革命言论激烈，发表论述唤起民心，报刊又被查封，于右任不得办报，机器不能用做印刷报刊，仅发行 48 天，于右任再次赴日。 赴日期间，于右任与同盟会会员张登云、王伊文等人相交，一起为报刊经费奔走。

于右任广泛联络志同道合人士加盟，于 1910 年 10 月创办《民立报》。宣传影响为当时全国最为知名报刊之一，对中国民主革命作出了重要贡献。

化名亡命上海的于右任

· 03 ·

于右任化名在上海亡命期间，父亲在三原重病不起，先生闻讯返乡探父后，挥泪重新踏上返程。“目断庭闱怆客魂，仓皇变姓出关门，不为汤武非人子，付与河山是泪痕。”

翌年，父亲安葬，于右任潜行回陕，清廷不久即至，先生又虎口脱险，路过灞桥时写诗曰：“吾戴吾头竟入关，关门失险一开颜。灞桥两岸青青柳，曾见亡人几个还？”至亲至孝之情，溢于言表尽在诗中。

中华民国临时政府在南京成立（前排左五为孙中山、第三排右四为于右任）

· 04 ·

1911 年 10 月 10 日，武昌起义爆发，全国各地大部省份宣布独立并脱离清政府统治，要求清帝退位，建立共和国，经投票选举，孙中山当选。1912 年元旦，中华民国临时政府在南京正式成立，孙中山宣誓就职。于右任当选交通次长。

任职交通次长兼总统府秘书的于右任

· 05 ·

1912 年，临时政府入阁推荐人孙中山，根据同盟会确定的“部长取名，次长取实”的原则，除海军次长汤芗铭外，其余次长均为同盟会骨干会员。民立报社对革命贡献卓著，入阁九位次长中，有吕志伊、景耀月、马君武、于右任四位来自民立报社。除此以外，《民立报》编辑宋教仁出任法制局长，方潜出任南京府知府，康宝忠、张季鸾和于右任担任总统府秘书，吴忠信任南京巡警总监。于右任任职其间，整顿邮政，发行中华民国光复邮票，开创沪宁铁路夜间行车。

·06·

二次革命失败后，袁世凯下令通缉革命党人，孙中山、黄兴、于右任被迫东渡赴日，孙中山在日本东京发起成立中华革命党，策动“三次革命”。其间，于右任负责在陕组建中华革命西北军。

南北军阀你争我夺，各地战事频发。先生为策应护法，响应北伐，在陕就任陕西靖国军总司令，为南北战事赢得了时间，有效地牵制了北洋军阀；同时为当地民众造福兴修水利、学校及文化设施。

靖国军时期的于右任

于右任总司令与井勿幕总指挥（左为于右任、右为井勿幕）

· 07 ·

靖国军时期，于右任与出生于陕西蒲城的辛亥革命先驱、同盟会会员井勿幕志同道合， 委任其为靖国军总指挥，两人并肩作战。井勿幕慷慨勇武，投身革命事业，曾被孙中山誉为“西北革命巨柱”。

1918 年 12 月，井勿幕不幸被奸人设谋杀害，时年 30 岁。陕西军民为怀念其不朽功勋，曾将他在西安住过的四府街更名为井上将街，并在街南端的城墙上凿开一门，命名为勿幕门（即今小南门）。

井勿幕去世后，于右任沉痛悼念，写下《吊井勿幕》一诗：

十日才归先轸元，英雄遗憾复何言。
渡河有恨收群贼，殉国无名哭九原。
秋兴诗存难和韵，南仁村远莫招魂。
还期破敌收功日，特起邱山拟宋园。

中国国民党二届四中全会决议成立审计院（前排左六为于右任）

· 08 ·

1928 年，中国国民党二届四中全会决议立审计院，以行使监察权中之审计权，于右任担任南京国民政府常务委员会兼审计院院长。建院伊始，先生延揽人才，创立良好的审计制度，以奠定行使审计权之基础。

审计制度主要条款：力主事前审计，政府财政上收支命令概须经审计签署，同时完成稽查程序制度；各机关购置，变卖财物，营缮工程，均须审计人员监督；审计人员的任用，用人唯才，宁缺毋滥，选才极为审慎；审计独立行使，不断改进，建立完整制度。

· 09 ·

1924 年，孙中山曾在广州主持召开中国国民党第一次全国代表大会，中央执行委员会由全国代表大会选举产生，国民党中央执行委员会由此诞生。

1925 年 3 月 12 日，孙中山先生因胆囊癌在北京铁狮子胡同与世长辞，举国悲痛。根据孙中山生前遗愿，要求葬于南京。

1935 年，中国国民党第五届中央执行委员会第一次全体会议，在南京举行拜谒孙中山陵墓典礼。

中国国民党五届一中全会举行（前排右八为于右任）

于右任与监察院委员于圆山

· 10 ·

1930 年，国民党三中四次全会任命于右任为国民政府委员兼监察院长。此时于右任正在陕西赈灾，次年 2 月 2 日方返回南京宣誓就职，开始主持开展工作。

于右任被全体监察委员尊称为“监察之父”。确立监察委员，订立监察制度，独立行使监察权和审计权，并在各省区中任命独立监察委员会。

依照孙中山的五权宪法，监察院为中华民国中央政府最高监察机关，行使弹劾权、纠举权及审计权等。纠正权具体体现为司法、考试两院，副院长及大法官考试委员之任命，乃由总统提名，须经监察院同意。即三权分立制衡，相辅合作，均是由于右任担任监察院期间创建的制度。

· 11 ·

1931 年，于右任宣誓就职监察院院长。监察院成立后，在于右任的领导下，全院委员举行了一场典礼，集体宣誓就职。

民主宪政设立行政、立法、司法，三权不能互相僭越。宪政是民主制度的基础和保障，同时也是对民主政治的制衡。在此之外，又增设监察、考试两权。

在典礼上，于右任曾言："监察工作，固然不能隐恶，但也不要忘记扬善。因为扬善是使为恶者有所警悟"，并说"今后我们的工作除纠弹不肖官吏外，还要从建设方面激励人心，希望国人了解我们是因职责关系，所揭露的多属阴暗方面，万勿以一概全。我们揭露黑暗，也正是要光明从我们揭露的地方透入。"

中华民国临时政府监察院全体委员宣誓就职典礼

监察院于右任院长就职典礼（居中端坐者为于右任）

· 12 ·

1931 年 2 月，于右任时年 53 岁，宣誓就任监察院长之职，这是中国正式行使监察权的开始。任职期间，于右任的贡献在于：初行使职权，无先例可循，约集同仁商讨规程；主张检察权内外兼顾，中央地方并重，防患于未然；行使职权，排除阻碍，守正不阿，做出表率。自上任日至 1964 年 11 月 10 日去世，于右任担任监察院长前后共 33 年 9 个月零 8 天。

于右任参加中央研究院评议会

中国国民党第五次全国代表大会全体代表（局部图）

· 13 ·

1935 年 11 月 12 日至 22 日，于右任在南京参加了中国国民党第五次全国代表大会，到会代表 405 人，主席团成员为 23 人。

当时，由于右任作主席团工作报告，蒋介石作政治报告，何应钦作军事报告，孙科作中央执行委员会工作报告，张群作中央监察委员会工作报告。

· 14 ·

国立中央研究院，是民国时期中国历史上第一个集自然科学和人文社会科学为一体的国家科学研究院，最初成立于南京，直隶于南京国民政府。1935 年，中央研究院又成立了中央研究院评议会，专门就重大科研文化问题进行集体讨论。

1946 年国立中央研究院评议会在南京召开第二届三次年会，讨论院士制度等具体问题。胡适、傅斯年、朱家骅、梁思成、胡先骕、凌鸿勋等一批近现代科学家人文荟萃学术精英参与出席了本次会议。

于右任先生与家人在乌鲁木齐市

（自左而右：于右任次女于想想、于右任、于右任长女于芝秀、屈武）

· 15 ·

1946 年 7 月，于右任出席新疆民族联合政府典礼，在迪化（今乌鲁木齐）新大楼前致词庆贺。期间由家人及女婿屈武等人陪同，于右任游览了新疆南北，留下了名诗数篇。如《内子高仲林送楞女入京成亲，胜之以诗四首》之四：

汝婿亦奇士，青年多美誉。忧同屈正则，事类申包胥。
至理无贫贱，浮云有卷舒。进修齐努力，嘉耦复谁如。

屈武，字经文，陕西渭南人，毕业于北京大学政治系。“五四”运动时期即为有名的学生领袖，曾赴京请愿，到时任总统徐世昌面前陈辞废除“二十一条”愤怒激进，以头碰地血溅总统府，爱国精神为人称颂。1922 年经靖国军总指挥胡景翼、岳维峻等人的推荐，成为于右任的大女婿。

1926 年屈武与发妻于芝秀、同窗蒋经国、邓小平、乌兰夫等 22 人，赴苏联莫斯科中山大学，之后五人被保送入伏龙芝军事学院，于芝秀提前回国深造。屈武在苏生活十二年，回国后历任陕西省建设厅长、迪化市长。

· 16 ·

1948 年 5 月，国民党在南京召开“国民大会”，选举“总统”“副总统”。于右任本人参加了“副总统”竞选。孙科、李宗仁、莫德惠、程潜、徐傅霖为“副总统”候选人。

于右任用签名照片及书法作品“为万世开太平”条幅送给各大代表。于右任认为此书法条幅能敌过金条，因而落得竞而不争的败局，最终李宗仁当选“副总统”。清贫、廉洁、清正、儒雅、豁达的形象给全体代表留下了深刻印象。

于右任与李宗仁在南京

中华民国“总统”“副总统”在南京就职典礼（前排右八为于右任）

· 17 ·

1948 年 4 月，在国民党六届中央执行委员会临时全体会议上，于右任、吴敬恒等二百余人发起联名提议，决定推举蒋介石为“总统”候选人。一周后，蒋介石偕夫人宋美龄，到南京宁夏路 2 号于右任官邸给向他贺寿。

1948 年 5 月 20 日，就职典礼召开，“总统”与“副总统”发表就职演讲，于右任以监察院院长的身份参加了此次典礼。

· 18 ·

1948 年 6 月，“行宪”后第一届监察委员举行首次院会，于右任以监察院委员会所投多数票继续当选监察院长。

次年，于右任打算辞去监察院长之职， 却在众委员的一片挽留声中，继续担任。赴台后，也一直担任此职，直到去世，总共担任监察院长之职达 34 年之久。

· 19 ·

当年，“民元国父”孙中山辞去临时大总统后，与于右任及民国元勋在上海爱丽园合影留念。参加者有胡汉民、陈其美、熊希龄、黄郛、唐绍仪、程德全、谭人凤、蔡元培、张謇、汪精卫、曹亚伯、褚辅成、林长民、马君武等 34 人。

1957 年，于右任在台北翻检出来这幅旧照，颇为感叹：“抚今追昔，现仅存我一人，赋此寄慨。”并写了这首七绝《题民元照片》：

不信青春唤不回，不容青史尽成灰。
低徊海上成功宴，万里江山酒一杯。

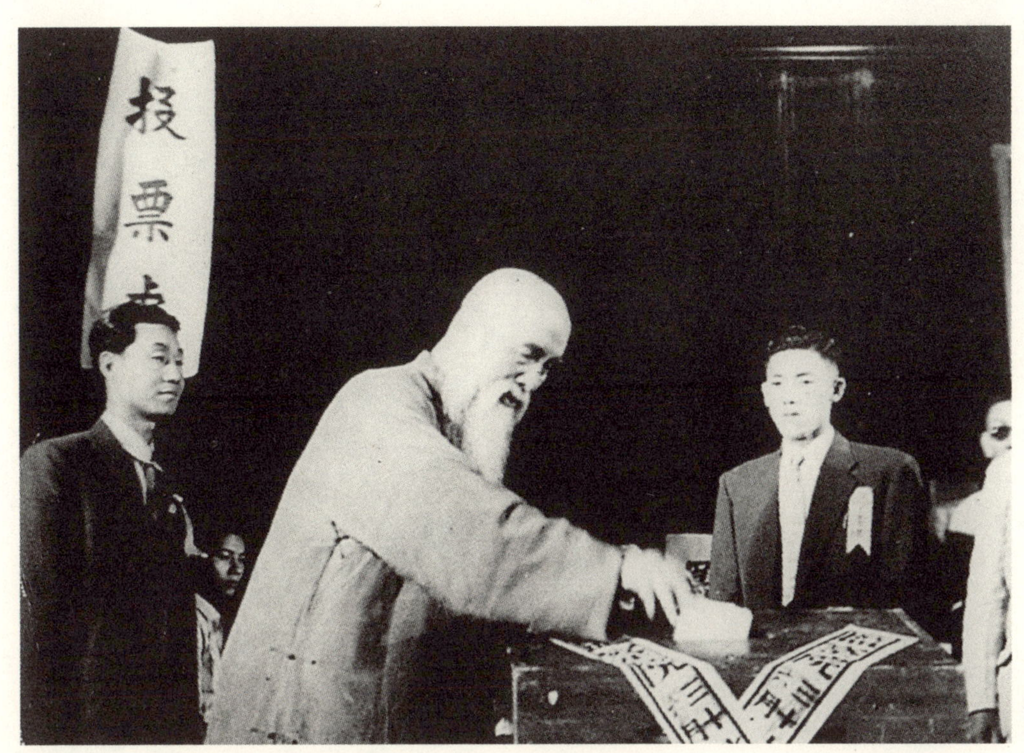

于右任在国民政府监察院院长选举大会上投票

孙中山与民国元勋在上海爱丽园（中间坐者为孙中山，右二为于右任）

教育 · 兴学

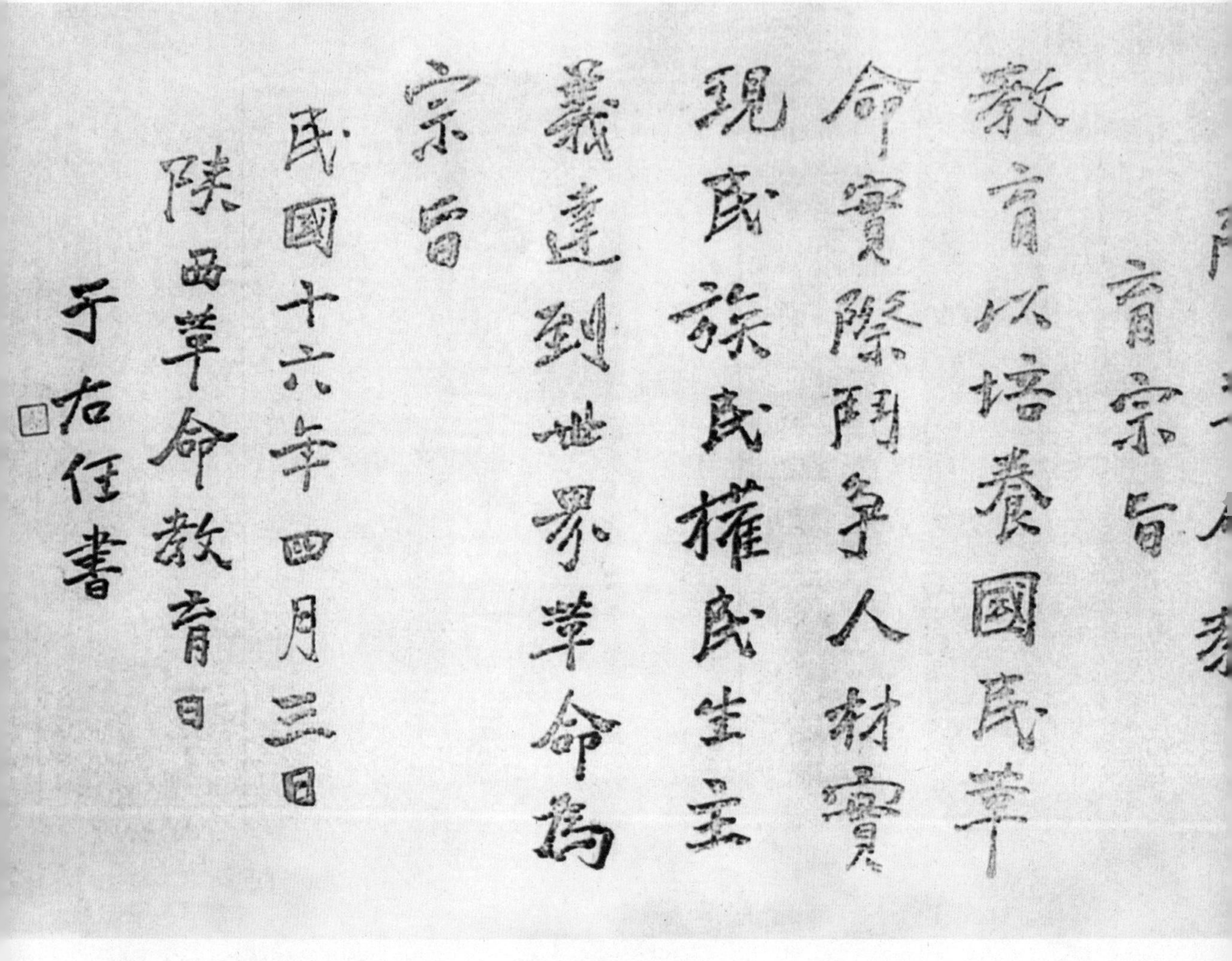

育宗旨
教育以培養國民革
命實際鬥爭人材實
現民族民權民生主
義達到世界革命為
宗旨
民國十六年四月三日
陝西革命教育日
于右任書

于右任所书陕西革命教育宗旨手稿

· 01 ·

于右任先生作为近现代民主革命活动家，其教育改革思想和办校经历同样引人注目。1928 年，于右任为了兴办陕西教育，为民主革命培养人才，确立并手书了这份陕西革命教育宗旨："教育以培养国民革命实际斗争人材，实现民族、民权、民生主义，达到世界革命为宗旨。"

他一生创办学校无数，如在上海创办复旦公学、中国公学、上海大学，在陕西创办民治学校、渭北中学、渭北师范、三原女中、西北农专等，在四川地区创办新三中学、宗海小学等。他认为培养人才特别是民主革命人才，是关乎国家命运前途的重要之事，并阐述："因思以兵救国，实志士仁人不得已而为之；以学救人，效虽迟而功则远"。同时，他也认为救国必先从教育着手，深刻地认为"所普及的是什么教育"比"教育的普及"更为重要。

· 02 ·

于右任自韶年即入塾，临习欧颜柳赵法帖；弱冠之年虽思想激进、愤世嫉俗，乃赴开封。为求功名，周遭巨变，使得而立之年，思想与事业更加笃定，精研苦练北碑之余，仍不忘民生疾苦，愤然而泣。对此，于右任曾不无动情地写诗记述：

朝写石门铭，暮临二十品；
竟夜诗集联，不知泪湿枕。

于右任可谓是一生习帖、临碑，收集碑藏，在整理创立标草基础的同时，也反映了整个人生轨迹。先生说：“倒笔不倒字，倒字不倒行，倒行不倒局，倒局不倒势。”

一支大笔震东南，一根手杖定西北；
布鞋青袜美髯翁，落落乾坤大布衣。

· 03 ·

于右任倾心翰墨，对汉魏碑书尤为关注。民国时期，洛阳新出土《汉熹平石经》数块，于右任为抢救文物，1931 年他不惜花重金从一位古董商人手中购得。先运至北京、洛阳，后辗转存上海，1936 年运回西安，为躲避战争，于右任将其藏于富平县董南堡故乡的一口枯井中，1952 年归于西安碑林博物馆。

据史载，此石经为汉代太学所刻，由当时书法名家蔡邕等人所书儒家经典著作，前后历时 8 年才完成，共 46 块，计二十余万字，于氏所藏此块石经内容为《周易》。受历代战乱破坏，此块石经现在只剩不到 500 字，弥足珍贵。此碑现藏于碑林博物馆第三展室。

于右任先生原藏《汉熹平石经》拓片

· 04 ·

于右任曾说：我们的国家，完全是农民支持，则必须农有所立，然后国才能立，必须农力充实，这才可以克服困难，开创国家的新生命！

1932 年秋，西北专门教育委员会成立，于右任等人为筹备委员，同年 12 月，该委员会改名为建设西北农林专科学校筹备委员会，于右任、张继、戴季陶 3 人被共推为常务委员，朱家骅、杨虎城、邵力子、辛树帜等 15 人为筹备委员，西北高等农林专科学校筹备工作开始。

· 05 ·

于右任出身农家，小时务农，对关中农业及中国传统农本观念、悯农意识有着深厚的感受和感情。基于对关中及中国农业困境的认知和关切，其一生兴修水利、创办农场及相关农校，就是这样朴素农本思想的体现和反应。

于右任及工作人员在居住地合影

西北农林专科学校（今西北农林科技大学）第一座教学大楼

· 06 ·

张家岗后稷祠是古周原的余支，兴办农业教育，事出有因。不同地质、地貌利于农业试验；于右任设想宏大高远，最初即把农专当大学来办。

1933 年，于右任从园艺场、农场起始，逐步发展林园场， 使教学、科研有阵地。 为百年后的西北农林科技大学奠定了发展基础。 他并倡导农业大国、振兴农业，既要有专业科学理论，也要有实验田，灵活运用所学。先生对教育有宗教家般的热诚，对办教育又有慈善家的关怀。

1933 年 3 月，校筹备委员会共推于右任为国立西北农林专科学校校长。

于右任先生所书的改良农业碑文

· 07 ·

陕西省泾阳县斗口村“西北农林科技大学场站中心三原试验站”院内，保存有一块于右任 1935 年春亲笔书写的碑石，其文曰：

“余为改良农业，增加生产起见，因设斗口村农事试验场。所有田地，除祖遗外，皆用公平价钱购进，我去世后，本场无论有利无利，即行奉归公家，国有省有，临时定之，庶能发展为地方永远利益，以后于氏子孙愿归耕者，每家给以水地六亩，旱地十四亩，不自耕者勿与。右任，中华民国二十三年三月。”

于右任（右一）、杨虎城（右二）等在武功后稷祠

于右任（右一）、杨虎城（右二）等在武功后稷祠踏勘择选校址

民國二十五年七月十日出版

右任

創刊號

本校籌備委員會委員題名

（以姓氏筆畫多少爲序）

常務委員　于右任　張繼　戴傳賢

委員　王世杰　王陸一　王應榆

朱家驊　辛樹幟　吳敬恆

李石曾　沈鵬飛　邵力子

焦易堂　楊虎城　褚民誼

（各委員照片因未收齊故未付印）

于右任率领筹备小组选址

· 08 ·

于右任一生创办学校很多，为教育事业付出了毕生精力。为培养救国人才而开办的：中国公学（1905 年）、复旦公学（1905 年）、上海大学（1922 年）、西北农林专科学校（1934 年）、国立西北农学院（1939 年），体现了其教育思想是以学救人，启迪民智的救国思想。为地方开办的基础传统教育创办的：如民治小学（1913 年）、民治中学（1920 年）、三原女中（1921 年）、渭北中学、新三中学（1933 年）、宗海小学（1934 年），体现了与时俱进的时代特性。创办的榆林、凤翔、富平等十余所学校，体现了积极主动的实践特性。

于右任在任国民联军驻陕总司令期间，创办的中山军事学校（1927 年），体现了鲜明变革特性。为保护传统文化设施，1941 年向“国民政府”提议创立敦煌艺术学院，体现了传承特性。

至台湾后，于右任支持和创办了淡江文理学院、中国文化学院、育达高级商业学校、明新高级工业职业专科学校、复旦中学、佑德中学等，体现了自强不息的教育史观。

人品·道德

· 01 ·

1929 年，陕西省已是连续三年闹灾荒，全省九十二县尽成灾区，加上国内连年战事频发，使得三秦大地赤野千里，尸骨遍地，百姓苦不堪言。

时任监察院长的于右任得知后，从南京携二十万元现金来到陕西探望，来救济灾民。于右任看到家乡百姓遭受灾害的惨痛情景，极为痛心，他赋诗《闻乡人语》一首感叹：

兵革又凶荒，三年鬓已苍。野犹横白骨，天复降玄霜。
战士祈年稔，乡民祭国殇。秦人尔何罪？杀戮作耕桑！

路过潼关时，于右任不禁写下这首《归陕次潼关作》：

迟我遗黎有几何？天饕人虐两难过。
河声岳色都非昔，老人关门涕泪多！

而后，于右任由此萌发了走科学治农、改良农业生产的道路。

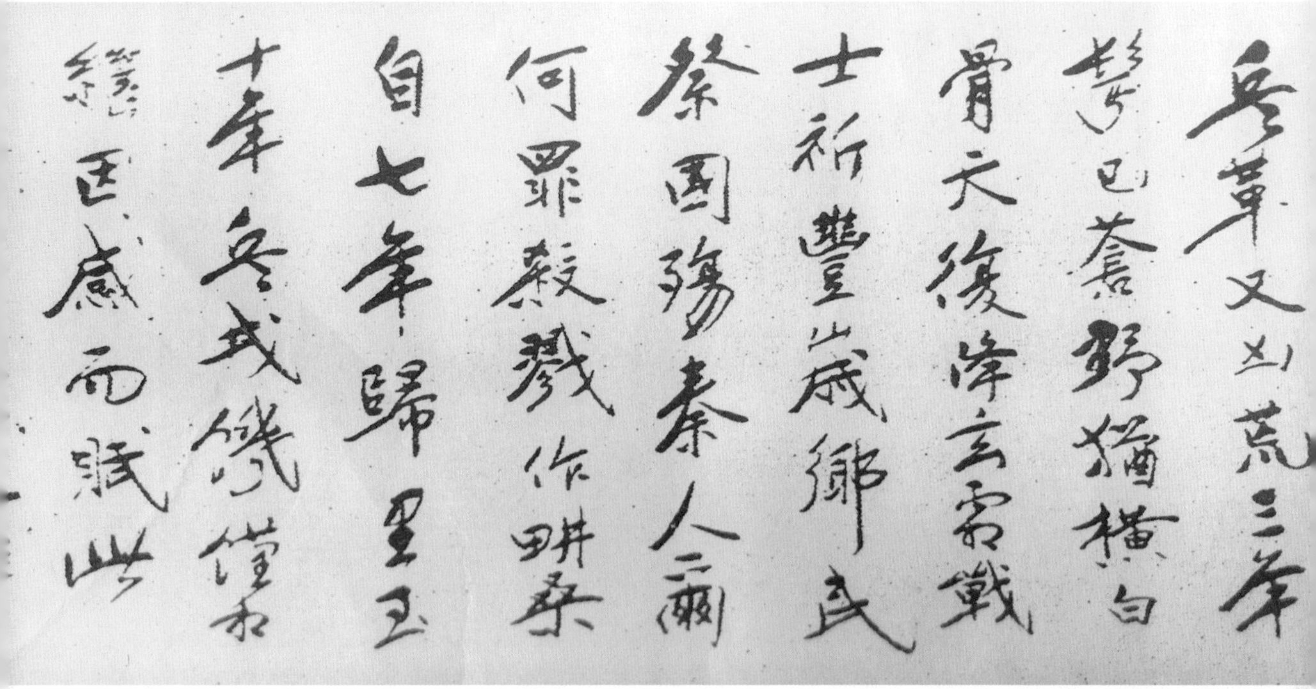

于右任先生作诗怜苍生

于右任先生的知音王世镗与夫人

· 02 ·

“古之张芝，今之索靖，三百年来，世无与并”，这是于右任对王世镗先生的评价。

王世镗，字鲁生，晚号积铁老人，天津人。中国近代著名书法家、书法理论家。编著有《论草书今章之故》等。

于右任曾偶见《章草千字文》字贴，疑为宋人所作。后得知为陕西省汉中道镇巴县知事、津门王世镗所书，甚为惊奇。于是邀其至南京相见，于右任以国民政府监察院的身份，向他下发任三级秘长之职，专研书法，王世镗特意又重写了《重定章草诀歌》。

于右任常与王世镗谈书交流，结为良友。无奈世事无常，王世镗知遇于右任仅为七个月就染病客死他乡，悲痛之余，安葬世镗先生于南京牛首山，与清末书家李梅庵墓为邻，并有诗《挽积铁子王鲁生先生》（五首其一）纪念：

三百年来笔一枝，不为索靖即张芝。
流沙汉简难全见，遗恨茫茫绝命词。

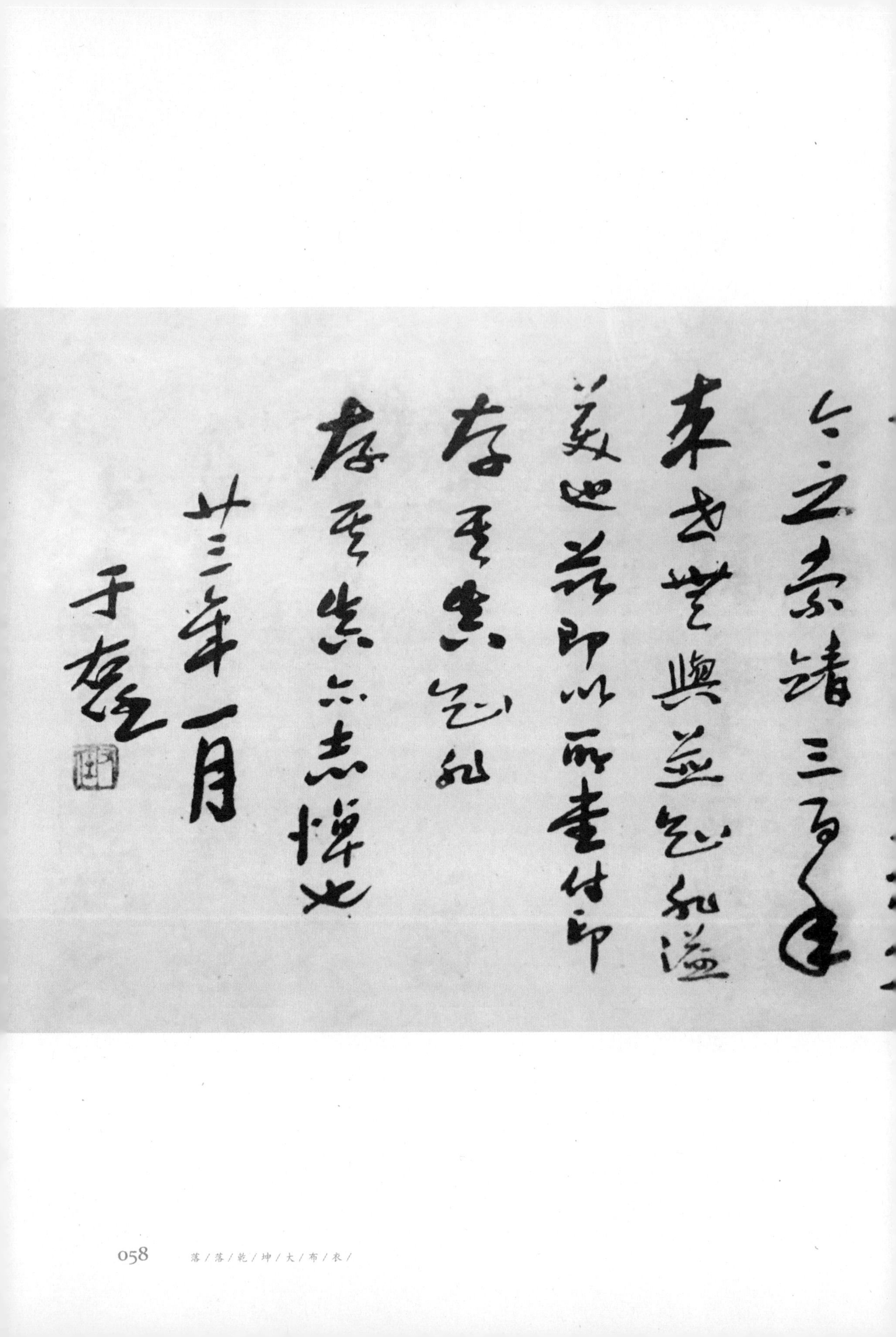

廿三年一月

于右任

于右任先生纪念王世镗先生悼文

于右任先生庆祝恩师马相伯96岁寿辰（中为马相伯，左手二为于右任）

· 03 ·

滴水之恩，永世难忘；仁意之心，山高水长。于右任曾讲：“余居秦中，以讥弹时政，清廷以倡言革命名捕，自开封踉跄走海上……”被马相伯先生招入震旦学院学习，马先生知其生活窘境，逐免去学费和膳费，从此师事马相伯，尊先生为夫子。

马相伯，原名马志德，以字行，晚号华封老人。江苏丹阳人，中国著名教育家、宗教家，震旦、复旦公学创始人。从事外交和洋务，游历先进诸国，受启迪，倡导科学，兴办实业。创办震旦学院，后从法国神父改变办学方针，与于右任筹建复旦公学（今复旦大学）。创校期间，于右任既是学生，又做马相伯秘书，为建设校舍、筹措经费鼎力奔波，每当复旦处困难危难之中，于右任赴全力助复旦度过难关，由此博得“复旦孝子”美誉。

在于右任的主持下，1941 年校董一致同意改为国立。他曾说“复旦大学是我的母校，我曾为他的复兴，费过不少力气”。为报恩师每年过寿，于右任也年年撰联或题诗致贺。“于右任年百岁，世界一晨星”，依时建议恩师移居南京、昆明、桂林，迁居避寒，尽显尊师之道。恩师仙逝，于右任连夜撰写四千多字追忆祷文，一字一泪宣读祭文，并有联曰：“光荣归上帝，先死护中华。”

1947 年，于右任同门方豪先生编辑《马相伯先生文集》，于右任筹得法币二百万元，购得若干册分送图书馆及好友。当时的二百万法币，可购马相伯先生文集一百部，于右任的尊师、感恩、念旧的例子不胜枚举。

· 04 ·

1936 年 12 月 12 日，于右任随恩师马相伯从上海移居南京。途中听闻东北军张学良和西北军杨虎城，在西安发动兵谏，扣留蒋介石，并以八项抗日救国主张通告全国。杨虎城为于右任在靖国军期间唯一信赖的部下，先生得知后心急如焚。国民党即刻召开中央政治委员会紧急会议，委派于右任赴陕宣慰西北军民。于右任表示虎城为人忠义，有爱国热情。

兵谏（西安事变）之后，1937 年 5 月，杨虎城被国民政府撤职留任，迫使出国“考察”。出发前于右任为杨虎城送行，并与之合影留念。

12 月杨虎城回国后，与家人被秘密软禁长达 12 年。1949 年 1 月蒋介石被迫“引退”，于右任随即向蒋提出释放杨虎城、张学良一事。蒋推脱说：“我已下野，你和德邻商量吧。”后来于右任虽多次催促，均被蒋借口拒绝。1949 年 9 月杨虎城夫妇及幼子幼女被害于重庆。

于右任为杨虎城送行前留念（前排右二为于右任、后排左一为杨虎城）

1939年，于右任先生与高夫人

· 05 ·

于右任一生布衣、布鞋、布袜，均为高夫人缝制。高夫人常说："给他捎去的布衣、布鞋收到了吗？按他老样做的，估摸着合身！"于右任时常从放置在印章、借据、日记的柜中，拿出高夫人亲手缝制的布鞋垫、布袜，抚视良久……结婚六十周年时，有诗《忆内子高仲林》记之：

两戒河山一枝箫，凄风吹断咸阳桥。
白头夫妇白头泪，留待金婚第一宵。

高夫人自从于右任说他很快就回来以后，二十多年，每日梳洗整洁，端坐在书院门老宅门口青石上，凝视着来往人流……而于右任在垂暮之年怀念家乡，思慕亲人，有诗《思念内子高仲林》记之：

梦绕关西旧战场，迂回大队过咸阳。
白头夫妇白头泪，亲见阿婆作艳装。

· 06 ·

于右任对后辈及青年有乐意帮助之德。回想自己从家乡经众多名师提携，孤身一人，亡命上海，十分不易。因此凡有好青年提出任何要求，只要正确，一定会施以扶持。

王广亚原为监察院审计部一名基层公务人员。1949 年蒙发办学之志，遂辞去公职。经刘延涛引见，得到于右任支持和鼓励。现如今，其人已是育达几十所教育文化事业机构的业界翘楚。

于右任先生乐于奖掖扶持后辈

（前排中为于右任、前左二为邓传楷、前右一为刘真、后右一为王广亚、后右三为刘延涛、后左三为谷凤翔）

于右任家人在西安书院门
（右为高仲林夫人，左为于芝秀女士）

· 07 ·

高仲林，为三原西关高焕章三女儿， 1898 年与于右任结为夫妻。于右任回乡时，多由高夫人联络亲朋故旧。长女于芝秀，乳名楞女，1922 年嫁与屈武，育有一子屈北大。婚后赴苏留学，与蒋经国为同窗好友。1949 年 11 月，于右任先生被迫去往台湾，夫人高仲林、女儿于芝秀则留西安书院门。

1961 年，周恩来委托屈武以女婿的名义为于老夫人做寿。并提出三点建议：高夫人继续在西安生活，生活补贴每日 25 元，派保姆照顾。屈武携儿子屈北大、儿媳梅汶君和于老先生的外甥周伯敏等同赴西安，为高夫人过寿，于右任得知后深受感动。

于右任与弟子李普同

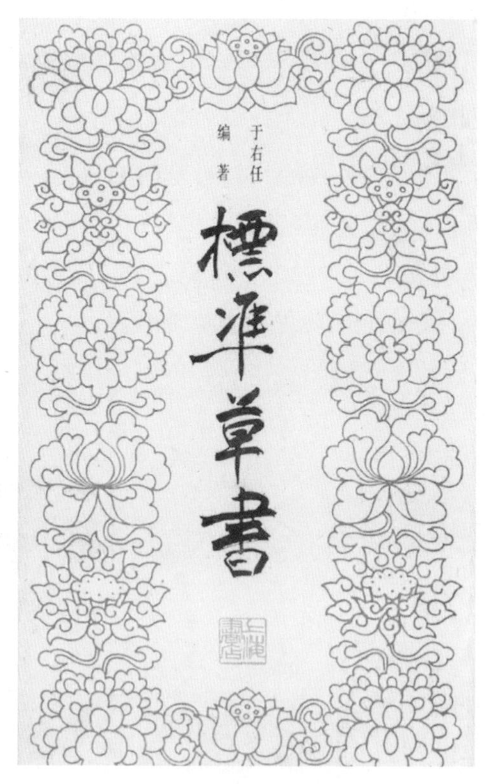

· 09 ·

于右任门下弟子众多，李普同为佼佼者之一。李普同名天庆，号展军，台湾桃园县人，书法家。其斋号“心太平室”，由于右任所亲书。著有《中国篆刻集成》《草书书法千文》。历任银行经理、中国文化大学教授，1991年在台湾成立“中国标准草书学会”任理事长。以弘扬于右任创立的标准草书为己任，并与日本书届有较好的交流渠道。

1958年，于右任先生八十寿辰收李普同为弟子，并举行了拜师仪式。

· 10 ·

于右任为一代民国元勋，对国家、社会的方方面面贡献良多，办报，办学，兴修水利，收集保护文化艺术宝藏，倡导标准草书，更创历史先河。仅从 1907 年至 1910 年就先后创办四份报刊，发表许多重要的诗文及评论。他总讲“为维护新闻自由，必须恪守新闻道德，自由不保，滋生流弊”。因此，于右任先生对“元老记者”之誉，颇为自豪。

值于右任先生八十四岁寿诞，1962 年由台北记者同业工会提案，台湾中华邮政特出两枚元老记者特种邮票，以彰显先生早岁倡导国民革命伟业、从事新闻文化事业的崇敬之意。邮票及扩票卡封上书写先生的“为万世开太平”书法字样，过了半个多世纪的今天，更显弥足珍贵和意义非凡。

台湾发行的“元老记者”邮票

淡江大学毕业生捐助母校“牧羊桥”

· 11 ·

于右任毕生热心教育，也乐于支持其他学校的创办。台湾淡江大学创建之初，居正为第一任董事长，与于右任为老友，于右任曾为该校题写校训：“朴实刚毅”。

1963 年，该校 48 届毕业生，为景仰于右任早岁丧母，寄居外家，还能奋发自立，取得人生成就后仍然自称“牧羊儿”，堪称学子为学做人的楷模。因此捐助母校修建一座桥，并取名为“牧羊桥”，请先生剪彩。

淡江大学本着继承传统文化依钵和精神，在校园内设立“右任路”“牧羊桥”“牧羊草坪”，供全校师生缅怀尊似先贤。该校也是在台首创成立“书法研究室”的大学院校。中华民国书学会长张炳煌现任教研主任，推广标准草书。

· 12 ·

于右任美髯照英姿飒爽，气度非凡，大多由当时极负盛名的摄影家郎静山所摄。郎静山，为浙江兰溪人，中国最早的摄影记者，也是以中国绘画的原理应用到摄影上第一人。一生酷爱摄影，民国历史文化任务多为他的作品。先生得其拍摄新作，必会大量冲印，签名后分发各方好友。大陆时期，上款多为“仁兄”“贤弟”，赴台后，常见“老弟”“同志”“先生”。

诗才·书艺

上巳日台北士林修禊雅集

· 01 ·

东晋书法家王羲之在绍兴兰亭与友人赋诗写字的修禊盛况，被后辈文化传为千古佳话。

1950 年上巳日（农历三月初三），于右任约集尤其台湾诗人如贾煜如（景德）、黄纯青等。与会者百余人，在台北士林园艺所， 所长陈国荣养兰数十钟， 皆为名品。先生为“新兰亭”匾额并集王羲之《兰亭序》之字，作诗录之：

又是兰亭修禊时，游观所向盛于斯。
自由觞咏人人乐，大宙清和岁岁期。
当世不殊诸子抱，其情或引万流知。
天随浪迹亭林老，俯仰之间一遇之。

爱好园艺的于右任（摄于 1952 年台湾）

· 02 ·

于右任平生爱好园艺，尤其钟爱梅、兰、竹、菊。在20世纪二三十年代，于右任在关中各地兴办学校、创办园林、农艺试验田及造福农桑期间，他曾写过一组吟咏花卉的七律《民治学校园纪事》，共二十首，寄景喻情，托物言事，表达自己当时受到的启迪和生活阅历。这也是自身的本性使然。

于右任以草木花卉之名，植物园艺之据进行创作的《谢江火家看菊》。也是组诗的其中一首：

篱间尽是中原种，要我赏之赠我看。
我本关西莳菊者，海天万里一凭栏。

众友人赠合作画屏贺于右任先生寿辰

身在艺术界的于右任

（前排右三为于右任、左二为苏雪林、后排左二为黄君璧）

于右任与黄君璧“书画合璧”之一

· 03 ·

于右任先生喜欢与青年结友，更与文化艺术圈内朋友交谊甚友好。在大陆时与书画界齐白石、吴昌硕交流频繁，赴台后与张大千、郑曼青、溥心畬、黄君璧、郎静山、刘延涛等时相酬唱。于右任曾与黄君璧进行书画合作创作，被誉为“书画合璧”。黄君璧，名允瑄，晚号君翁，斋名白云堂，广东南海人，诗书画俱能，著有《黄君璧书画集》等。

1955 年，于右任七十七岁寿辰之际，众诗友、书友集体创作了一幅巨形画屏，前来为他祝寿。同年，于右任与黄君璧更是分别获得台湾国民党当局教育部第一届“中华文艺奖金”诗歌部门、美术部门首奖。

· 04 ·

除了书法，于右任一生酷好诗词，创作了大量的诗词曲，抒发和表达了对国家、民族、百姓的深切关怀和热爱，其思想性、艺术性也达到近现代诗性的新高度。这种高度体现在：意境的博大壮阔，气势的雄浑磅礴，音调的铿锵舒畅，忧国爱民的思想境界，字里行间流露出真挚之爱，明快之美，有对时代脉搏的把握，也有启迪思考的警示，这些充分发挥了艺术的最大功能。

1941 年，为纪念爱国诗人屈原人格之崇高和作品之伟大，于右任曾发起以端午节为“诗人节”的号召，并作《诗人节》一首：

民族诗人节，诗人更不忘。乃知崇纪念，用以懔危亡。

宗国千年痛，幽兰万古香。于今期作者，无畏吐光芒。

赴台后，每逢诗人节，于右任与文友举行雅集，吟咏诗词，即席挥豪。1957 年端午日，于右任与诸文友在台北市厦门街 99 巷 13 号的院内举行了盛大的雅集。院内风景雅致，别有一番园林之秀美。

诸诗人端午节雅集

（一排左一为陈迈青、左四为于右任、右一为许世英，
三排左一为施复昌、左二为溥儒）

· 05 ·

命由己造，相由心生。

古人云："心者貌之根，审心而善恶自见；行者心之表，观行而祸福可知。"

于右任内涵一如外表，雄伟、乐观、博大。他以一枝如椽大笔，从秦汉唐的故里倡言，至沪上，办学、办报宣传三民主义革命思想，对革命之贡献，胜于十万毛瑟枪。先生以一根竹杖，走南创北，救济灾民。呼应北伐，兴修水利，建立监察制度，创立标草，诗文雄放，清正廉洁。曾有人作一联如此形容先生"一杖定乾坤"的非凡人生：

曳杖行旅，八千里路云和月，求变革，追自由，终成宗师元老；
道貌仙风，四十岁文功武治，振复兴，吟太平，典范传承楷模。

于右任「一杖定乾坤」照（摄于1960年）

“悦宾楼”举行文联会于台北

（右一为于右任、左二为何志浩）

· 06 ·

1956 年于右任荣获文艺诗歌奖，同时获奖的还有一位，名叫何志浩。于右任对其关爱有加，赠书联“名高北斗星辰上，诗在千山烟雨中”，并赠匾额“梦笔生辉室”。 何志浩是浙江象山县人，毕业于中央大学，获得多个博士学位，发表散文集、诗集多部。1968 年曾荣获国际桂冠诗人。

1957 年，于右任倡议成立了“文艺界联谊会”，并出任首届会长。此幅照片正是先生参加在台北忠孝东路“悦宾楼”的文联会。无论文联会与粥会都是广被文化社会团体所认同和资深中会，现今粥会在世界各地的发展更加迅猛一些。于右任总对青年、后辈予以提携关照，体现了他的师品、人品的难得和高尚。相传，“悦宾楼”招牌三字也为于右任先生所写。

· 07 ·

1957 年，在颜沧海会长家里，诸位书家进行了一场座谈会。会后，于右任、张李德和顾问与会长伉俪及弟子廖祯祥等人进行合影。

廖祯祥，号萃庵，又号祥翁，台湾省基隆市人。自幼接受书道启蒙，并从罗鹤泉学文史、周植夫学诗、郑曼青学太极拳。其人书法是少数亲炙于右任先生，而今健在且硕果仅存的标准草书研究及收藏大家。 著有《萃庵书话》《中国书法正传》《汉诗之心》《寄怀墨痕》等。

书家座谈会（前排坐者为于右任、后排左二为廖祯祥）

· 08 ·

胡恒，陕西乾县人，中华标准草书学会创会长。早年从国立北平师范大学毕业。1937 年入监察院工作长达四十多年，历任院长办公室主任、主任秘书一职，伴随于右任三十余载，尽职尽责，深得先生的赏识。

于右任去世后，胡恒长期坚持研究推广标准草书，于 1991 年在台湾省创立中华标准草书学会，并担任首任会长，著有《中国书法》《书法十讲》等。

于右任及其秘书胡恒

· 09 ·

民国时期有两大美髯翁，一曰于右任，一曰张大千。

张大千，字季爰，名正权，法号大千，四川内江人，家中排行第八，于右任常称为“张八郎”。早年曾留学日本纺织，自学绘画、诗歌、治印。诗书画印全能。为20世纪最富盛名的中国籍世界知名画家之一。

1941年于右任飞赴兰州考察西北，逢中秋，敦煌石窟看望了临摹壁画的张大千。大千带领于右任饱览壁画，并拿出《月仪》残帖和西夏草书供先生观赏，同时对敦煌文物被盗，破损极为心痛。于右任提出回重庆就向国民政府设立“敦煌艺术学院”，保护壁画、碑帖等艺术珍宝。并对此题写《敦煌纪事诗》八首。

其一：

仆仆髯翁说此行，西陲重镇一名城。
更为文物千年计，草圣家山石窟经。

其五：

画壁三百八十洞，时代北朝唐宋元。
醰醰民族文艺海，我欲携汝还中原。

张大千侨居南美，偶赴台，闻先生经济近况，常说自己作品未作，就已预定多幅，来接济先生，其情谊可见一斑。于右任曾作《浣溪沙 · 寿张大千先生六十》一阕云：

上将于今数老张，飞扬世界不寻常。龙兴大海凤鸣冈。
作画真能为世重，题诗更是发天香。一池砚水太平洋！

张大千（左）与于右任（右）

· 10 ·

1962 年 4 月，值于右任八十四岁寿辰，台湾诗坛在此期间举办“中国当代名家书画展”活动，于右任出席并剪彩，并在签名簿上书写了“为天地立心，为生民立命，为往圣继学，为万世开太平”以勉励世人应立德、立功、立言、立行。期待之心，溢于言表。

且看于右任一生：牧羊蓄大志，西北出奇才，逆竖言革命，疾呼论三民，神世勇再造，靖国开元戎，普济施桑梓，创校育才子，庇护千年宝，诗雄振国威，笔法传标准，故国情怀思，清廉至善境，勤俭立清廉，报国尽献老。

可谓功业千秋，彪炳万世。

中国当代名家书画展上（右四为刘延涛、中为于右任）

· 11 ·

台湾的国家画廊的前身，是建于 1955 年的国立历史文物美术馆。筹建之初，78 岁的于右任先生题写匾额，笔力苍劲，令人难忘。

1956 年美术馆又易名为国立历史博物馆，又请先生题写新匾额。其字迹气势非凡，高悬正门。其间为梁鼎铭为“岳飞大破拐子马图”题跋，并自诗自书六条屏，书艺登峰造极，博得各界称赞。1960 年推出国际水准的国家画廊，仍请于右任题额，至今高悬本馆二楼正厅。

1962 年，于右任又为博物馆书写“馆记”，八张六尺整宣，气势辉弘，堪称本馆之宝。此外，尚有二十余件于右任书法作品成为该画廊的重要典藏。先生毕生倡导“标准草书”，在中华文化史上具有划时代意义和贡献，因此其作品已成为重点收藏对象。

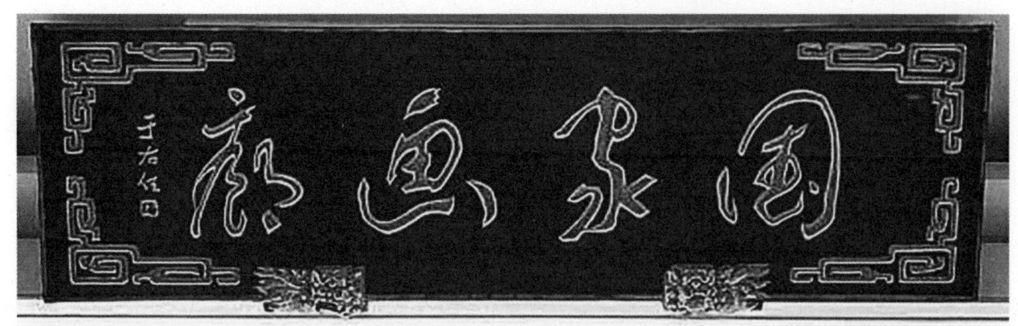

于右任先生题写的“国家画廊”

· 12 ·

于右任先生与同为教育家和书法家的吴敬恒，自相识起，公交私谊近四十多年，情谊甚密。吴稚晖，名敬恒，以字行世，江苏武进人，出生于耕读世家，善篆书。于右任耗费毕生心血造就之大业之一的《标准草书》，其书封面题词均由吴敬恒手书付梓。而吴稚晖的作品封面题词，也常出自“草圣”于右任手书。

1964 年 3 月，在纪念吴稚晖先生百年诞辰时，曾书写条幅云：“稚晖先生是平民的、青年的、革命的、科学的、永远站在时代前面的导师。”

于右任（右）与吴稚晖（左）

于右任及其弟子刘延涛

（中为于右任、左为刘延涛、右为张大千，1964 年摄，由刘斌斌女士提供）

· 13 ·

于右任从创立“标准草书”，至今已有近百年历史，影响和感召着几代人。于氏门下追随者数以万计，其中的佼佼者、功勋卓著者不下数十人，其中之一就是刘延涛。

刘延涛，字慕黄，河南巩县人，出身书香世家。自北京大学毕业，后得以认识于右任，并追随先生左右，是于右任得力助手，忠实部下，入室弟子和望年之友。他们师生二人曾共同研究和创立“标准草书”。

刘延涛能书，通诗，善画，国学深厚，书法理论强，曾著有《草书通论》等。后来《标准草书千字文》百衲本，便是由刘延涛双钩而成，备受赞誉。

一生好读书的于右任

· 14 ·

于右任先生一生好学，革命时期不忘读书，到了晚年，依然时常手不释卷。由此也为后世众多晚辈学子树立了好学之风范……

· 15 ·

除了政绩和教育事业的贡献，于右任的诗歌名满天下。他认为诗人，应该："以他的喉舌，为时代的呼声；以他的思想，为时代的前驱；以呼声来反映时代的要求，以思想来促使时代的前进。"

因此，他在追求诗学上，古诗、新诗都作；文言、白话兼具；力主诗歌迎合时代，深入大众，革新诗学。出自于右任的每首诗词，都充分表现着健壮的民族品格，雄厚、乐观、博大的胸襟。

· 16 ·

除了诗歌，于右任对楹联文学也颇为重视和有深入研究。他认为一幅寥寥数语的楹联，相当于是洋洋数千言长篇文章的一种高度概括和浓缩。

于右任曾题留坝庙台子张良祠的"辞汉万户，送秦一锥"，虽只八个字，无异于一部张良传。《题晋祠周柏》云："此种古柏知何纪，曾见桓文二少年"。《出京》云："无端宣武门前啸，声满人寰转自哀。"《入京》云："愁到闲鸥天亦醉，苍髯如戟看中原。"其他如"圣人心日月，仁者寿山河"……由此可见一斑。

于右任先生多年来为人题写的对联，不计其数，文字之工整、严谨，配合先生的书法，已成为历久弥新的文化宝藏。

· 17 ·

除了诗词，于右任的演讲也是为人称道的。

于右任先生演讲的最大特点是充满激情，音节慷慨，措辞简要而有力，绝无半点废话。他曾对青年学生说：“诸位前途非常远大，在此我仍愿以我数十年为学处世及革命的体验心得‘立志’二字勉励大家，王阳明先生说过：“志不立，如无舵舟，无衔之马，漂荡奔逸，终亦何所底！”古人教人立定志向，至为正确，所谓‘士先志’也。

同时还曾说：“纵观古今中外，多少英雄豪杰，做出了种种丰功伟业，可歌可泣的悲壮事绩，无不始于立志。祖逖渡江击楫中流时说‘如不能澄清中原，有如此水’，革命先烈杀身成仁，被捕就义时呼喊‘我愿以一腔热血，灌溉自由之花’，他们这种志向获得了成功的果实。所以我希望各位立定志向，多读中外传记，有所取法，所谓见贤思齐。”

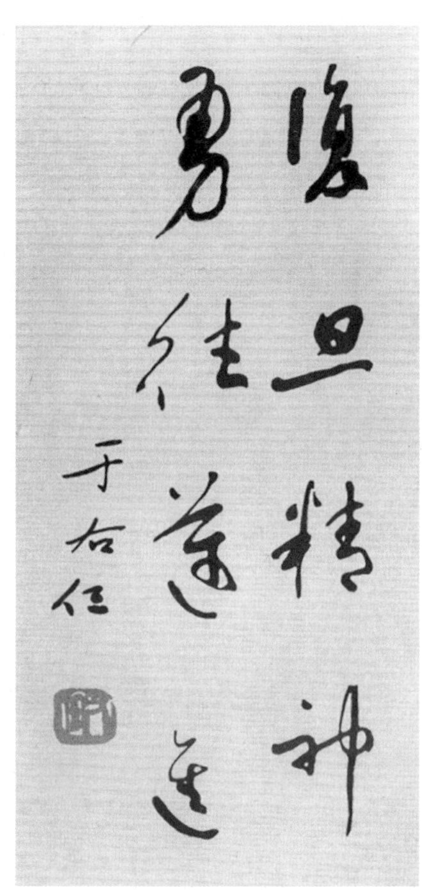

1958 年于右任先生出席桃园县复旦中学纪念节，并为复旦中学题词

· 18 ·

有人曾求教于右任：“如何能写好字？”

先生说：“我写字没有任何禁忌，执笔、展纸、坐法，一切顺乎自然。平时我虽也时时留意别人的字，如何写就会好看，但是，在动笔的时候，我就决不因为迁就美观而违反自然，因为自然本身就是一种美，你看，窗外的花鸟虫鱼，无一不是顺乎自然而生，无一不美。一个人的字，只要自然与熟练，不去故求美观，也就会自然美观的。”

· 19 ·

于右任一生字不离手，书不离手，随身总有一布袋纸、笔、眼镜、印章一应俱全。

其印章多为书法或印坛大家所制，上海期间与吴昌硕成为好友，吴昌硕共为于右任刻制四枚印章：“于”“右任”“关中于氏”“于氏世守”。其中前三枚印章，民国早期至台湾后钦印得最多，可见其喜爱程度。

篆刻名家张直庵也曾为先生赠刻有“右任”一方，此钦印较为少见。于右任中年时曾为齐白石画集题字铭文，得白石先生制印三方。包括一朱、一白两方“于”字和一方朱文“右任”印章，极为珍贵。

篆刻名家杨千里为先生赠刻“太平老人”印章一方，以纪念于右任在 1943 年曾提出将“日本海”改为“太平海”所称的晚号。此印多用于渡台后的钦印，也常见于亲朋故旧收藏的于氏作品中。

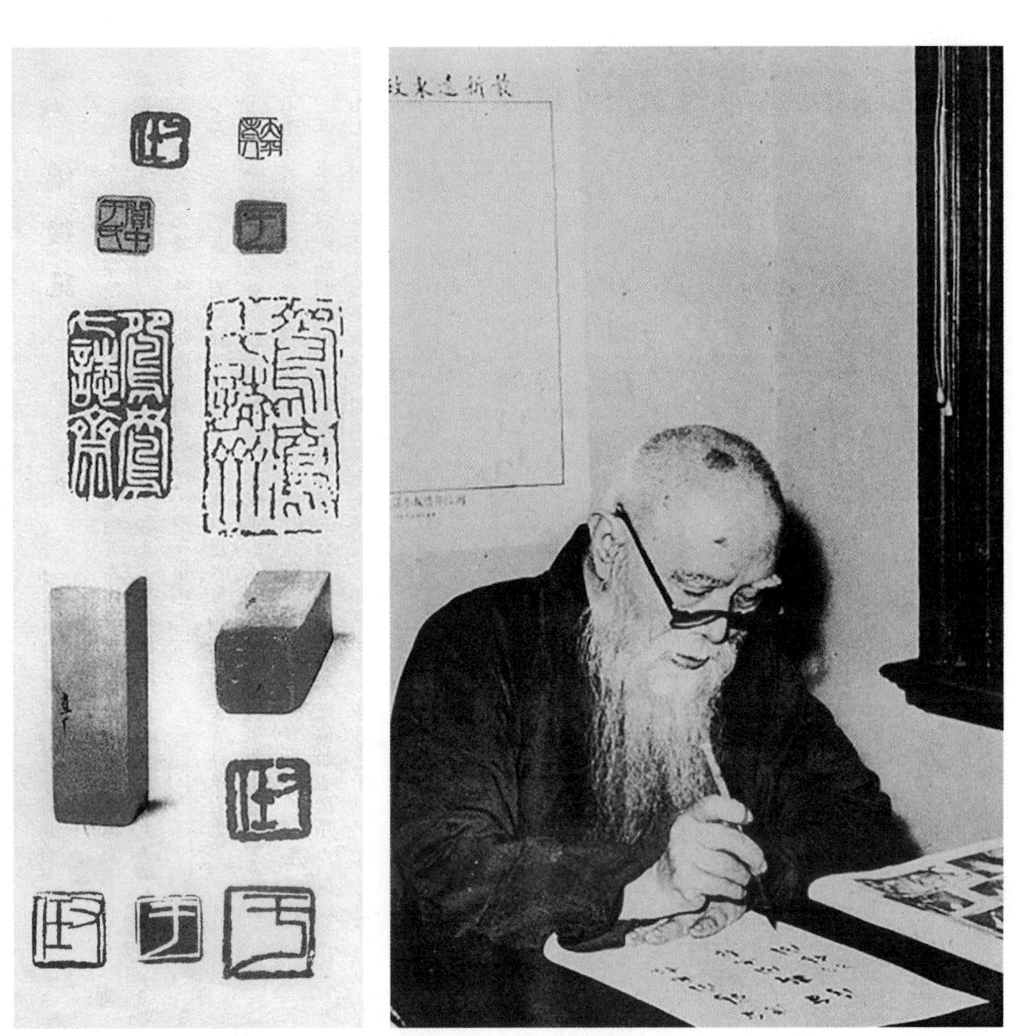

左为于右任先生的印章；右为于右任先生在台北书斋

· 20 ·

于右任对于书法，完全主张以实用为主。凡合乎使用原则的，他都不反对。

为顺乎时代要求，更为合乎实用的目的，先生近三十多年，梳理千年草书规范，编成《标准草书》。于右任说：“我只是希望写字的人，真正地体会到标准草书的便利，从而乐于用它。那样，它自然就会对大众有所贡献。”

因此他又表示“违乎时代的，必为时代摒弃；远乎大众的，必为大众冷落。”

于右任先生在书斋习字

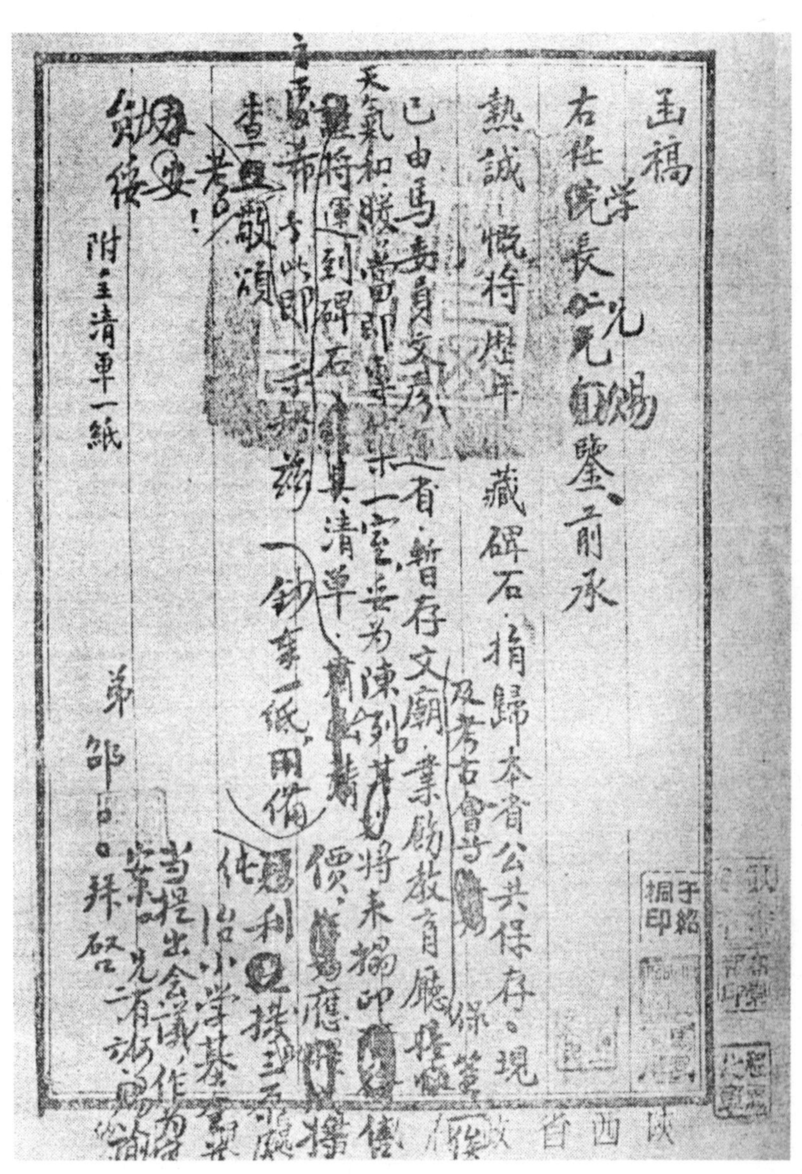

邵力子复函于右任

· 21 ·

于右任而立之年致力于革命事业，公务之余，潜心研究历代碑帖典籍，为考证碑帖，不仅朝临暮写，还冥心搜集历代碑刻，尤其喜爱自己收集的北魏七对墓志，并铭其斋号为“鸳鸯七志斋”。

最后，于右任先生将这批汉石经、魏唐墓志387方，无偿捐赠给碑林博物馆，并在《鸳鸯七志斋·石纪目录》序文说：“往余积年石四百余方，而南北迁徙，每有散佚。二十四年春，始聚而赠至西安碑林，建阁庋藏，以餐士林。……”

友人邵力子复函于右任如下：

右任学长兄赐鉴：前承热诚慨将历年收藏碑石，捐归本省公共保存，现已由马委员文彦运省，暂存文庙。业饬教育厅及考古会等保管。一俟天气和暖，当即专筑一室，妥为陈列。将来拓印售价，应将纯利拨助三原民治小学基金，并当提出会议，作为定案。兄有何赐谕之处，希即示知。兹将运到碑石清单，抄奉一纸，用备查考。专此敬颂。勋绥！附呈清单一纸。弟邵（印）拜启

· 22 ·

对于艺术，于右任曾说：“艺术是自由的表现，没有自由，也就没有艺术。……在奴役之下，也许可以开运河，也许可以筑长城，但是决不能产生真正的艺术；甚至在名利诱惑下，因为艺术需要绝对的自由来孕育它，一有所舍，一有所为，他的作品就有营养不良的病症了。”

晚年许多时候，于右任都会把自己的寿诞变成高雅的书展。蒋介石与宋美龄夫妇饶有兴趣，每年都会参观。

于右任受林语堂的推崇（中为于右任，右一为林语堂）

· 23 ·

对于右任的才华和建树，近代著名作家林语堂非常钦佩，他曾如此评价：“当代书法家中，当推监察院长于右任的人品书品为最好模范，于院长获有今日的地位，也半赖于其书法的成名。”

· 24 ·

于右任一生追求自由民主思想，如《从黑暗到光明》，可见一斑：

长夜漫漫，苍然莫辨。鸡儿飞鸣，兔儿奔窜。
绵羊唤母，狼虎为患。如日蚀之已既，而万物收敛。
孔子执戈，耶稣带剑。平其不平，神圣所念。
何人当先，百胜百战。争取自由，与天下见。
光明兮，快哉！光明兮，快哉！光明远播兮，太平开。
失去自由之人们兮，快起来。失去自由之人们兮，快起来。

生活·作风

于右任与亲属

· 01 ·

生逢革命年代，于右任一生与家人离多合少，因而团圆相处的日子弥足珍贵。先生与高夫人除了长女于芝秀外，尚生有三子，各有所长。

长子于望德，早年赴英国爱丁堡大学、伦敦大学留学。历任台湾国民党当局派驻哥伦比亚、巴拿马“大使”等职。回国之后任台湾中国文化学院政治研究所所长。

次子于彭，字仲岑。金陵大学肄业，留学英国爱丁堡大学，历任台湾国民党当局派驻秘鲁大使馆“参事”，牙买加“代办”、洪都拉斯“大使”、台湾国民党当局“外交部领事处长”等。

三子于中令，生于重庆，后去了台湾，聆听父亲于先生教诲。在美国留学后，成为一名计算机专家。

于右任和儿女一起

· 02 ·

于右任二女出生时，家人要给女儿取个名字。

先生答曰：“让我想想。”接着就说：“就叫想想吧。”

大家问：“想想二字，可有特别意义吗？”

先生解释说：“云想衣裳花想容。……想想，不正是个好名字吗？”

1948 年，于念慈与张澄基在汉口结婚。张澄基是湖北安陆人，当时的湖北省主席张笃伦之子，著名藏传佛教学者、翻译家，一生致力于弘扬佛法。

于右任二女于念慈（想想）

于右任与同乡张佐鹏

· 03 ·

晚年身处台湾的于右任，在台湾陕西同乡会会长张佐鹏的邀请下，成为同乡会的一员。当时张佐鹏初见于右任是在广州右老官舍。于右任给他的初次印象是“布衣布鞋，银发髯髯，仙风道骨，使人肃然起敬。”于右任鼓励同乡后辈要爱国，要努力为国家出力，其关心和爱护言真意切，让这位同乡晚辈至今还感动得流泪。

赴台后，每逢节日张佐鹏总要到于右任寓所拜年。于右任总是给他留下了难忘印象。在他眼中：于右任无官僚之风，从诗人、报人、著名书法家、党国元老、监察院长等不同角度而言，于先生是大人物，是大官，但从无官气；有长者之风，他从不发脾气，对人不说重话，总是慈爱为怀；行简朴之风，他生活简朴，以致于营养不良，病时无钱就医，既无遗产，只有账单。怀好学之风，每日坚持读书、阅报、练字、写日记，却在日记上还写道：“我字写不好，是什么原因，想来是不用心了！”于右任的字，世人认为是墨宝，而他自己并不满意，这是何等胸襟。

· 04 ·

大凡古之名人学士，其名与字号、笔名、艺名何其多。于右任先生的名号不下二十多个。

不过，在陕西民间人们通常称其为“于胡子”。一般而言，父逝留胡，母逝蓄须。于右任三十岁后父母双亡，长须过腹，黑髯拂胸。久而久之，这便成其为形象的标志了。

相传，于右任为了保护胡子，还让夫人专门制作了布袋，午睡起来和夜晚就寝之前，先用热气熏蒸，温水揩拭长髯，再将胡子放入布袋挂在胸前，以免损伤。有时也会直接打结，简单处理。有位老友问他休息时，胡子是放在被子里还是被子外面，先生竟一时回答不出。经朋友这么一问，他竟不知把胡子放在哪里为好，总觉不妥，以致终夜辗转难眠。

晚年的于右任

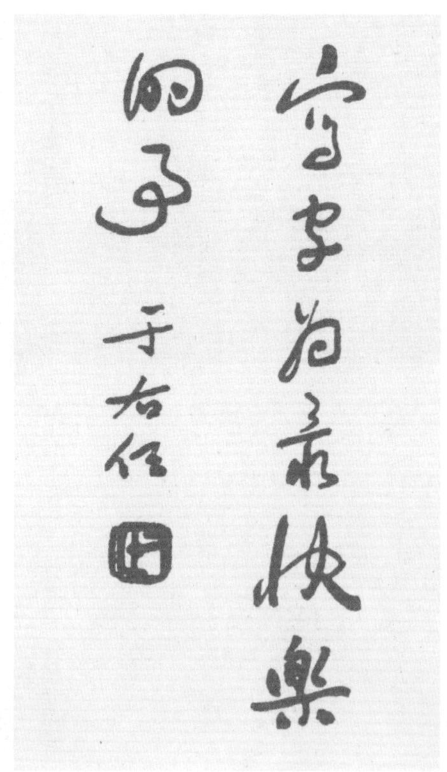

于右任喜欢写字

· 05 ·

于右任认为写字是天下最快乐的事，也是一种运动和乐趣；公务之余，写字、读书、写日记是他日常生活中的日课。

于右任说：“我喜欢写字，我觉得写字时，有一种说不出的乐趣。我感到每个字都有他的神妙处。但是，这种神妙，只有在写草书时才有，若是写其他字体，便失去了那种豪迈、奔放的逸趣。”

坊间传有人替他代笔，更是有人自认为学得像他的字。他说：“我一生不做假事，能给人家写就写下去，不能给人家写时，也不必招人代笔，他人能代替我的乐趣吗？”

“以粥为会，以文载道”的粥会堂

于右任和大家一起喝粥

· 06 ·

以创办者名字合二为一的粥会堂，名曰“恒杰堂”， 先贤们虔诚地“以粥为会，以文载道”，更有“沉吟一个字，扬眉如几天”之雅兴。

中华民族人文始祖黄帝以及我五千年炎黄子孙的精神文化食粮——最先都始由一口食粥而来。1924 年，以辛亥革命元勋于右任、吴稚晖、丁福保等名流在沪举行食粥雅集，更有吴稚晖先生逸趣“闲话家常，笑谈古今”，为众粥友一路把粥带到了宝岛。粥贤可谓人文荟萃，个个耳熟能详，近现代传承有序：吴稚晖、于右任、丁福保、狄膺、李石曾、丁慰慈、沈映冬、陆炳文，真乃素粥品高雅，贤良知真趣。

风度儒雅的晚年于右任

于右任在就餐

· 07 ·

于右任平日生活非常简朴，布衣简食，待人诚恳，雍容慈祥，终其一生，清廉至洁。晚年的他经常穿宽袍大袖中衣长衫，着青鞋布袜，鹤发童颜，长髯及胸，舒适自然。

他喜食家乡面条、辣椒、锅盔。晚年由于牙齿原因，喜食豆浆、红豆稀饭。每顿晚餐不超过三个菜。大多时候，常是一个鸡蛋炒西红柿，一个炒青菜，另一个则是炒肉片类的菜肴。先生每餐必喝一大碗稀饭、吃一两个馒头，吃得总是津津有味。

返乡和在台期间，先生常住学校或公寓木板床或棕床，铺着粗布床单。回家乡或遇乡友，就及早下车，问寒问暖。他在晚年尤其喜爱乡下生活。返乡时总喜欢步入田间，问乡亲今年雨水怎样，收成如何。当听到满意答复，总是兴奋异常。

每逢春夏之交，先生总到各地农村走走看看，并时有佳遇。晚年由于脚肿，只得请司机载他到田间徘徊或是河边坐坐，直至黄昏也不愿离去。他常说："回去也是一个人啊！"

· 08 ·

于右任自称为儒道中人，是一位文人，也是一个革命家。先生虽位居权重，但毫无官僚习气，一生保持着平民作风。

正因为如此，他生平结交朋友无数，尤其喜欢结交青年人。他所在的地方，宾客满堂，川流不息。结交的对象或是有革命抱负之人，或是在学养上有深造之人。先生与许多人素不相识，但往往因为读他们文章或闻其才名，而去各类大学中去物色，依德求才。

于右任先生晚年与青年在一起

于右任在台北青田街九号旧宅门前

· 09 ·

于右任一直住在台北青田街九号一栋日式二层庭院旧宅里。先生每天清晨起床后，洗嗽完毕，会到院中休坐。晚年由于腿脚不便，逐渐不常到庭院散步了。

绿色油漆大门，无卫兵把守， 平日安静的院子里， 只有几株老树和几盆海棠花。

先生的客厅兼书房较大一些，卧室和厨房较小，卧室的木板床边放置着四层竹制书架。先生主张一切顺乎自然，院中花木很少修剪。房前经庭院通往大门的小径，因长年未加修补，每至雨季常常布满青苔。

每逢节日或先生寿辰时，院内充满了各界朋友或同乡前来贺喜的欢笑声。到了黄昏傍晚时分，先生总是沿着那条院中小路，把客人们一一送走。

晚年的于右任

· 10 ·

由于生活习惯原因，每到湿冷的冬天，于右任总喜欢生一盆炭火，并在炭火盆上煮一壶浓茶，随着茶香四溢，手持一卷书香，怡然自得。先生说：“这是我人生最好的享受。”

1962 年冬夜，蒋介石来青田街看望于右任，相谈甚欢，觉得书房中炭烟可能会损害先生的健康，提议换两只大电炉，先生表示用电很贵，蒋介石当即回复：电费由总统府开支。离开不到半小时，两只电炉已被人送来，电工师傅随即进行了安装。

“元老记者”于右任

· 11 ·

中国近现代政治家、革命家、教育家、书法家……在众多的声誉中，于右任先生最为喜爱的是“元老记者”的身份。

于右任早岁筹措款项，募集股份，购置设备，采访编摄主笔……全方位创办主持四报，招募宋教仁、马君武、叶楚伧、李梦符、杨千里、汪允中、吕志伊、范鸿仙、张季鸾，李浩然诸先生，在中国新闻史上堪称前无古人，后无来者，并对新闻自由有着恒论：“新闻自由不守道德，便不能负责任；新闻记者不但应有法律责任观念，尤须有道德责任观念。”

· 12 ·

1958 年 5 月，平日安静的小街台北青田于公官邸，在于右任生日时热闹喜庆。蒋介石携夫人在于右任八十华诞亲自来贺寿。

蒋介石夫妇造访于右任先生官邸（左为宋美龄、中为蒋介石、右为于右任）

陕西旅台国大代表为于右任八十大庆祝寿（一排中间者为于右任）

· 13 ·

1958年于右任先生值八十寿辰，陕籍旅台“国大代表”贺寿记念。于右任为旅台陕西同乡会大家长，每逢同乡来访，先生总是有求必应，求字、证婚、留学保人等等，处处体现出乡音乡情的手足之情。团拜会上，先生发表演说，会后赋诗录之：

欢欣辞岁谢天公，障碍居然越一重。
争说先生年八十，牧羊孩子已成翁。

于右任与民国革命领袖孙中山（中为孙中山，左二为于右任）

· 14 ·

1958年，于右任翻阅老照片开国初情景，又置眼前，使于右任抚今追昔，感慨万千。再题民元照片以诗录之：

开国于今岁几更，艰难日月作长征。
元戎元老骑龙去，我是攀髯一老兵。

· 15 ·

1961年，于右任先生八十三岁寿辰之际，胡适先生所写的一封贺寿信。

右老：

我出医院十天了，还不敢出门走动。明天您老的生日，请恕我不来府上道贺了，回想民国六年我初到北京大学，那时蔡子民先生、陈仲甫、朱逷先、刘叔雅、刘半农，和我都是卯年生的，又都同时在北大，故当时有“卯字号”三代的戏言。今天是一个卯字号小弟弟，敬祝您老大哥快乐长寿！

胡适敬上

先生觉得这封信亲切而有情趣，竟装裱挂在办公室。胡适后来解释说：“我的信是用自来水笔写的，因为于右任是位大书法家，所以我不敢用毛笔来写，借以藏拙。”这也记录着两个人的情谊。

蔡元培生于 1867 年 1 月 11 日丁卯年，于右任生于 1879 年 3 月 20 日已卯年，胡适生于 1891 年 12 月 17 日辛卯年，均相差 12 岁，三人都是在政治、文化上对国家有建树的伟人。这也是近现代人物的一段佳话。

于右任先生八十岁寿辰与胡适（右为于右任、左为胡适）

· 16 ·

1964 年，值于右任八秩晋六华诞，台湾当地 86 个文艺团体，组成祝寿会。由台北市青年服务社与标准草书研究会联合主办。于右任上午前往中山北路“邹容堂”主持揭幕仪式，香港红星丁皓女士专程前来庆祝活动，共同剪彩。

于右任在祝寿会上（照片由黄景南之子黄永春提供）

美髯翁的暮年

· 17 ·

于右任自三十岁后就开始蓄须，垂至胸前，民间称谓“于胡子”，友人间多称“美髯公”。据说，先生胡须最长部分达一尺六寸八分。

到了老年，先生尤为珍惜其长髯。每天入睡前，他把长须放入袋中，有时把它打个结，但随着身体的衰老，长髯也显然一天天在脱落，1964 年入医院后，脱落得更加明显，胡须色泽也由银白转而变成淡黄。

住院期间，护士李凤云女士，每天替他整髯一次，早晨把结打开，晚上结上，睡觉时压在枕头下面。先生过世前两小时，李女士当着记者面，又替老人整理一次胡须，但已经脱落得仅剩一小把了。看到那束疏须，我们知道英雄已去，只剩传说，我们的眼睛再次湿润了。

仙游·追逝

· 01 ·

1962 年，于右任也许深感自己会不久于人世，在 1 月 12 日的日记中，曾留下有类似遗嘱的话：“我百年后，愿葬于玉山或阿里山树木多的高处，可以时时望大陆。”旁注：“山要最高者，树要大者，可以时时望大陆……”1 月 22 日，先生在日记中又写道：“葬我在台北近处高山之上亦可，但是山要最高者”。1 月 24 日，先生在日记中写了一首千古绝唱——《望大陆》哀歌，旁注“天明作此歌”，歌曰：

葬我于高山之上兮，望我故乡。故乡不可见兮，永不能忘！
葬我于高山之上兮，望我大陆。大陆不可见兮，只有痛哭！
天苍苍，野茫茫！山之上，有国殇！

诗者言其志也，诗者志之所以也。在心为志，发言为诗。读其诗，可知其人也，可知其世也，可鼓舞人心也，可呼唤时代也，以志论先生诗情，可通先生灵魂深处也！愿先生遗骨重返故乡，以慰先生之灵！

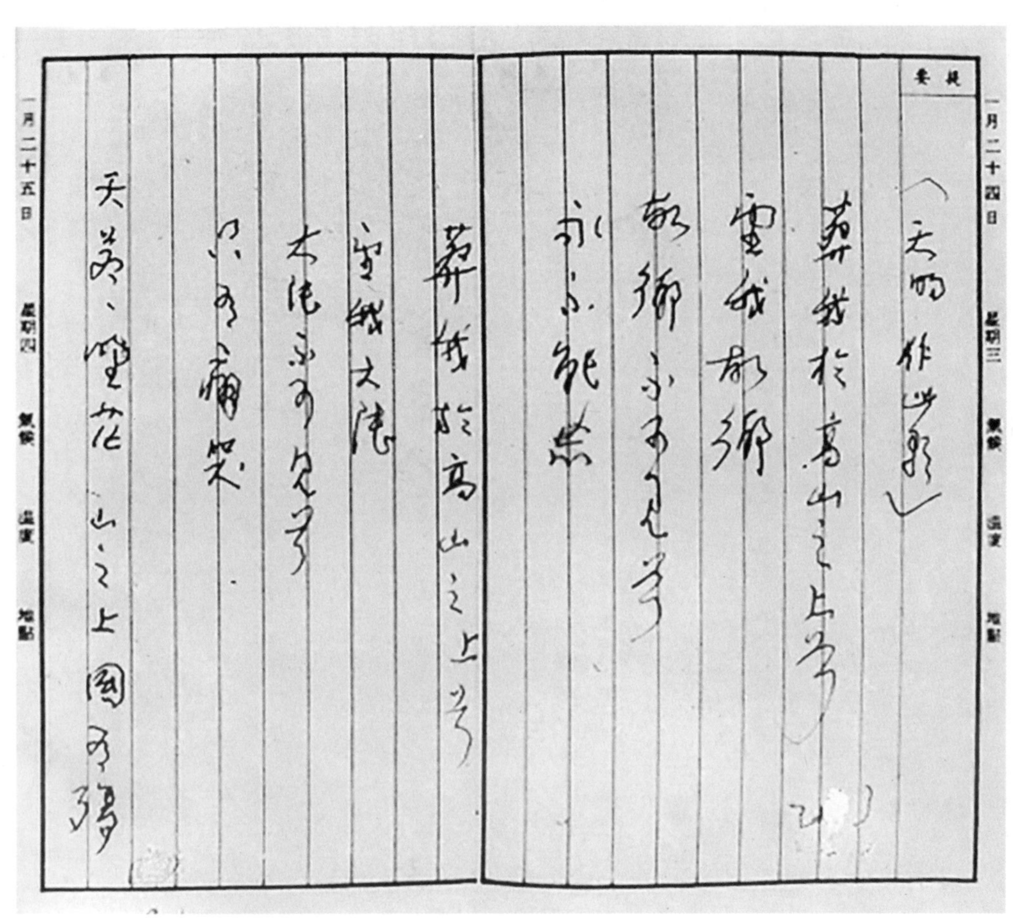

一月二十四日 星期三 氣候 溫度 地點

提要

（天明作此歌）

葬我於高山之上兮

望我故鄉

故鄉不可見兮

永不能忘

一月二十五日 星期四 氣候 溫度 地點

葬我於高山之上兮

望我大陸

大陸不可見兮

只有痛哭

天蒼蒼、野茫茫 山之上 國有殤

于右任所作《遗歌》

· 02 ·

一生清廉、两袖清风的于右任，为国为民，贡献良多， 重名节而轻财利。 谁知，当他晚年病重时，竟然是“没钱住院”。

1963 年 4 月 18 日，于右任喉咙发炎严重，住进台北荣民医院。卧病三天，于右任便急着计划出院，他在日记中写道：“今日早起，疾已轻，有归去之意。开支甚大，如何能继。”到 5 月初，于右任在未愈前便提前出院，导致病情再次发作。此时他本应立即住院，但由于住院费用的缘故，先生竟一拖再拖，甚至还去参加一些社会活动。5 月 27 日，于右任在日记中这样写道“我的钱已用干，可以指天作誓的。人疑我有钱，是旁人害我。”

每次住院仅仅几天，病情刚一好转，于右任总因经费紧张就很快出院。回到住所，于右任安然坐于书房老学斋，竟研墨挥毫， 写成了长篇行草书《文信国正气歌》七屏，气势恢弘，也成为于右任一生最后之大作。

1964 年 7 月底，于右任再度病重，难以说话进食，病情已经到了晚期。 三个多月后， 这位国民党元老， 溘然长逝于病榻。 临终前， 始终对大陆的亲人念念不忘。

去世之后，据说于先生的保险箱里没有一点金银积蓄，只有一支钢笔、数方印章、 几本日记、 几双高夫人为他早年缝制的布鞋布袜， 以及一些借款的账本而已。

于右任去世前，病中所书《正气歌》

台湾七星山于右任墓园

· 03 ·

根据于右任前遗愿，最终墓园筑在台湾阳明山至淡水镇公路中点，以青石分三层建造，石阶共 143 级，中为正门，左右各有华表。正面外墙镶大理石，集王羲之行楷字体，刻“于右任先生墓”六个大字。墓冢在最高处的三重台上，冢高 8 米，前立墓碑，为蒋介石所题。墓后石壁上刻有“耆德元勋”横匾。

1965 年 7 月初，七星山墓园竣工。治丧委员会于 7 月 17 日举行于右任安葬大典，将其灵榇安葬于八拉卡墓地。

在台湾 86 个民间团体及学术机构的建议下，而后又在玉山峰顶树立起纪念碑及铜像，永留纪念。至今，台湾第一峰玉山之巅矗立着于右任先生雕像。

于右任的生前好友们，为了永远保存他的遗作和遗物，于是在台北市青田街旧宅，发起建立了一座“于右任纪念馆”，以供后世凭吊。但现已不存。

在于右任墓园，由治丧大员张群秘书长领导全体治丧人员行礼

第二章

楷书

于右任先生

※ 本章收录于右任先生的楷书试卷和三幅经典碑刻书法作品，因传统书法阅读版式与文本阅读方式的差异，故此章特别设置两种页码，页脚为装订页码，页眉为碑帖内容的阅读页码，以便读者顺畅阅读。后附释文内容，则为正常阅读版式。

·于右任先生楷书中的气象·

于右任先生曾说：“书法为中国特有艺术，也为我国古今教育要科，关系国家民族之前途至大。”

我们每一个中国人从出生起，就被汉字命名，伴随着终生的就是汉字，这一点古人也不例外。从小识字、读书、写字，从愚昧逐步走向文明，代代如此。因此，中华文明的起源、记录、承载离开了汉字便难以维系；亦可以说，华夏精神文明的标识、标志的根基非汉字莫属。历代帝王、士大夫、读书人社会各阶层莫不把读书写字看作是毕生的功课和修养。经历了从写到书的历程和演变，历史上的能书家、流派、碑帖被代代传颂，被继承和发扬光大。

在众多的书体中，楷书也被称为真书、正书，作为书法启蒙和基础根基加以推广教育，因而被学书者倍加重视和推崇。历代各种书体碑帖浩如烟海、名家辈出各有千秋，楷书更是异彩纷呈。

其实每个人书写均有其各自的面貌和结构特点，美丑别论。犹如每个人的五官组合各有特征，各有其个性阅历和思想特质，据此也就构成了千姿百态的大千世界。除合乎组字法度外，其思想和境界却起着决定性作用。清人书评家刘熙载在《艺概》中言：

“书者，如也，如其学，如其才，如其志，总之曰如其人而已。”

字如其人，诗为心声。世人对于先生的“于体”“标准草书”的贡献和伟业有所了解或产生共鸣，任何学问均有其规律可循。早在先生入私塾期间，就开始按传统教程学习“二王”、欧颜柳赵等书法启蒙。和任何时代一样，清末读书人也不例外的为已仕途苦练书法基本功。纵观先生人生， 从 17 岁以“案首”入学，25 岁， 中举， 岁试直至开封礼部应试，到人生低谷被通缉亡命、办学办报、参加民主革命，期间无不发奋读书和广临法帖，以下我们依照先生同期诗歌和书法作品，一探究先生楷书历程和轨迹。

一、革命思想与楷书的启蒙

少年时期“半哭半笑”的革命思想如“杂感”所述：“柳下爱祖国，仲连耻帝秦。子房抱国难， 唯秦气无论 。报仇侠儿志，报国烈士身。寰宇独立史，读之泪盈巾。逝者如斯夫，哀此亡国民。”

关中历来是历史文化人才辈出之发祥圣地，先生年少时期失恃入私塾，11 岁至 19 岁随名师学习传统文化功课，懵懂中对百家姓中无清王朝种姓，加之清朝末年政治腐败无能，周边自然灾害与民众的现实种种不幸， 萌生出“爱自由如发妻，换太平一颈血”的爱国民族主义激情。但先生毕竟受儒家思想和父亲新三公的影响，希望他“成为世上一个读书人。”与父亲的相伴背书和期待鼓励，更激发出学习的志向和欲望。随着学问的加深，先生先后在各大知名学院间游学，继而进入陕西中学堂研读提高，他的眼界和学识愈加精进，同时把目光注重华夏以外的发展趋势和潮流。我们从《半哭半笑楼诗草》诗作和早期宏道大学堂试卷中，可以看到先生的革命志向和传统楷书诸家法帖的影子，如唐楷的规范、欧阳公字迹的遒劲、颜鲁公端整圆润，其中更能表现出苏轼孤傲、舒展的楷书个人气质。宏道书院试卷为命题作文，先生阐述了以《周礼·冢宰》用九式财用和西方议会审议预算间两国得失对比。明确指出“盖财者民之膏血，国之命脉”并一针见血地指出“非英人民气之发达，议会之权重，乌能回天哉！”旗帜鲜明地认为“盖公理之在民心。”在数千年封建社会的愚民政策之下，拥有民主主义思想萌芽，并始终以百姓权益为出发点，分析华夏历代“盖民力物力之所及，不致谨于民力物力，必致解为国立权利。”之要害。提出当时中国财政为：“冗兵、冗吏、冗官三大时弊。胸臆中无此革命思想格局、远大志向，怎能够书写既符合传统规范的书体，又如何表现出孤傲不驯的端庄地浩然之气的楷书形象。即由此，陕西学政叶尔恺阅毕试卷评语如下：“笔端奇气不可遏抑，而发为宏文，则又精理内涵超心跃……”“作者奇才妙笔，可以自成一家，何苦沾沾拾人牙慧。”被赞誉为“西北奇才”。因而从先生最早的墨迹《试卷》中，形成的初期革命思想启蒙与楷书书艺相辅相成；悲伤、愤懑、激进、改良，但又必须顾及家族的厚望和期许，在这双重的压力和矛盾中，革命思想则带着明显的印记进入到先生同期传统楷书中，以激扬的文字形式表现出来，就连作者书写后都为之惊叹。此期间的诗歌和书作充分反映和记录着以精神为内核，书法为表相的有力证据。

二、读书与革命实践对楷书的影响

《孝陵所思》

虎口余生亦自矜，天留铁汉卜将兴。

短衣散发三千里，亡命南来哭孝陵。

书不离手和商州从教经历，加之自身的努力和社会实践中美誉度的增多，先生已小有名气。兴冲冲地开封应试，将迎来人生入仕的梦想。然而欲加之罪的“半哭半笑楼之草”诗歌却引来当地政府举报和清廷的通缉。被逼无奈流亡南下，途径南京，犹如上述诗歌描述的那样，遥拜明孝陵，意欲要光复中华。走上了推翻封建帝制的民主革命之路。在上海期间得以认识恩师马相伯，并广泛交际志同道合学友，东渡赴日认识国父孙中山，以办学办报、鬻字为生。从大量阅读和新闻社论开展民主革命事业，“唤起中华民族之祖国思想”，从而“激发潜伏的民族意识”宣传和推广孙中山先生的民族、民权、民主。在自办的报纸上代表“人民的呼声 ”为己任，以民主主义的思想光辉来照亮黑暗之时代。 为民呼吁，为民请愿，为民呐喊，从而自发地形成和表现在书法作品中西北人民淳朴豪放的书法特性。随着民国的建立，政务之余，苦闷和彷徨中专习收集北魏造像题记、墓志碑帖，在朴素的楷书作品中看到了纯真豪放和雄强的民族特质。失恃失怙、报刊查封，先生处境异常困顿，我们从拽杖寻碑到朝临暮写的日日夜夜， 从临写碑拓到民族碑石的收集整理，看到了先生对魏碑楷书的矢志不移。

《赠大将军邹君墓表》由章太炎撰文，于先生 1924 年书丹。邹容，原名绍陶，字蔚丹，四川巴县人。近代民主革命家。1902 年曾留学日本，是著名的《革命军》作者， 曾因“苏报案”震惊中外，1905 年惨死狱中，年仅 21 岁。章太炎也是著名民主革命家，为纪念邹君，于先生特书墓表依此纪念革命的马前卒。颜鲁公神韵又不乏自成风格， 气质高阔， 字里行间处处体现对墓主人的敬佩之意。

《陆秋心先生墓志》1928 年于先生撰文并书丹。陆秋心名曾沂，字冠春，江苏海门人，不惑之年因病早逝。同为马相伯门生，曾助于先生主办民呼、民吁、民立各报，以文笔健胜，与先生友，为纪念多年好友，一唱三叹，内容感人；书中体现了早期先生魏碑楷书笔意，笔法端庄静穆，内容与书法双璧为楷书稳健力作。

《马平曾孟鸣碑》由邵力子撰文，于先生 1929 年书丹。广西马平曾孟鸣曾为先生民立报得力部下，因医疗事故仅 38 岁陨落，先生悲痛不已。邵力子（1882 — 1967），著名民主革命家、 教育家 ，于先生复旦校友、办报同仁，也为先生莫逆之交。为纪念亲朋故旧， 先生以魏碑笔意， 大气雄浑， 幽深古雅， 结体奇崛之古意。

日渐丰富的读书和阅历加之熔碑铸帖的社会实践，使得先生在魏碑楷书的长河中，沉淀出崭新的风貌。依此，我们从此时期给革命志士所提写的碑额、墓志、出版物书法作品中可以看出，将碑体书法创作与反清反帝的革命实践，提高到了政治斗争的高度，随着时代大背景的转换，书法的风格、价值取向也发生着巨大的作用，这些和先生此时期魏碑保护性收藏、研究学习有着密不可分地关联。应当说，读书与革命实践指导着此时先生楷书的变化与发展也不为过。

三、醇厚美德给予楷书了生命

《斗口村扫墓杂诗》六首，及《归省杨府村房氏外家》五首："水环三面白公渠，垂老重来省故居。犹记阿娘哭阿母，报儿今岁读何书。发塚原情亦可怜，报恩无计慰黄泉。关西赤地人相食，白首孤儿哭墓年。袖中书本袋中糖，入学相携感不忘。恸绝江南亡命日，弥留犹唤我还乡。伤心党祸走西南，茧足千山带病还。难忘床前挥涕语，盼儿星夜出潼关。发愤求师习贾余，东关始赁一椽居。严冬漏尽经难熟，父子高声替背书。手写遗书何处寻，每翻迁史泪沾襟。微风吹动坟前草，犹似麻衣殉葬心。朝阳依旧郭门前，似我儿时上学天；难慰白头诸舅母，几番垂泪话凶年。无母无家两岁儿，十年留养报无期；伤心诸舅坟前泪，风雨牛车送我时。记得场南折杏花，西郊枣熟射林鸦；天荒地变孤儿老，雪涕归来省外家。桑柘依依不忍离，田家乐趣更今思；放青霜降迎神后，拾麦农忙散学时。愁里残阳更乱蝉，遗山南寺感当年；颓垣荒草农神庙，过我书堂一泫然。"

近乎白描式的速写诗歌，是于先生1929年时年51岁所作。诗中把家乡的旧时光一览无余的呈现给在大家面前，先生心目中的关中一草一木犹如昨天依旧枯萎荒凉，儿时苦痛而美好地记忆，深情而无奈地眷恋犹如关中的大孝子一斑。

陕西连年大旱，先生脚疾不能马上归省，一想到父老乡亲饥馑难耐，日死数百人，先生寝食难安。一向做事低调清贫的先生着手为儿在上海举行婚宴，所收贺礼当时一并寄往灾区赈灾。脚疾稍缓，起身回陕。望着杂草丛生、河道干涸，先生万分难过，发誓要兴修水利、举办农校；念念不忘民生的疾苦和苦难生活，表现了先生忧国爱民的伟大胸怀和无限悯农情感。

先生坦言， 生平得益于房太夫人和恩师马相伯的恩惠最大，因此，对二老生前极尽孝道；身后也多次恭写“行谊”。平日，先生生活俭廉，营养不良， 病时竟无钱就医；喜交社会各阶层人士，对人有礼相待从无重话脾气，有求必应广结善缘。他说：“他人要求我时，总不能使人家失望，要知一个人是有廉耻心的，不要伤家尊严， 人家有路何苦来？” 由此可知先生体会人生之深，天根之厚，非常人所及。

先生每日生活政务之余，看书、读报、习字记日记，极富规律。 有时竟在日记中写到“我写不好字，是什么原因，想来是不用心？ ” “此章无发明，可见是读书不用心”，时时充满着自省和约束 。

平凡中的伟大，醇厚宽广的胸襟在楷书作品中，让人体会到温厚、气韵高洁诗的至真性情，世间习楷书着众，要赋予楷书精神内涵着又有多少可以做到？

四、伟岸气象中的楷书形象

《露宿外蒙兵营》两首

星斗低昂落枕边，多情明月映胸前。
幕天席地吾滋愧，一夜沙场自在眠。

天似穹庐容我住，地无租赁任人眠。
乾坤真作卑田院，脚动星辰亦偶然。

于先生自莫斯科经蒙古国回国，有感所作，诗中气象雄伟，超凡脱俗，古今罕至。

先生一生布衣布鞋，身材伟岸，银髯过腹，望之如若仙人一般。志向高远，心性善良是先生长期心境与社会活动行为的修炼在脸上和气质的投射和反映，因而也会慢慢地预示着先生在未来的精神文化传播和发扬光大的波纹。

观其先生在此期间每隔一两年间，其书法面貌为之一新，愈加完善。在革命思想形成和社会实践中积累精神阅历，以待人接物慈悲为怀和书写不为功利纯自然而为因，我们至此从先生 1897 年宏道大学堂早期试卷、1924 年《赠大将军邹君墓表》、1928 年《陆秋心先生墓志》、1929 年《马平曾孟鸣碑》而结出得硕果；先生法书总能给人以大气磅礴的恢弘气象，或浑厚凝重的朴实风貌，这种审美情趣直接得或间接的对先生思想、气质、美德、伟岸也互为作用，可以看出于先生所代表的中华文化人的真实内涵以书法的具体形象而自然表现流露出来，其书如人，其人如书。

书为心画，王国维先生说出了心画的本质。书法的功能不仅仅在点画的法则，结体的逻辑，章法的合度；打造文字之外的境界，更是文学艺术家终极价值所在。因此书法的形式只要有书法专业功底就可以表现，但无精神思想的深度和感情的纯度，人性的慈悲的大度，书法仅为书法，无人文背书的话，书便是书，人还是人。

或许立言，立功，立德之后，方能立艺。

于先生一生就是在动荡的社会变革中度过。求变是他的人生信条，唯不变的是："我是儒家系统中人，守之不变者。万勿中途迷离，为世人所笑。但现今世人多变之，吾以道而守之。"

因此，变革改良永远是向前的。于先生完成楷书、行书的书法实践，1932 年《右任墨缘》上下册出版，百余作品记录了里程碑的总结；先生从此又开始了一段新旅程，向着两千多年的草书进行着探索和总结……

——于 江

宏道大學堂

早期先生在弘道书院时的试卷

上下為國財者地面上之公產也國者地面上之公物也故文明國憲法之精義國民之精神財政之宗旨以專注乎國為是當闡泰東西政治家之言矣周禮中國最古之書也言財用以九式節之議院西國最善之制也論財權以議院監之西國之所謂權即周禮之所謂式周禮之所謂節周即西國之所謂預算理學家依謂為格君心之非實不若取諸學家討君權之限說話之為礙也夫監財權西國議院何以

周禮冢宰以九式節財用論者謂所以格君心之私今歐洲議院亦重監財權英主維多里亞議增紉予之俸竟以國人皆曰不可而止是彼國頗合古灋之明證試博考古今推論其得失

國用界說以不涉乎國用為界此古今計學家之公例也所以然者官天地府萬物之大原必以御天地權萬物之大計平之為君用非為民用加非為下用非為上用加非蓋貴輸君民上下以為財圍繞君民

財之道有三曰為國曰為民曰為君為國者智二曰
用與曰知新為君者都二曰和人曰和產為民者都
二曰養民曰教民若康熙乾隆兩朝若華盛頓林肯
皆為民用財也若漢武帝元太祖明太祖若該撒亞
歷山大大彼得拿破崙為國用財都也為君用財者
中外曷勝讓指而秦皇漢高與殿都者也蓋民加增
力之所積即為國力權力之所及不致謹於民加增
加於致鄰其國力權加有如然者覽古今中外國用

重之若是哉蓋財者民之膏血國之命脈也以膏血命脈而任暴君污吏摧殘之婦孺閭宦朘蝕之言之至是曷勝痛恨以維多利亞之英武慈仁而欲增俸幼子非英人民氣之發達議院之權動焉能回天哉由是觀之國家之大計實在財國家之大計尤在權財以招權權以衛財財權兼備國用乃濟論者謂歐洲之財政每合中國古法蓋公理之在人心雖獨夫民賊不能滅景山峻嶺不能阻也蓋嘗推論古今周

宏道大學堂

〇〇六

下最有功於民也數者惟理財三代下最爲害生民
之學者如惟理財列國經濟界最有功生民也用者
惟計學中國政治界最少經濟之氣者亦惟計學當
今日風潮最烈之世界一統一學一球一統皆與國
計民生相關切造時勢者庶幾民處而深計哉
歐人謂俄彼得爲諸頗連查理曼二人合一論
時勢造英雄英雄造時勢有時勢乃有英雄有英雄
乃有時勢故有時勢所造之英雄有英雄所造之時

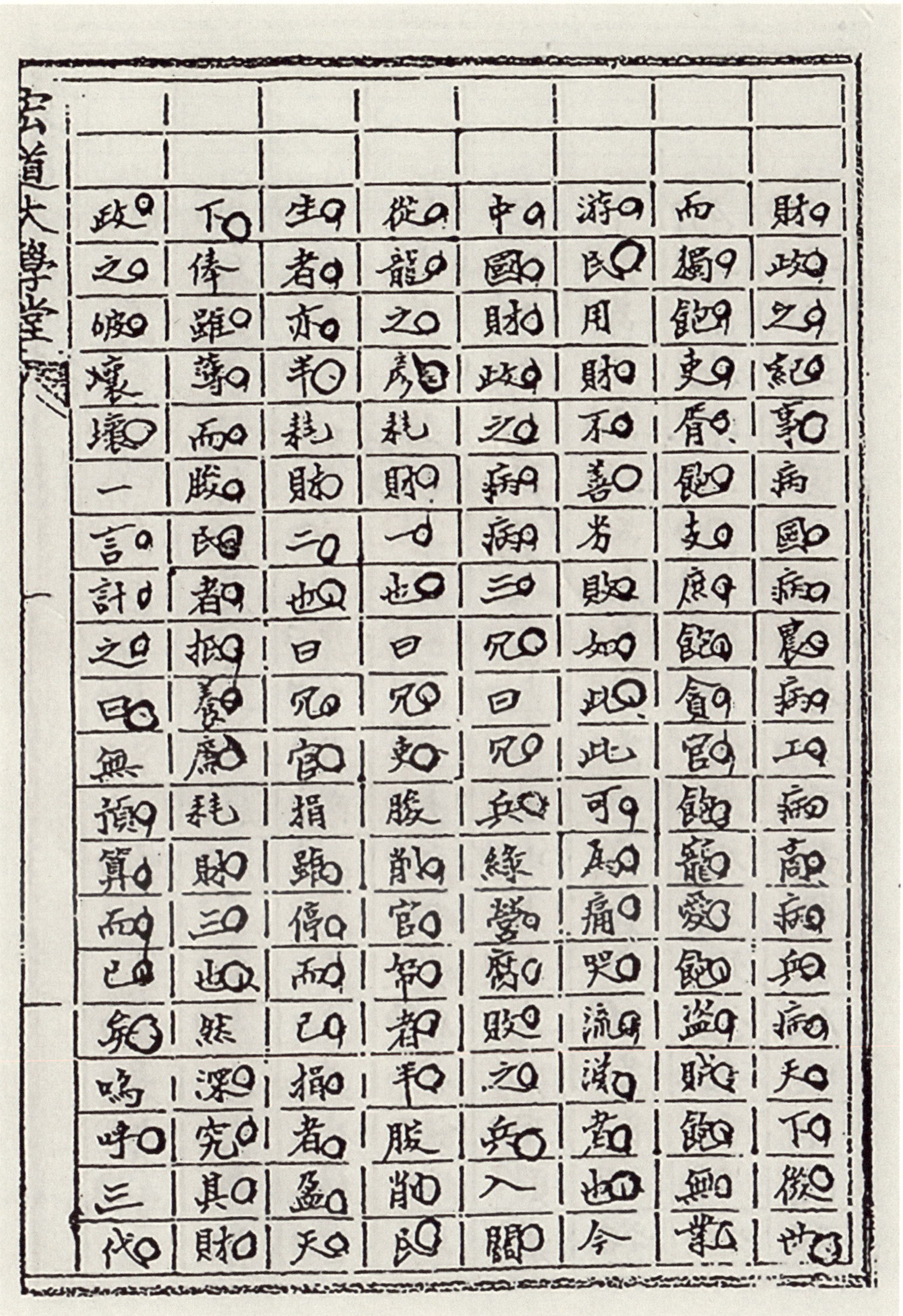

宏道大學堂

財政之紀事病國病農病工病商病兵病天下微也
而獨飽吏胥、飽支應飽貪官飽寵愛飽盜賊飽無業
游民用財不善勞敗如此此可恥痛哭流涕者也今
中國財政之病病三凡曰凡兵綠營腐敗之兵入關
從龍之裔耗財一也曰凡吏朘削官部都半朘削民
生者亦半耗財二也曰凡官捐納停而已捐者盈天
下俸雖薄而朘民者搜羹腐耗財三也然深究其財
政之腐壞壞一言計之曰無預算而已矣嗚呼三代

惜之雖然開歐洲今日之文明學術與有力焉讀者
曰具彼得之一體而已時勢所鑄之英雄也若夫先
彼得而生之查理曼故第七世紀中之雄主也觀其
取倫巴多擊薩尼索伐巴威畧其武功之振蕩有如此
建招賢館興學校恤貧民勸農桑其善政之卓絕有
如此習各國語慕古名將勇士之風揮劍舉重旁若
無人其智勇之絕特又如此然不能脫教皇之羈而
韓受金冠世或惜之雖然歐洲開化實原於帝其功

勢然則衡時勢者衡英雄論英雄者論時勢而已知俄羅斯野蠻國也大彼得野蠻王也然闢荊榛廣教化興學術勵美業使俄躋文明之域者果何人哉不畏謗怨不恥師學不憚跋涉開窗闥以眺歐洲留遺命以闢亞洲使俄執萬國之霸權者果何人哉彼得彼得真造時勢之英雄哉若夫後彼得而生之諸顛連國一世之雄也觀其蹂奧覆普抗英伐俄位雖不終迺古以來未嘗有也然其性急而褊勇而無謀世或

雄心較則鋒時勢之英雄獨現其全神故歐人謂彼

得為諾顛連查理曼二人合一蒙無以易之矣

兩利為利說

說計學家有最大公例焉曰大利所存必其兩益損己利人

非也損上利己益非損上益下非也損下益上益上非斯密

亞丹創此旨作書數十卷生計學出版之日即改治界革

命之曰經濟主義遂飛躍於地球數百年來蠲結保富之

波乎進出之秘皆斯密氏此宗旨所振動而改革者也然

德不可沒也說者曰其彼得之一體而已時勢所鑄
之英雄也然則為時勢之英雄易為鑄時勢之英
雄難彼得者輸外國之文明以敵己國者也故獨為
其難諾頗連查立曼引己國之文明以敵外國都也
故特為其易敵己國者以一人而與一國戰英雄鑄
時勢也敵外國者以一國而對一國戰時勢造英雄
也鑄時勢之英雄與時勢之英雄比較則時勢鑄
之英雄祇得其一體時勢鑄之英雄與鑄時勢之英
宏道大學堂

後知大利者，同利也。必區區於彼此盈絀之閒，非天下之公理也。

宏道大學堂

注：于右任就讀宏道書院（宏道大學堂）時的應試考卷。原件共十三頁，現存上海。這是其中的十一頁，其首頁鈐印中署名：受業于伯循。應試考卷爲在上海任職的于右任先生之侄于俊先生提供。

早期先生在弘道书院时试卷·释文

《周礼·冢宰》以九式节财用，论者所以格君心之私。今欧洲议院亦重监财权。英主维多利亚议增幼子之俸，竟以国人皆曰不可而止，是彼国颇合古法之明证。试博考古今推论其得失。

国用界说，以不溢乎国用为界，此古今计学家之公例也。所以然者，官天地府万物之大用，必以衡天地权万物之大计平之。为君用非，为民用亦非，为下用非，为上用亦非。盖贯输君民上下之用财，团结君民上下之为国。财者，地面上之公产也；国者，地面上之公器也。故文明国宪法之精义，国民之精神，财政之宗旨，以专注乎国为急是，尝闻泰东西政治家之言矣。《周礼》，中国最古之书也，言财用以九式节之；议院，西国最善之制也，论财权以议院监之。西国之所谓“权”，即《周礼》之所谓“式”；《周礼》之所谓节用，即西国所谓予算。理学家徒谓为格君心之私，实不若取计学家示君权之限之说诂之为确也。夫监察权，西国议院何以重之若是哉？盖财者民之膏血，国之命脉也。以膏血命脉而任暴君污吏摧残之，妇孺阉宦朘蚀之，言之至是，曷胜痛恨！以维多利亚之英武慈仁，而欲增俸幼子，非英人民气之发达，议院之权重，乌能回天哉？由是观之，国家之大计之实在财，国家之大计尤在权。财以拓权，权以卫财。财权兼备，国用乃济。论者谓欧洲之财政，每合中国古法，盖公理之在人心，虽独夫民贼不能灭，崇山峻岭不能阻也。盖尝推论古今用财之道有三：曰为国，曰为民，曰为君。为国者有二：曰用兵，曰交邻；为君者有二：曰私人，曰私产。为民者有二：曰养民，曰教民。若康熙、乾隆两朝，若华盛顿、林肯，皆为民用财者也；若汉武帝、元太祖、明太祖，若该撒、亚历山大、大彼得、拿破仑，为国用财者也；为君用财者，中外咼肿偻指，而秦皇、汉高其最著名者也。盖民力物力之所积，即为国力权力之所及，不致谨于民力物力，必致解其国力权力。有必然者，览古今中外国用财政之纪事，病国、病农、病工、病商、病兵、病天下后世，而独饱胥吏，饱支庶，饱贪官，饱宠爱，饱盗贼，饱无业游民，用财不善，劣败如此，此可为痛哭流涕者也。今中国财政之病病三冗：曰冗兵，绿营腐败之兵，入关从龙之彦，耗财一也；曰冗吏，朘削官帑者半，朘削民生者亦半，耗财二也；曰冗官，捐虽停而已捐者盈天下，俸虽薄者而朘民者抵养廉，耗财三也。然深究其财政之破坏，一言计之曰，无预算而已矣。呜呼！三代下最有功生民之学者惟理财，三代下最为害生民之学者亦惟理财；列国经济界最有功生民之用者惟计学，中国政治界少经济之争者亦惟计学。当今日风潮最烈之世界，一丝一粟，一珠一粒，皆与国计民生相关切，造时势者，庶几长虑而深计哉。

※ 欧人谓俄彼得为诺颇连、查理曼二人合一论

时势铸英雄，英雄铸时势。有时势乃有英雄，有英雄乃有时势。故有时势所造之英雄，有英雄所造之时势。然则衡时势者衡英雄，论英雄者论时势而已矣。……然辟荆榛、广教化、兴学术、励实业，使俄臻文明之域者，果何人哉？不畏谤怨，不耻师学，不惮跋涉，开窗闼以眺欧洲，留遗命以辟亚洲，使俄执万国之霸权者，果何人哉？彼得，真铸时势之英雄哉！

若夫后彼得而生之诺颇连，固一世之雄也。观其蹶奥覆普，抗英伐俄，位虽不终，近古以来，未尝有也。然其性急而褊，勇而无谋，世或惜之。虽然，开欧洲今日之文明学术，与有力焉。

说者曰，具彼得之一体而已，时势所铸之英雄也。若夫先彼得而生之查理曼，故第七世纪中之雄主也。观其取伦巴多，击萨索厄，伐巴威略，其武功之震荡有如此；建招贤馆，兴学校，恤贫民，劝农桑，其善政之卓绝有如此；习各国语，汇古名将勇士之歌，挥剑举重，旁若无人，其智勇之绝特又如此。然不能脱教皇之羁，而转受金冠，世或惜之。虽然欧洲开化实原于帝，其功德不可没也。

说者曰，具彼得之一体而已，时势所铸之英雄也。然则为时势铸之英雄易，为铸时势之英雄难。彼得者输外国之文明，以敌己国者也，故独为其难；诺颇连、查理曼引己国之文明，以敌外国者也，故特为其易。敌己国者，以一人与一国战，英雄铸时势也；敌外国者，以一国而对一国战，时势铸英雄也。铸时势之英雄，与时势铸之英雄比较，则时势铸之英雄只得其一体；时势铸之英雄，与铸时势之英雄比较，则铸时势之英雄独现其全神。故欧人谓彼得为诺颇连、查理曼二人合一，蒙无以易之矣。

※ 两利为利说

计说学家有最大公例焉，曰大利所存，必其两益。损己利人非也，损人利己益非；损上益下非也，损下益上亦非。斯密亚丹创此旨，作书数十卷。生计学出版之日，即政治界革命之时，而经济主义遂飞跃于地球。数百年来，蠲保富之法，平进出之税，皆斯密氏此宗旨所振动。而改革者也，然后知大利者，同利也。必区区于彼此盈绌之间，非天下之公理也。

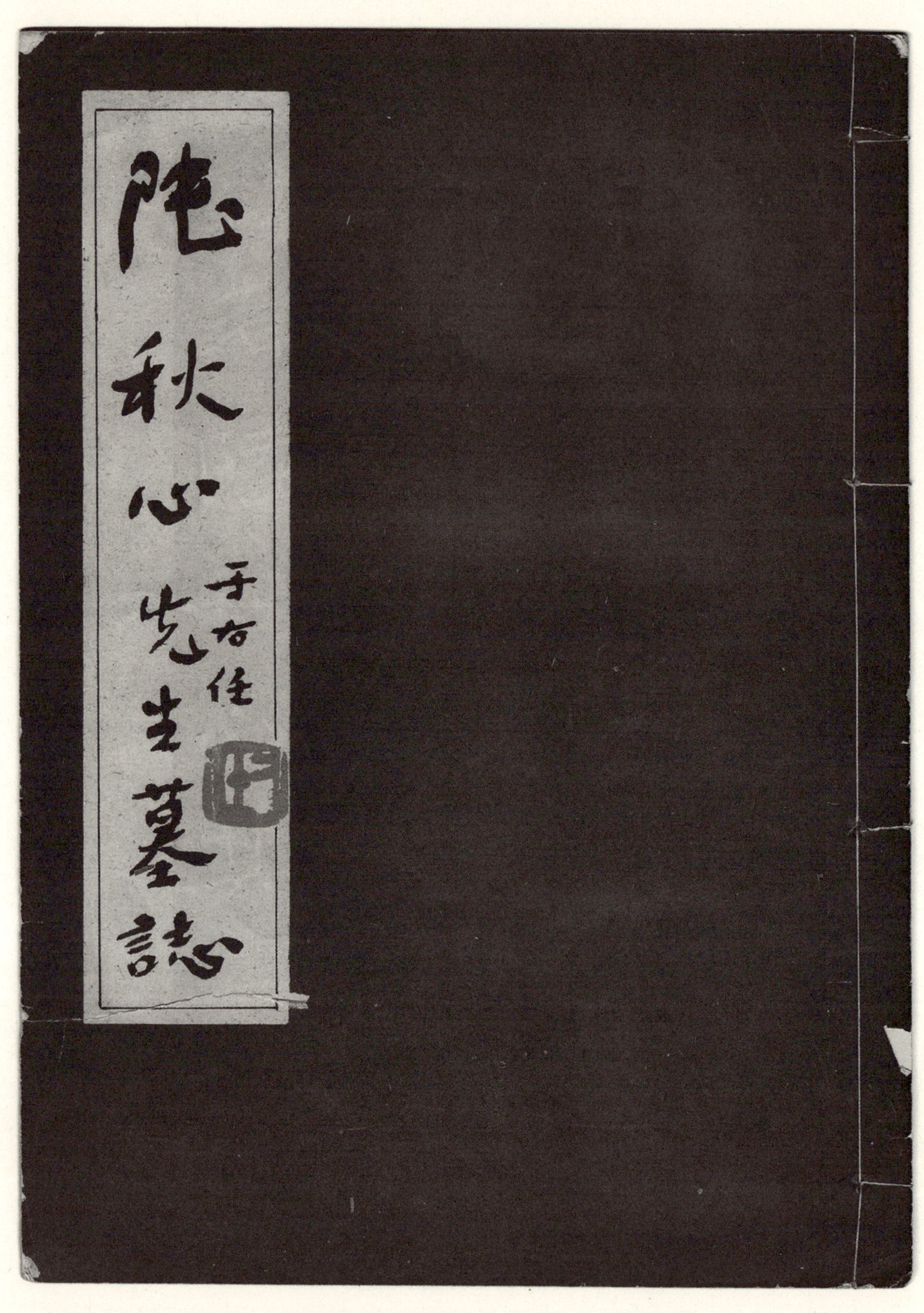
陁秋心先生墓誌
于右任

陆秋心先生墓志

〇〇二

先生名曾沂字冠春江蘇海門人曾祖樹培祖承贄父兩林均以行義聞母沙氏能

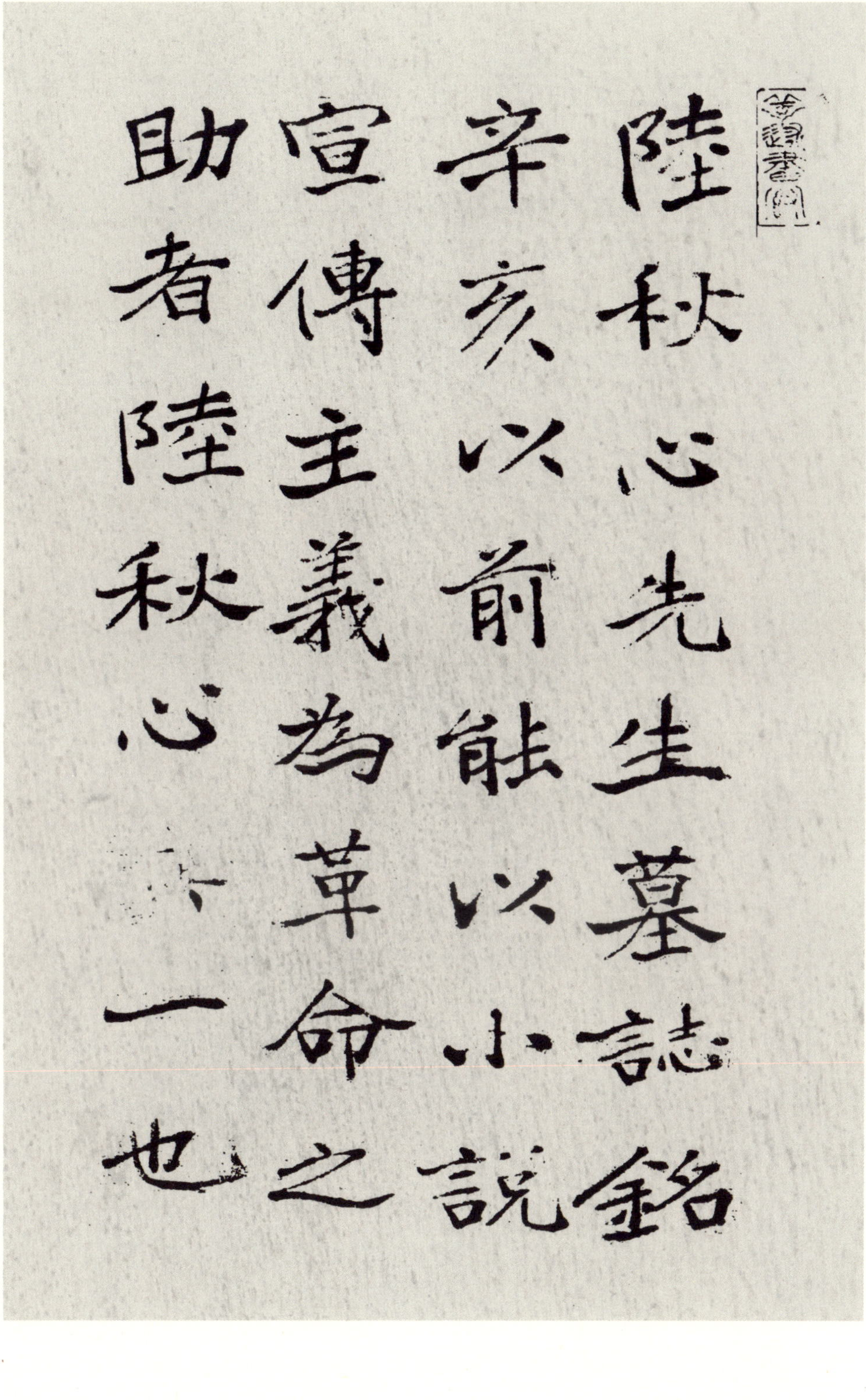

陸秋心先生墓誌銘
辛亥以前能以小說
宣傳主義為革命之
助者陸秋心[illegible]一也

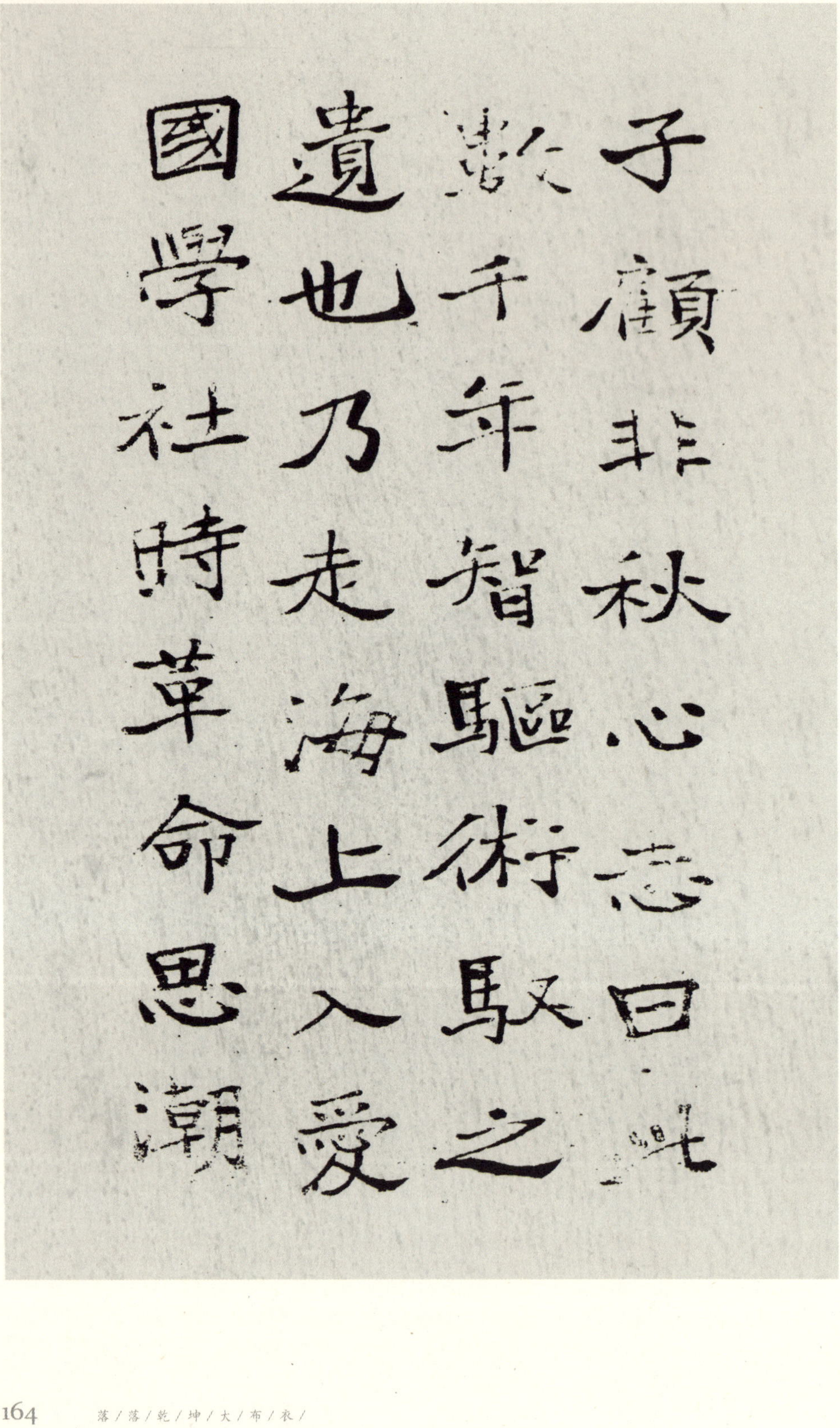

子顧非秋心志曰也
數千年智驅術馭之
遺也乃走海上入愛
國學社時革命思潮

文章秋心幼慧甚涉
太夫人督課嚴十歲
通經史大義論古有
識年十八補學官弟

院復旦大學業餘每撰譯小說灌輸主義海上各報腈稿者踵相接嗣掌教務本女

初起秋心以健筆導
揚之值蘇隸獄興憂
國學社被封乃隨馬
相伯先生入震旦學

為助其文以民立為
多故風行以最廣辛
亥以後復以教育為
念任復旦大學教務

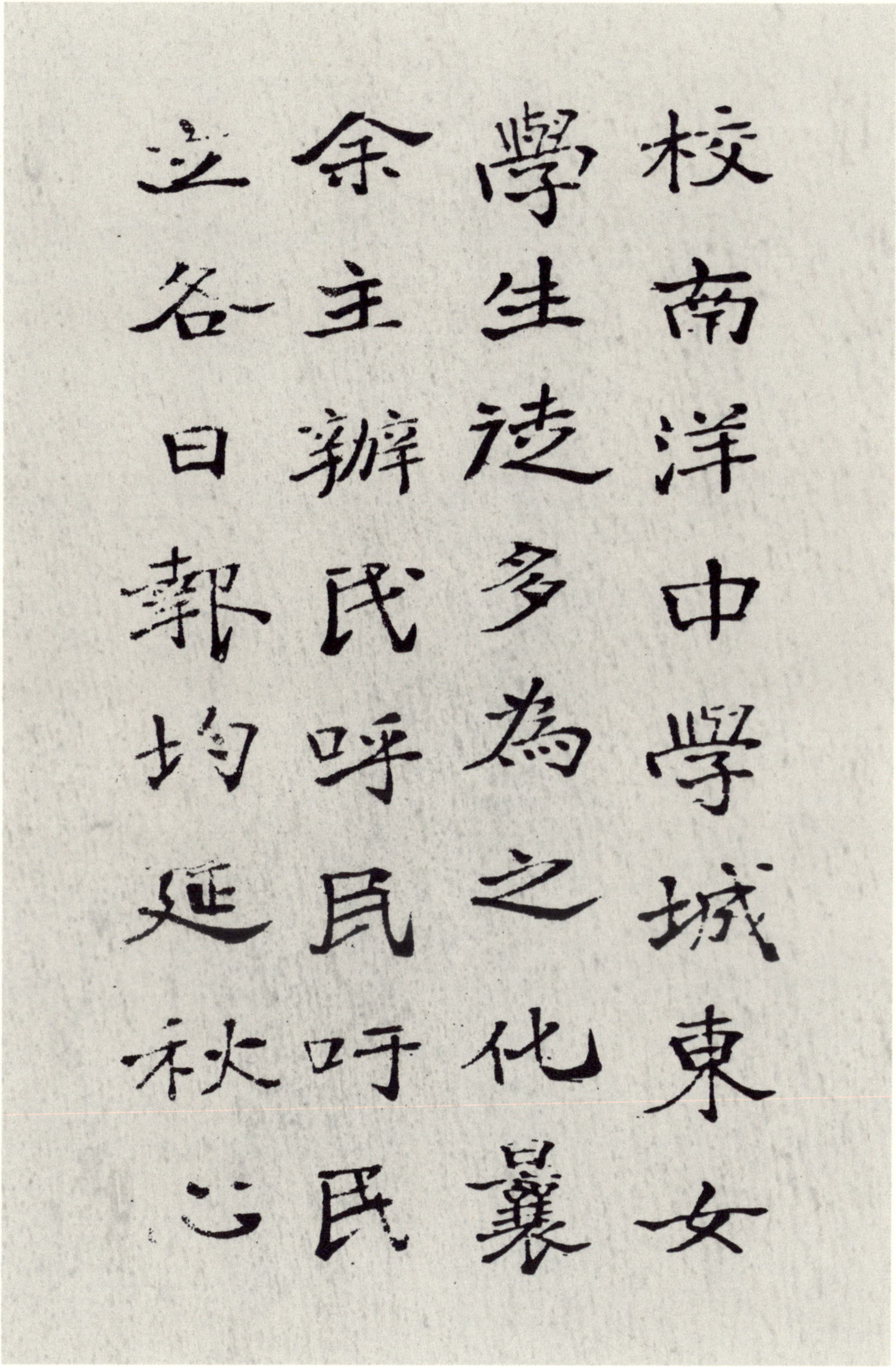

校南洋中學城東女
學生徒多為之化曩
余主辦民呼民吁民
立各日報均延秋心

京以當道之招冒盛暑而行受參軍兼秘書之命即返海上畢校務忽以疾致不起

及中學部主任皆盡辟為之鄉人有欲選為議員者謝之民十六國民政府奠都南

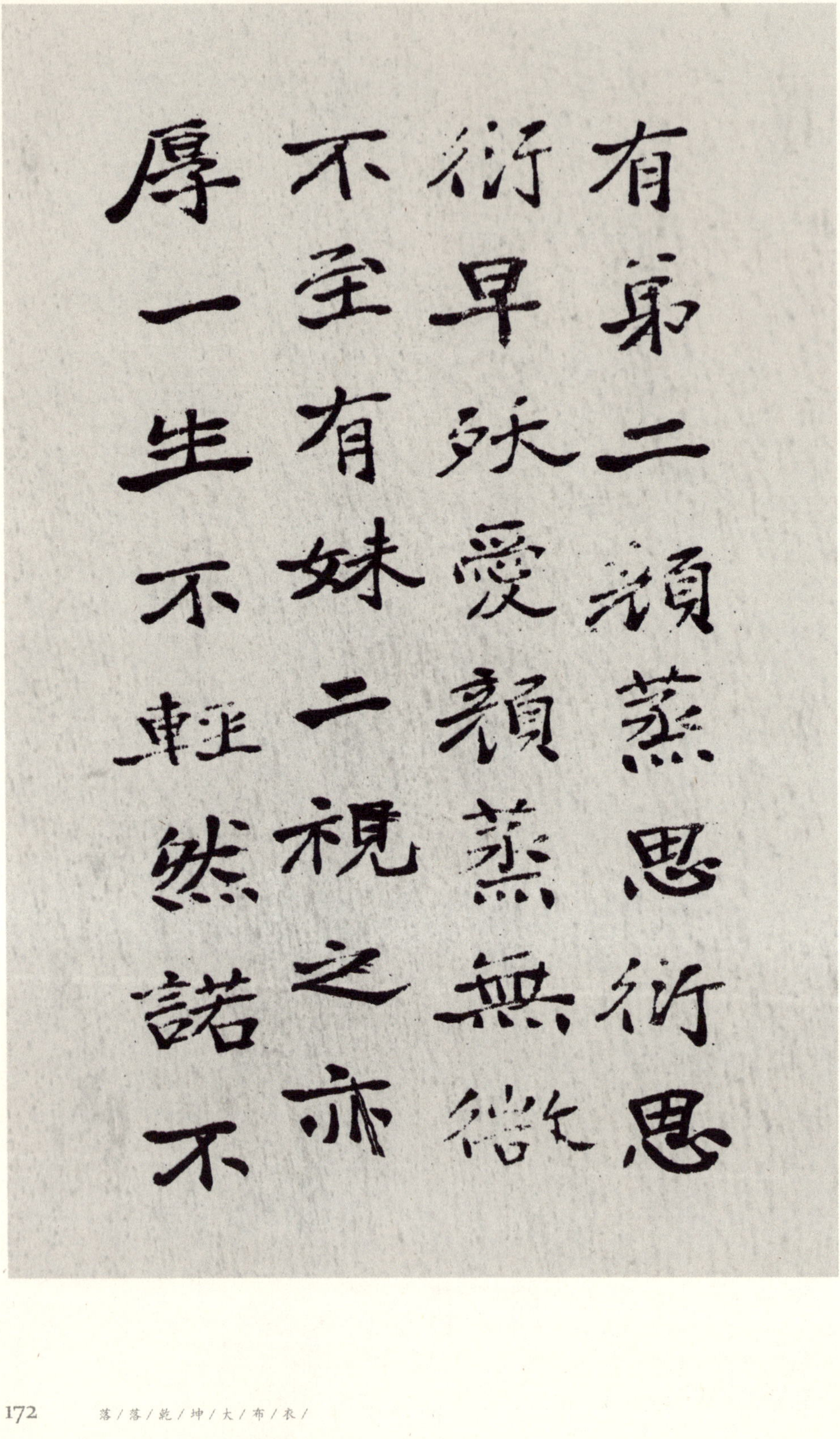

○一二

有弟二穎蒸思衍思
衍早歿愛穎蒸無繼
不至有妹二視之亦
辱一生不輕然諾不

嗚呼哀哉秋心體素
健能勞苦精少林術
而深自匿天性純篤
居父母喪哀毀骨立

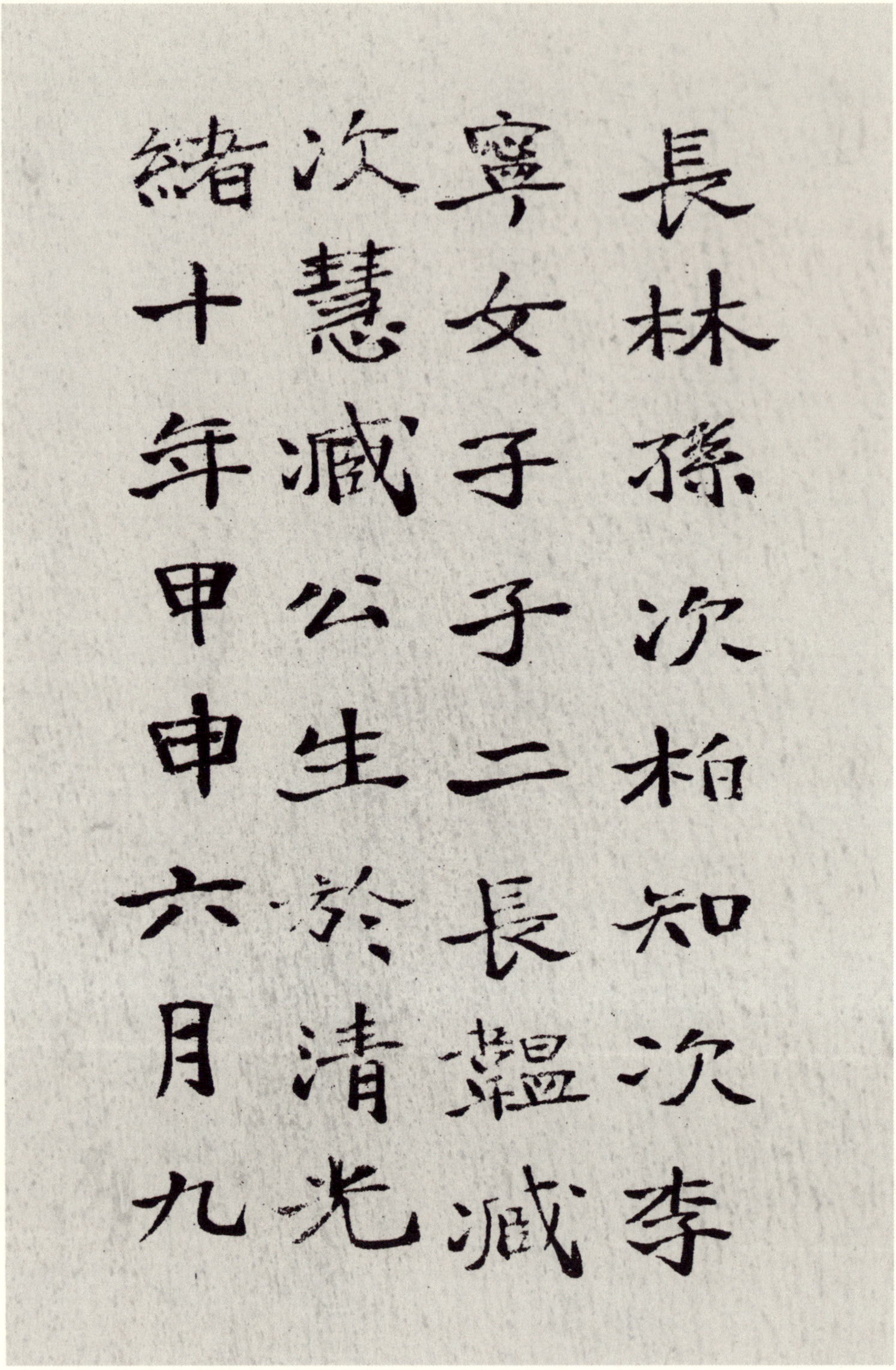

長林孫次柏知次李
寧女子子二長韞臧
次慧臧公生於清光
緒十年甲申六月九

苟取與不苟合流俗
所為詩文小說均寄
慨遙深夫人沙氏賢
而多才生丈夫子三

銘曰

不可招兮秋心之魂

不忍過兮秋心之寢

門澂〻不乾兮秋心

日年於民國十六年八月十三日春秋四十四葬於海門小安沙富安鎮之原乃為

之淚痕
三原于右任撰並
書

陆秋心先生墓志铭·释文

辛亥以前，能以小说宣传主义，为革命之助者，陆秋心其一也。先生名曾沂，字冠春。江苏海门人。曾祖树培，祖承赉，父雨林，均以行义闻；母沙氏能文章。秋心幼慧甚，沙太夫人督课严，十岁通经史大义，论古有识；年十八补学官弟子，顾非秋心志，曰：此数千年智驱术驭之遗也。

乃走海上，入爱国学社。时革命思潮初起，秋心以健笔导扬之。值《苏报》狱兴，爱国学社被封，乃随马相伯先生入震旦学院、复旦大学。业余每撰译小说，灌输主义，海上各报，购稿者踵相接。嗣掌教务，本女校南洋中学，城东女学生，徒多为之化。曩余主办民呼、民吁、民立各日报，均延秋心为助。其文以民立为多，故风行以最广。辛亥以后，复以教育为念，任复旦大学教务及中学部主任，皆尽瘁为之。乡人有欲选为议员者，谢之。

民十六，国民政府奠都南京，以当道之招，冒盛暑而行，受参军兼秘书之命，即返海上，毕校务。忽以疾，致不起。

呜呼哀哉！秋心体素健，能劳苦，精少林术而深自匿，天性纯笃。居父母丧，哀毁骨立。有弟二：颜蒸、思衍。思衍早夭，爱颜蒸，无微不至。有妹二，视之亦厚。一生不轻然诺，不苟取与，不苟合流俗所为。诗文小说均寄慨遥深。夫人沙氏贤而多才，生丈夫子三：长林孙、次柏知、次李宁；女子二：长韫臧，次慧臧。公生于清光绪十年甲申，六月九日；卒于民国十六年八月十三日。春秋四十四。葬于海门小安沙富安镇之原，乃为铭曰：

不可招兮，秋心之魂；
不忍过兮，秋心之寝。
门潋潋不干兮，秋心之泪痕。

三原于右任撰并书

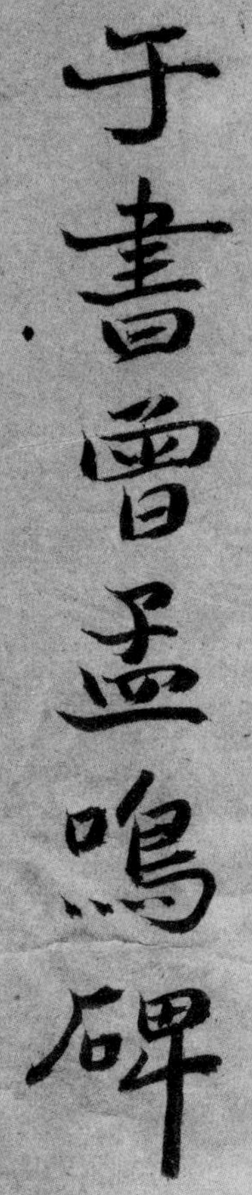

邵力子撰

（民18）1929

马平曾孟鸣之碑

〇〇二

嗚廣西馬平

曾氏生長江

右自幼負大

馬平曾孟鳴之碑君諱鏞字孟

〇〇四

日深入同盟會隨本黨先進于公右任

志年十五即来滬就學浸沈革命思想

參加宣傳工
作辛亥一役
親懷炸彈進

陳公英士奔走國事于公主辦民立報

〇〇八

立佐陳公於軍次癸丑以還兩渡回本

〇〇七

攻龍華製造
局滬地賴以
光復滬軍成

○一○

上摘奸叢伏

逢膽為寒同

時冒險叢難

適袁氏蓄謀稱帝君歸創救亡報於海

〇一二

廣西功成勿
居嗣任大本
營交通局長

事洩被逮繫不免民十跋涉邑梧改造

〇一四

衛商委員會於廣州君為之長民十七

總理甚為嘉

許民十五財

政部組緝私

胃病入醫
院醫者施手
術不慎不一

奉閤江蘇全
省禁烟局長
成績甚著因

事則銳敏而篤實不覺其志可哀也

時即逝去君許身黨國廿年如一日遇

〇二〇

中華民國十八年立

〇一九

部力子撰
文于右
任書

马平曾孟鸣之碑·释文

君讳镛，字孟鸣，广西马平人。曾氏生长江右，自幼负大志，年十五，即来沪就学，浸沉革命思想日深，入同盟会，随本党先进于公右任、陈公英士奔走国事。

于公主办民立报，参加宣传工作，辛亥一役亲怀炸弹，进攻龙华制造局，沪地赖以光复。

沪军成立，佐陈公于军次，癸丑以还，两渡日本，适袁氏蓄谋称帝，君归，创救亡报于海上，摘奸发伏，逆胆为寒。同时冒险发难，事泄被逮，几不免。

民十，跋涉邕梧，改造广西，功成勿居，嗣任大本营交通局，长总理甚为嘉许。民十五，财政部组缉私卫商委员会于广州，君为之长。

民十七，奉简江苏全省禁烟局长，成绩甚著。因胃病入医院，医者施，手术不慎，不一时即逝去。君许身党国廿年如一日，遇事则锐敏而笃实，不竟其志，可哀也。

邵力子撰文

于右任书

中华民国十八年立

贈大將軍鄒君墓表

赠大将军邹君墓表

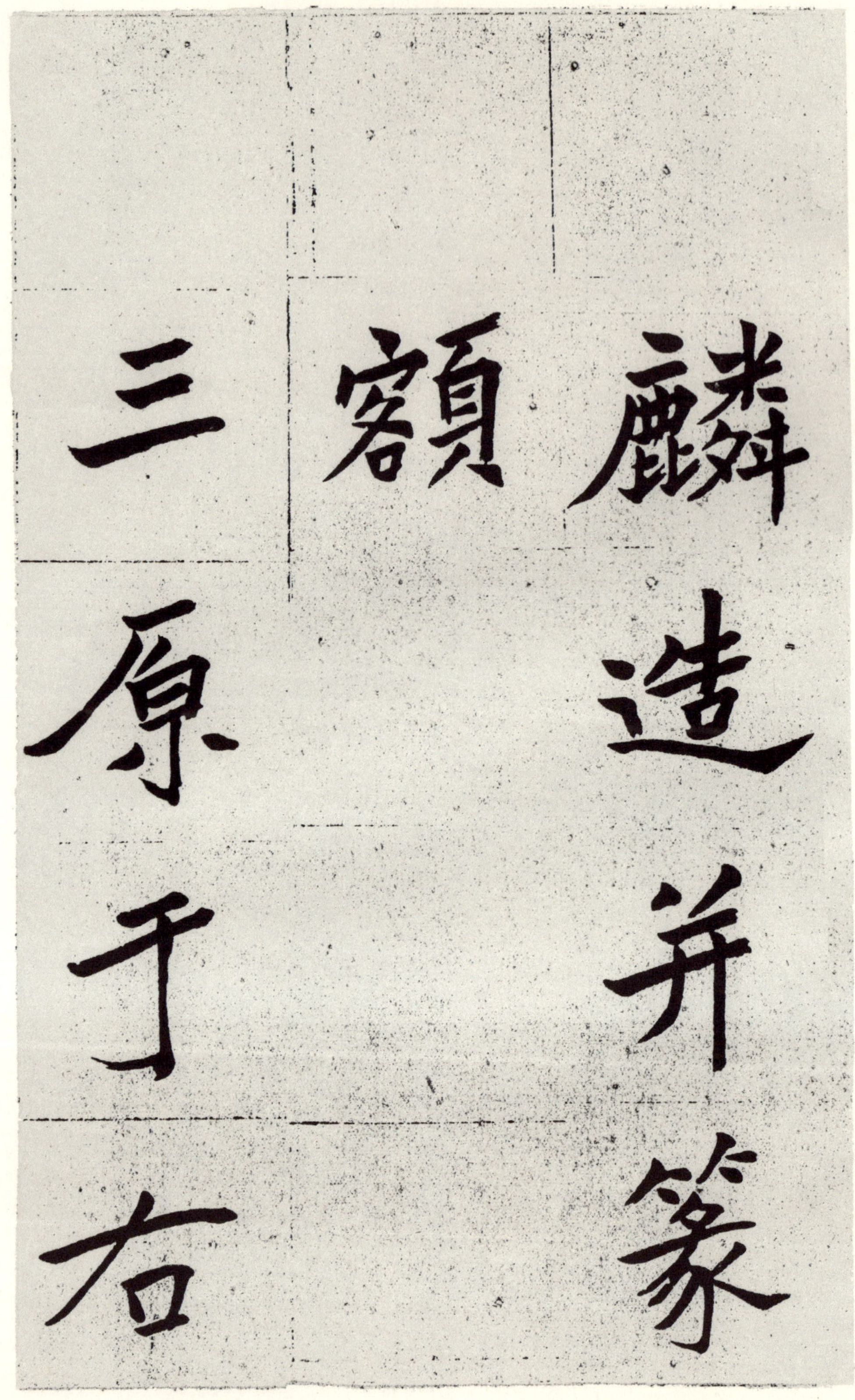
麟造并篆
額
三原于右

贈大将軍鄒

君墓表

餘杭章炳

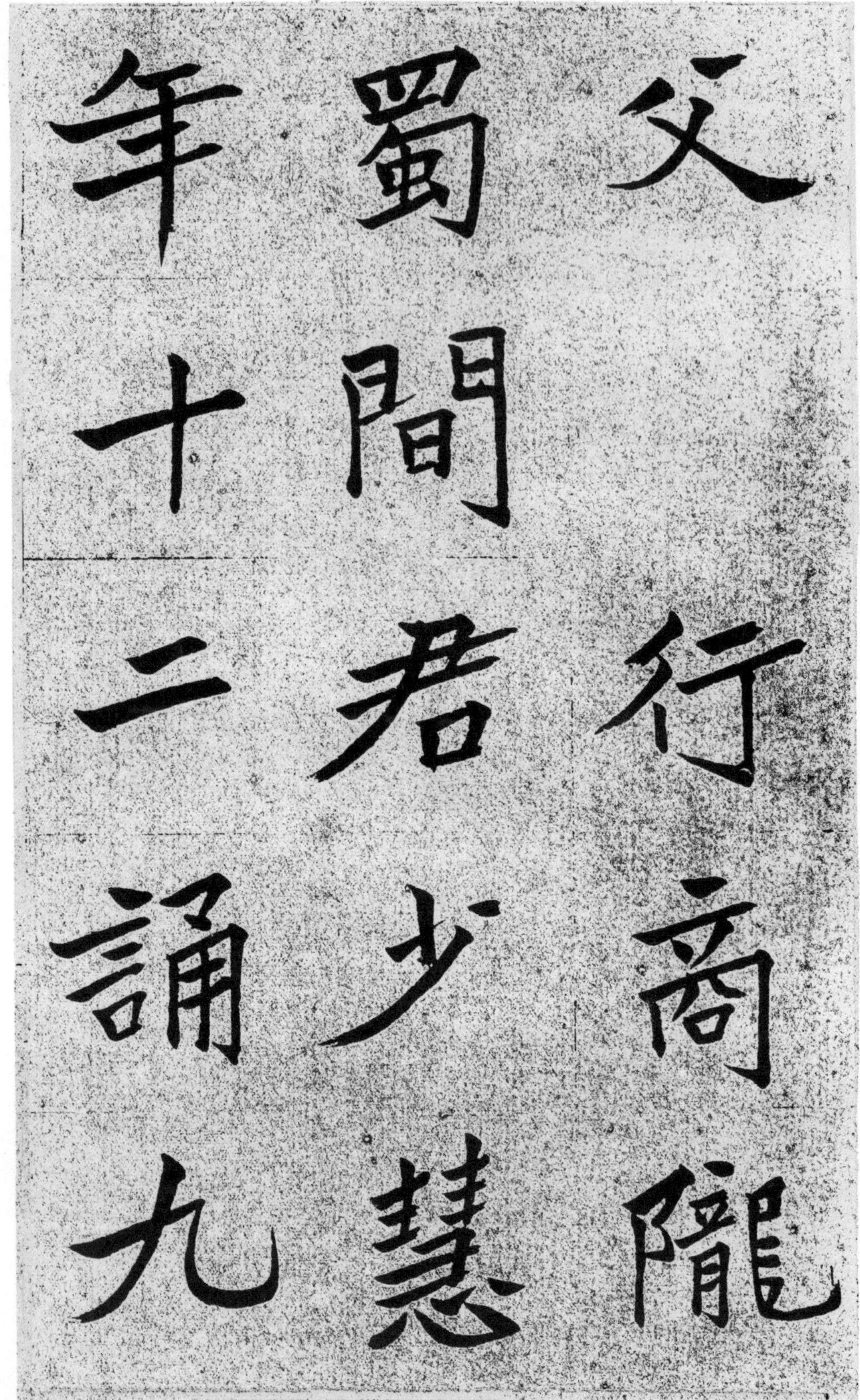
父行商隴
蜀閭君步慧
年十二誦九

任書丹

君諱容字蔚

丹四川巴人

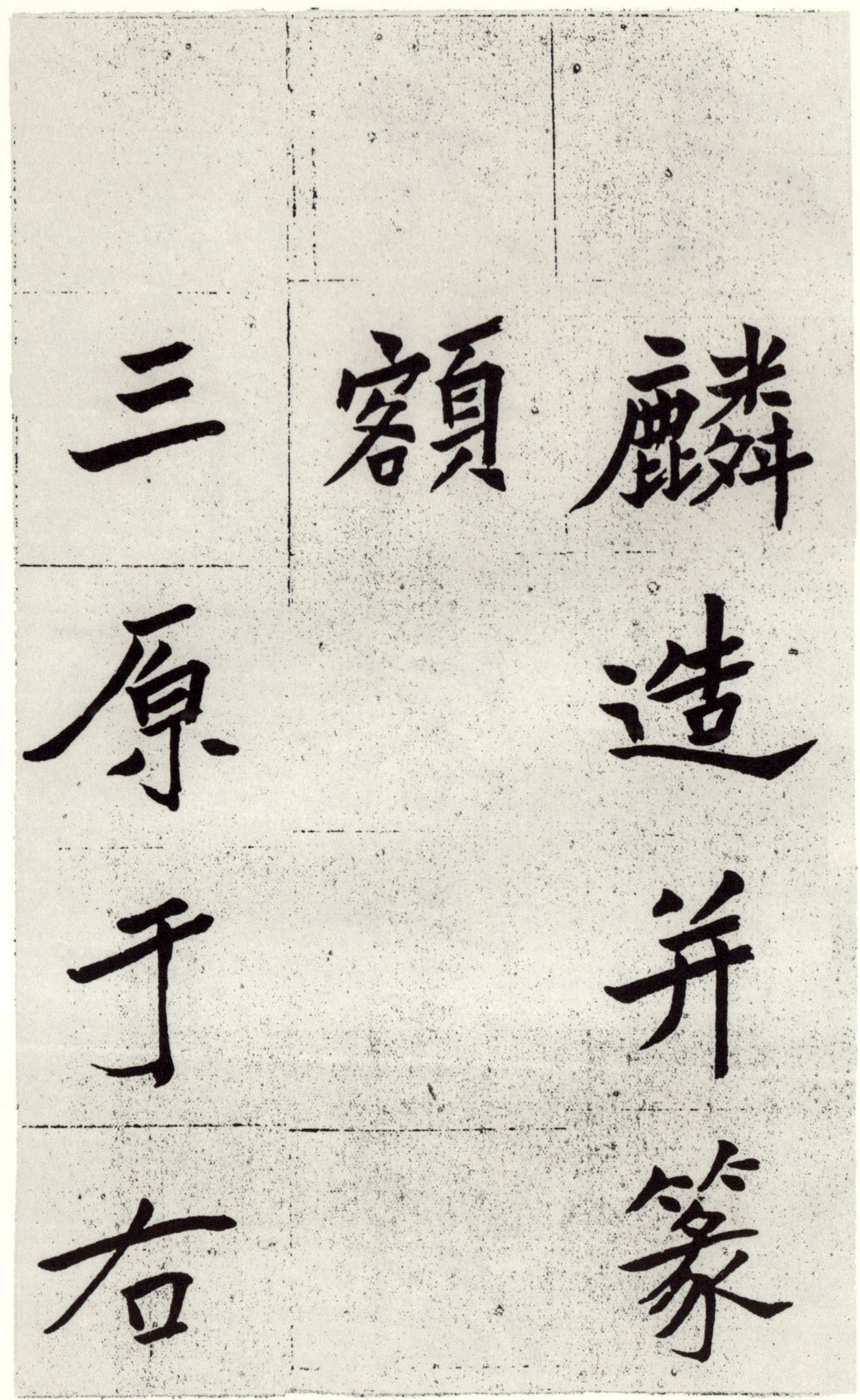
麟额
造并篆
三原于右

經史記漢書
皆上口父以
科甲期之君

天畫地非堯
舜薄周孔無
所避翼文懼

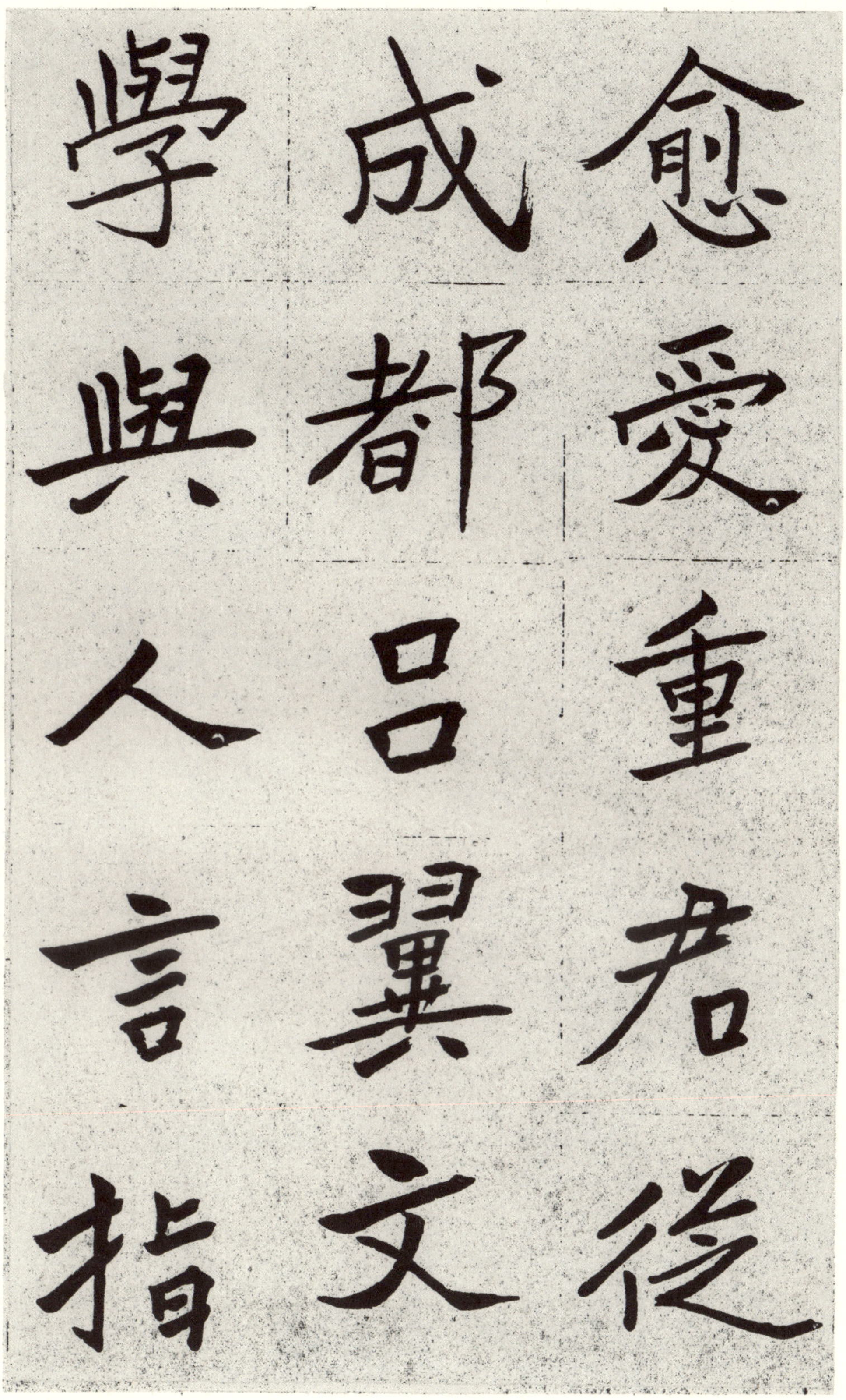
愈愛重君從
成都呂翼文
學與人言指

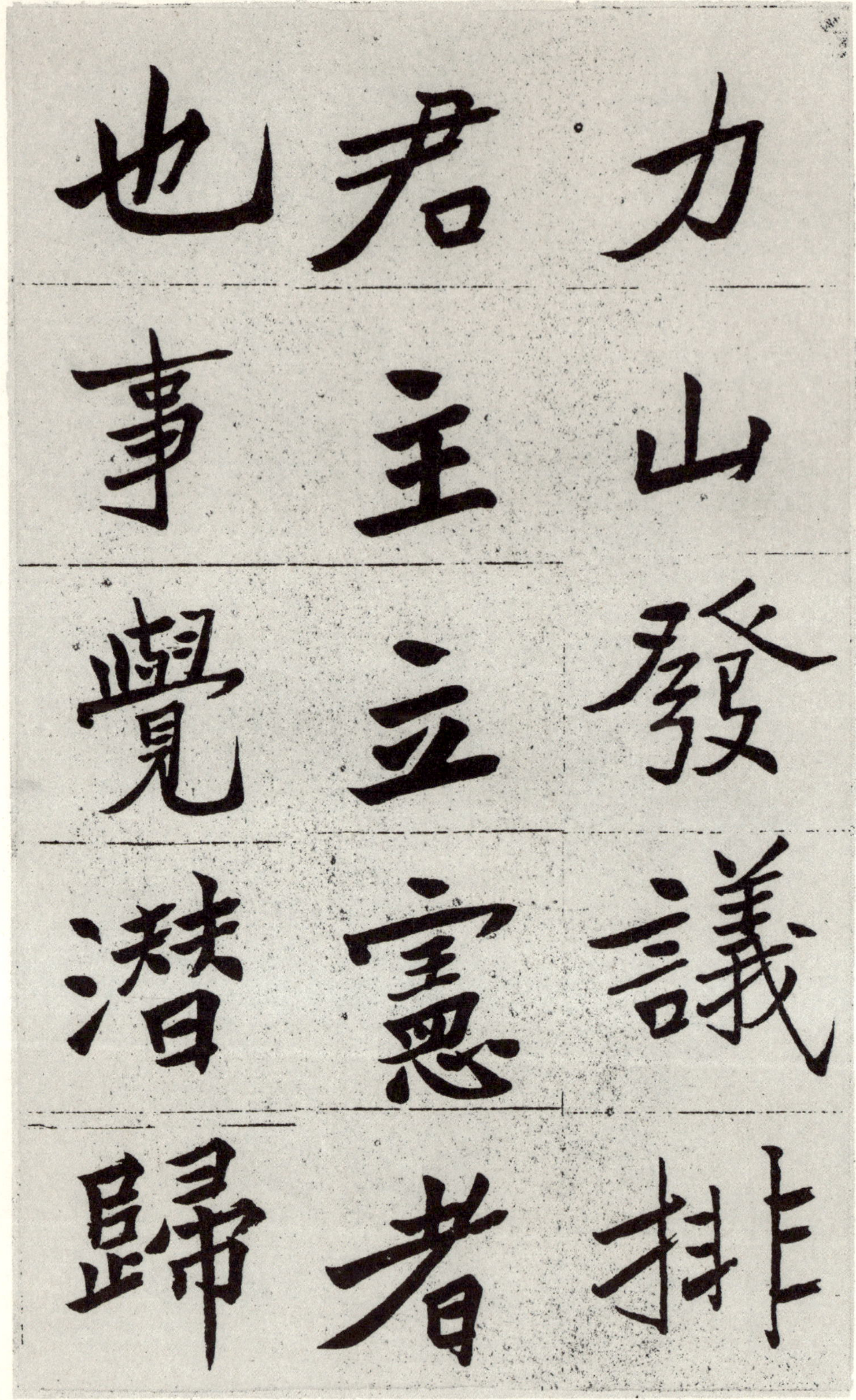

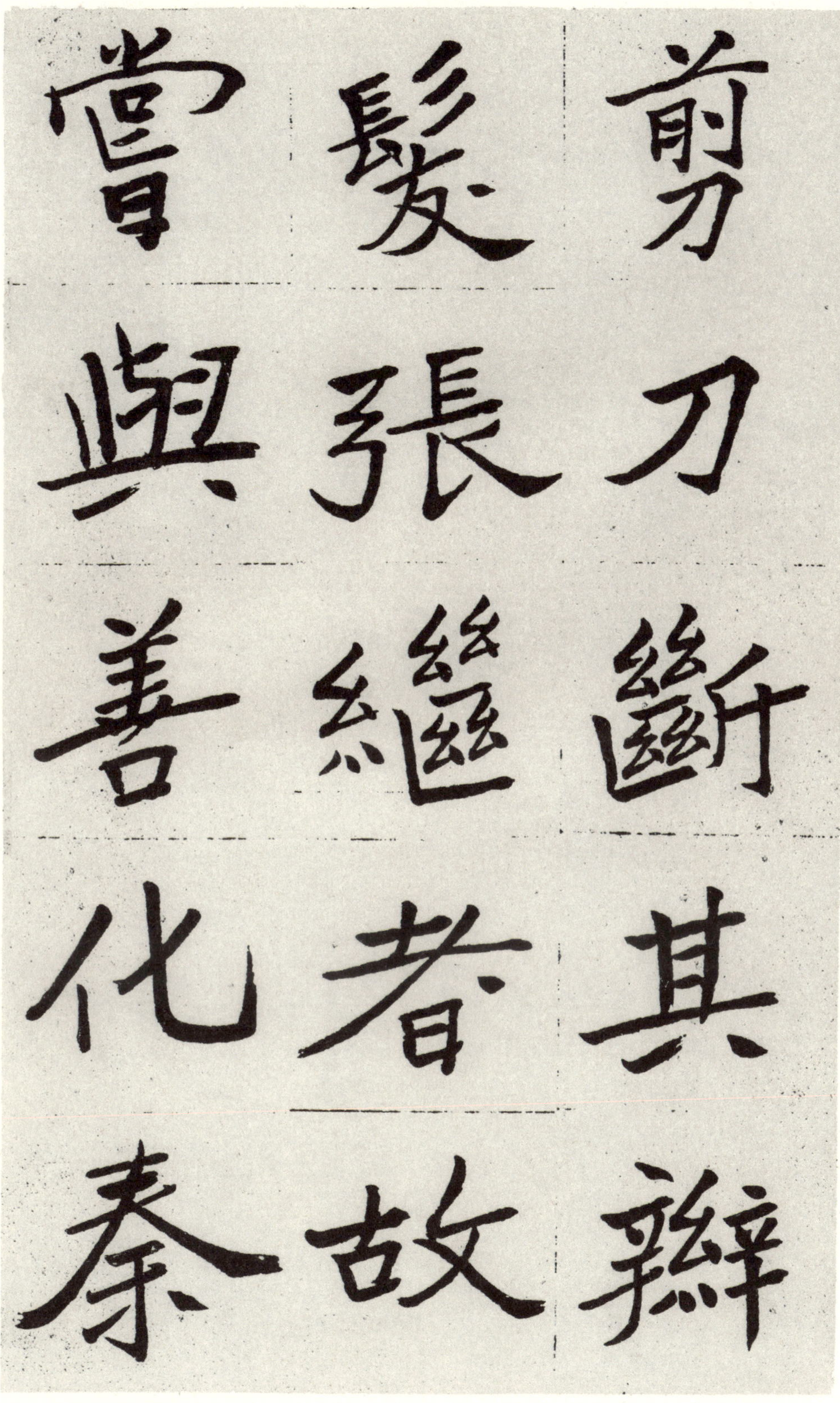
剪
刀
斷
其
辮
髮
張
繼
者
故
嘗
與
善
化
秦

生多習英吉利。語君調之曰諸君堪為

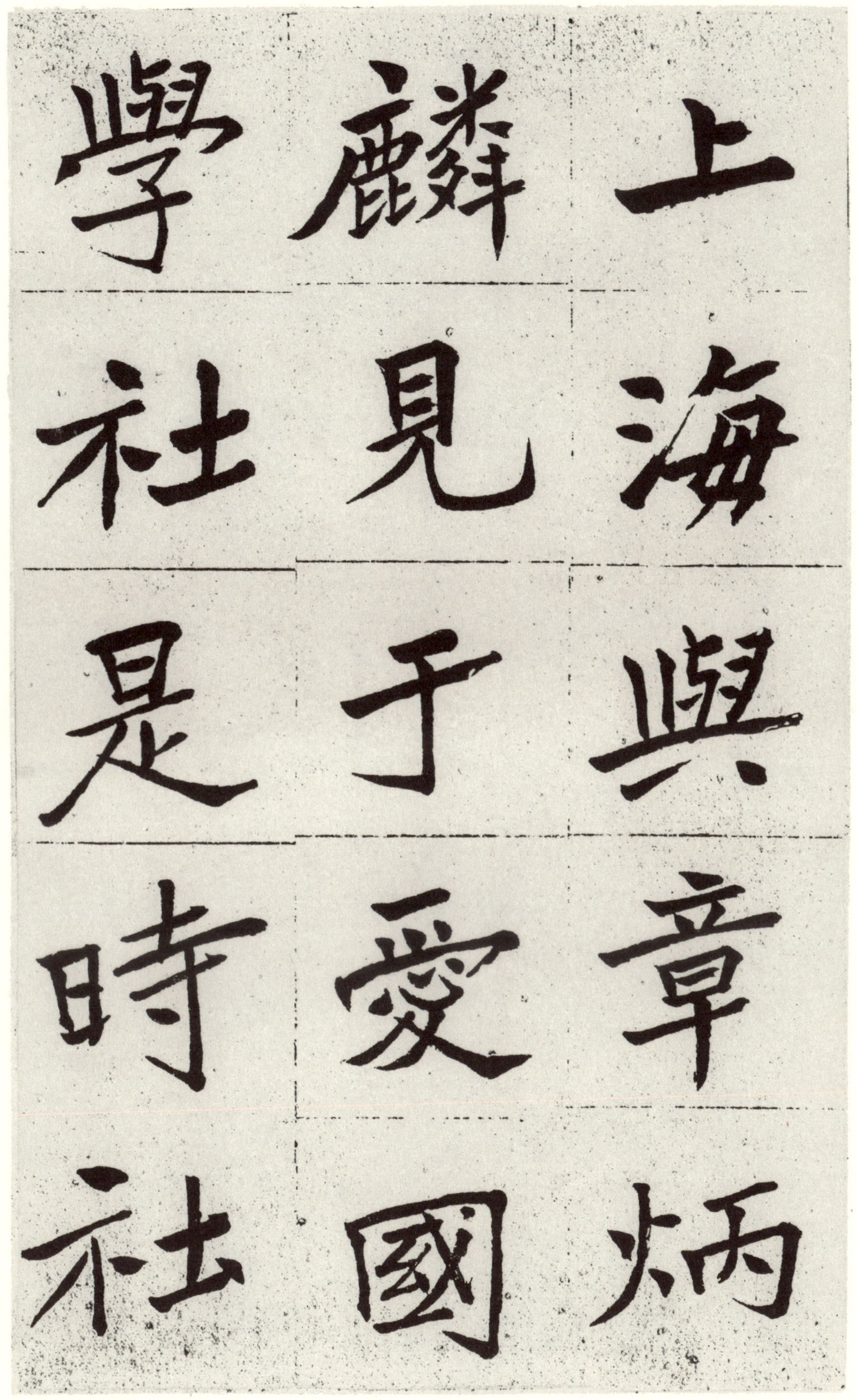
上海與章炳
麟見于愛國
學社是時社

學鈕永建規
設中國協會
未就學二歲

擯之父令就
日本學時年
十七矣與同

繼等五人排
闥入其邸中
榜類數十持

陸軍學生監
督姚甲有姦
私事君偕張

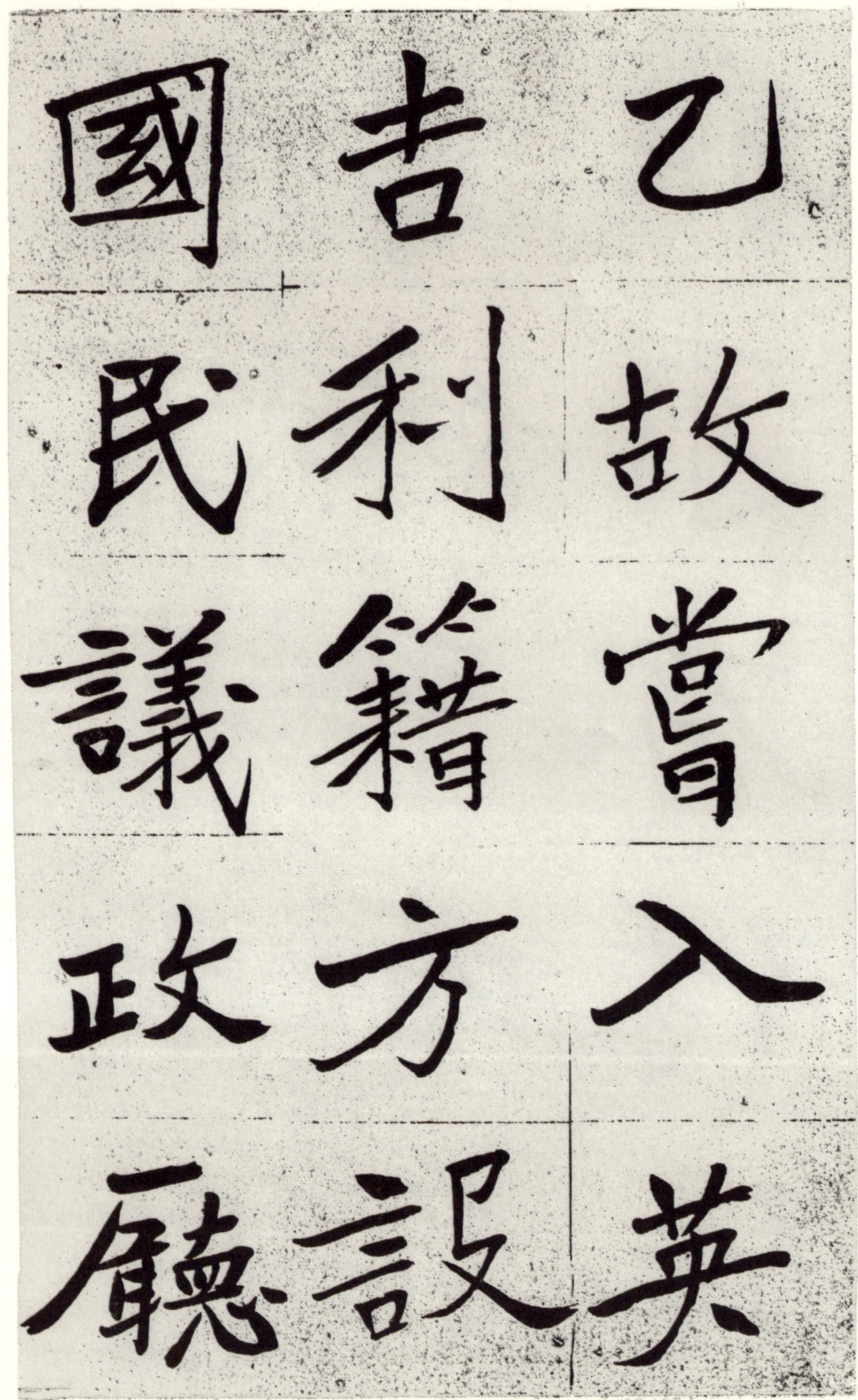
乙故嘗入英
吉利籍方設
國民議政廳

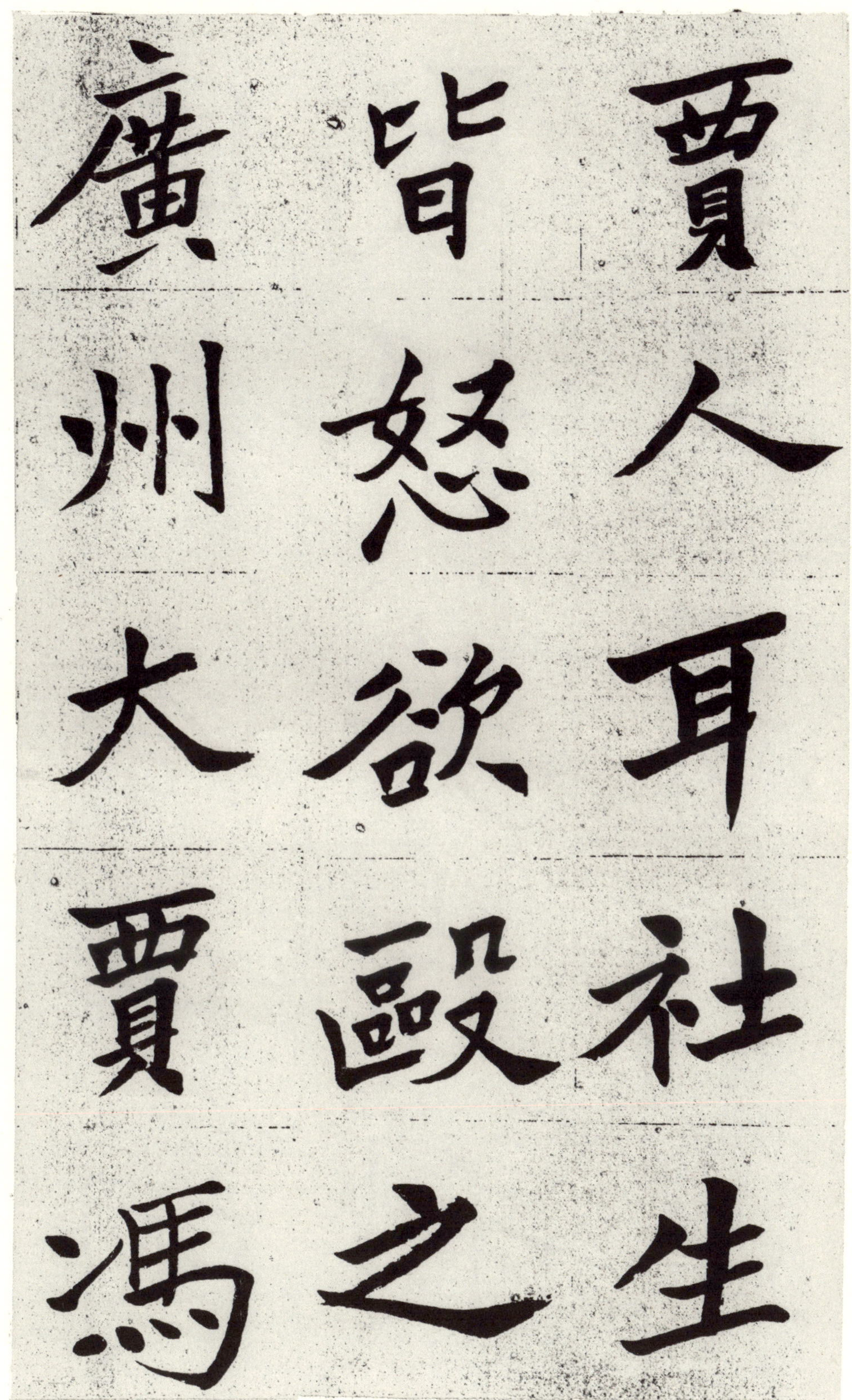
賈人耳社生
皆怒欲毆之
廣州大賈馮

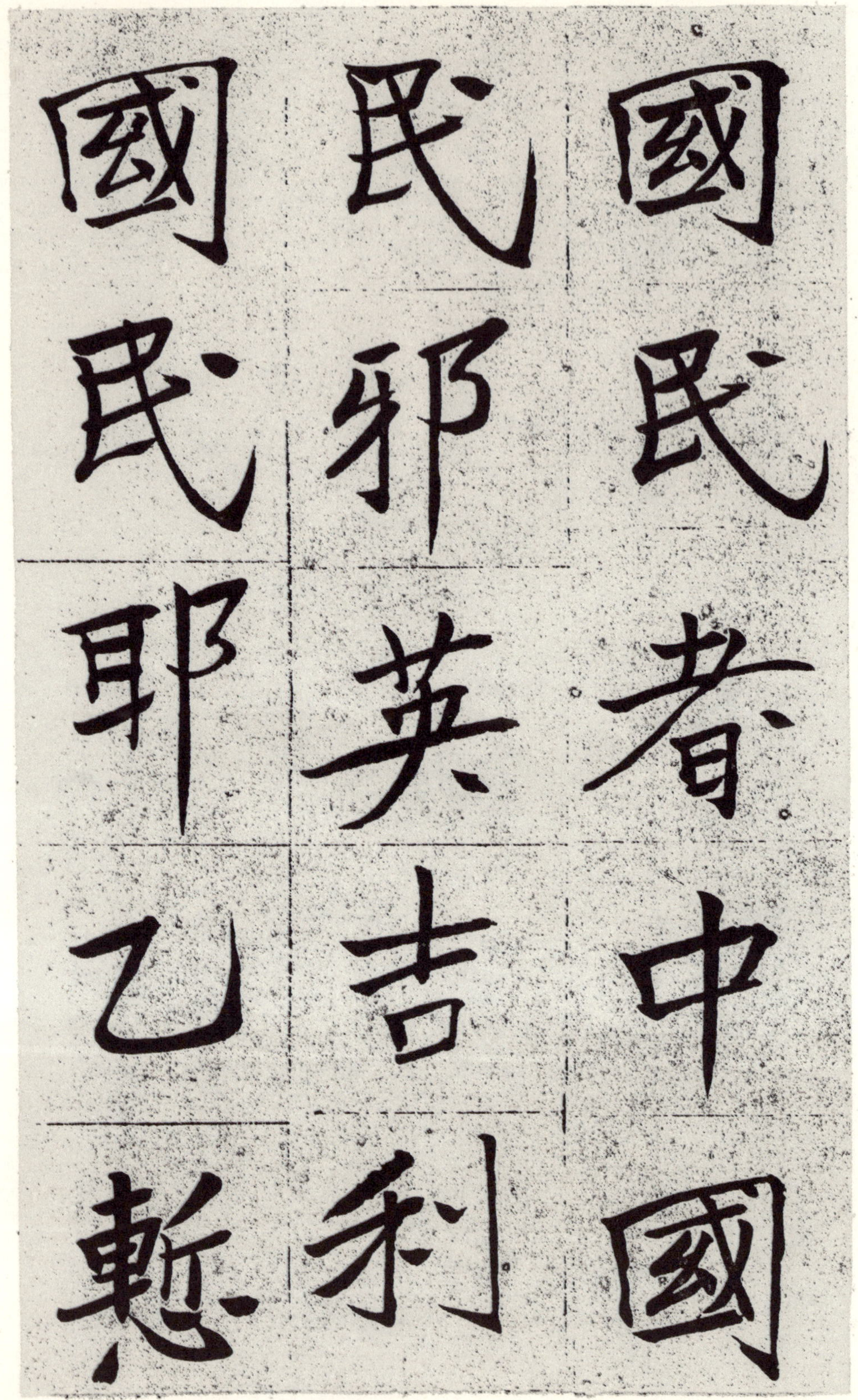
國民者中國
民邪英吉利
國民耶乙慙

于上海招君

君詰乙曰若

英吉利人此

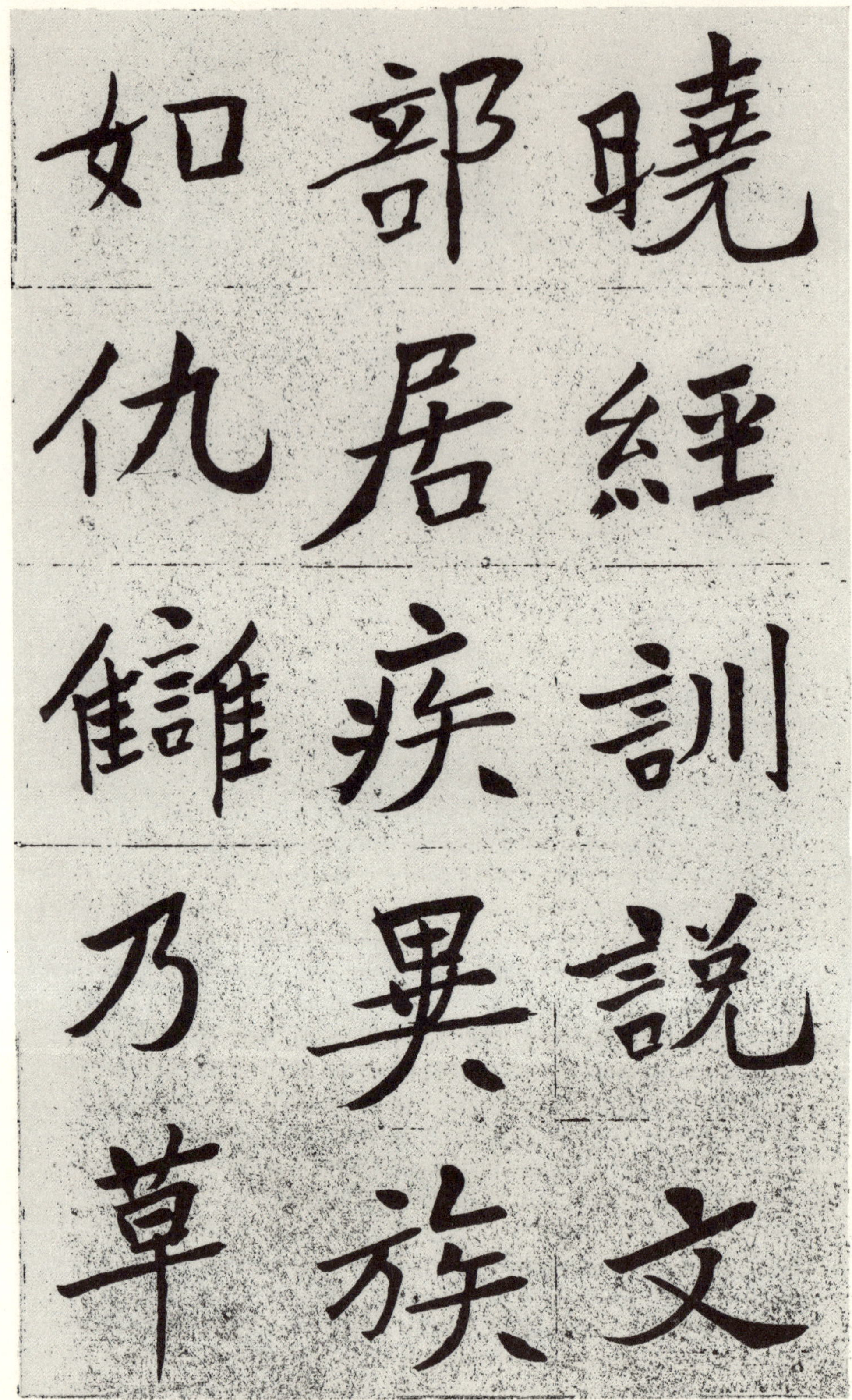
曉經訓說文
部居疾異族
如仇讎乃草

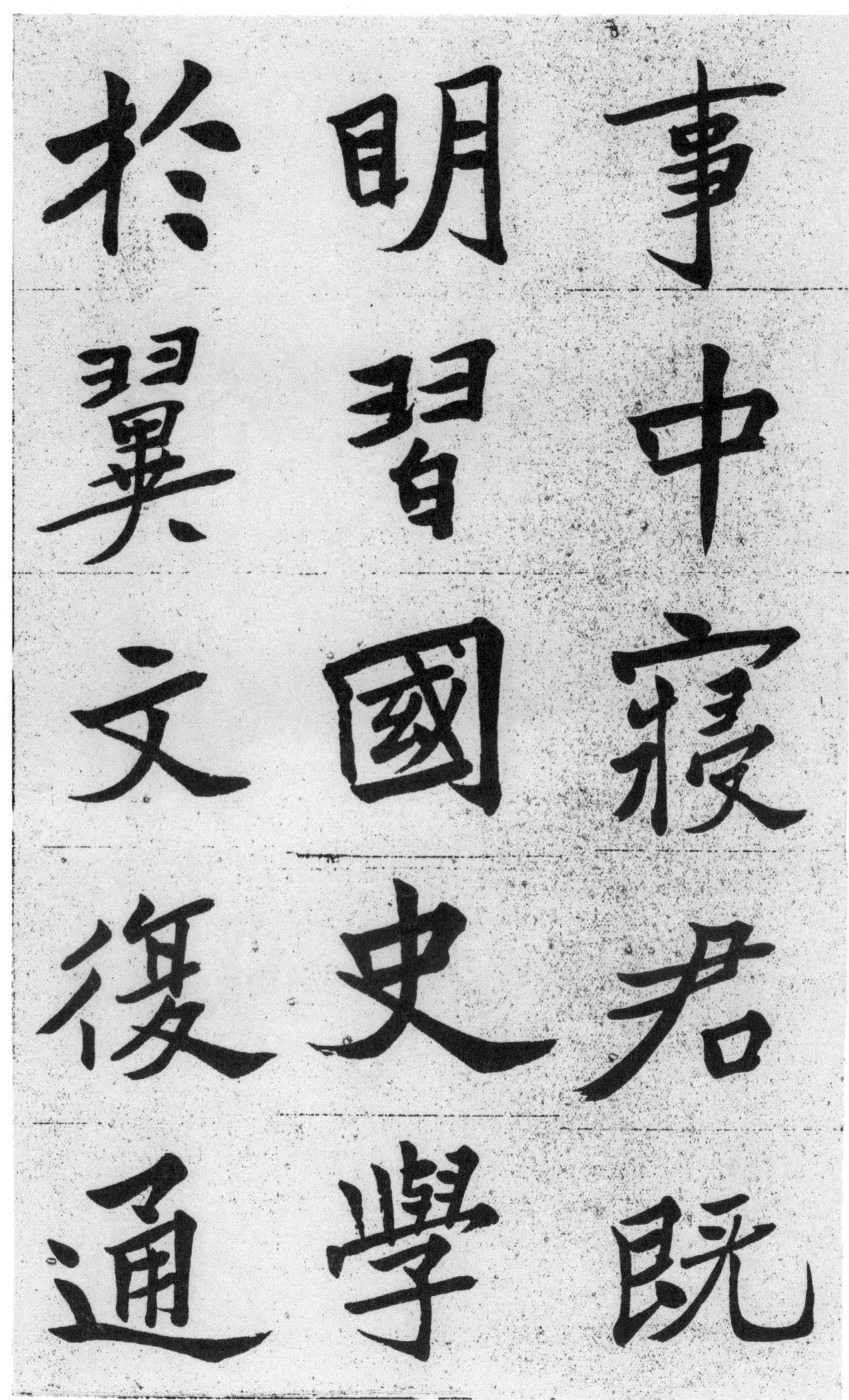
事中寢君既
明習國史學
於翼文復通

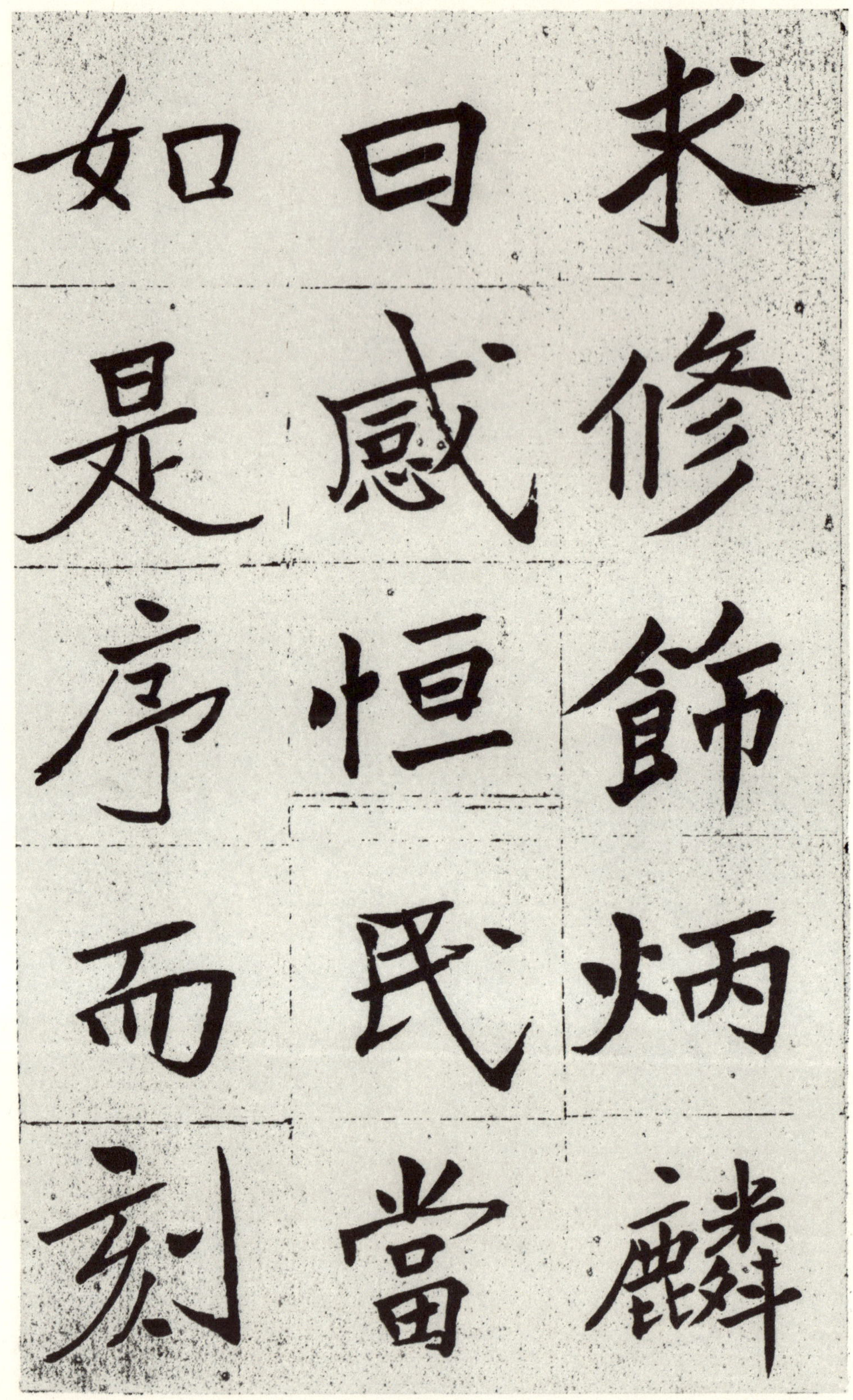
求修飾炳麟
曰感恒民當
如是序而刻

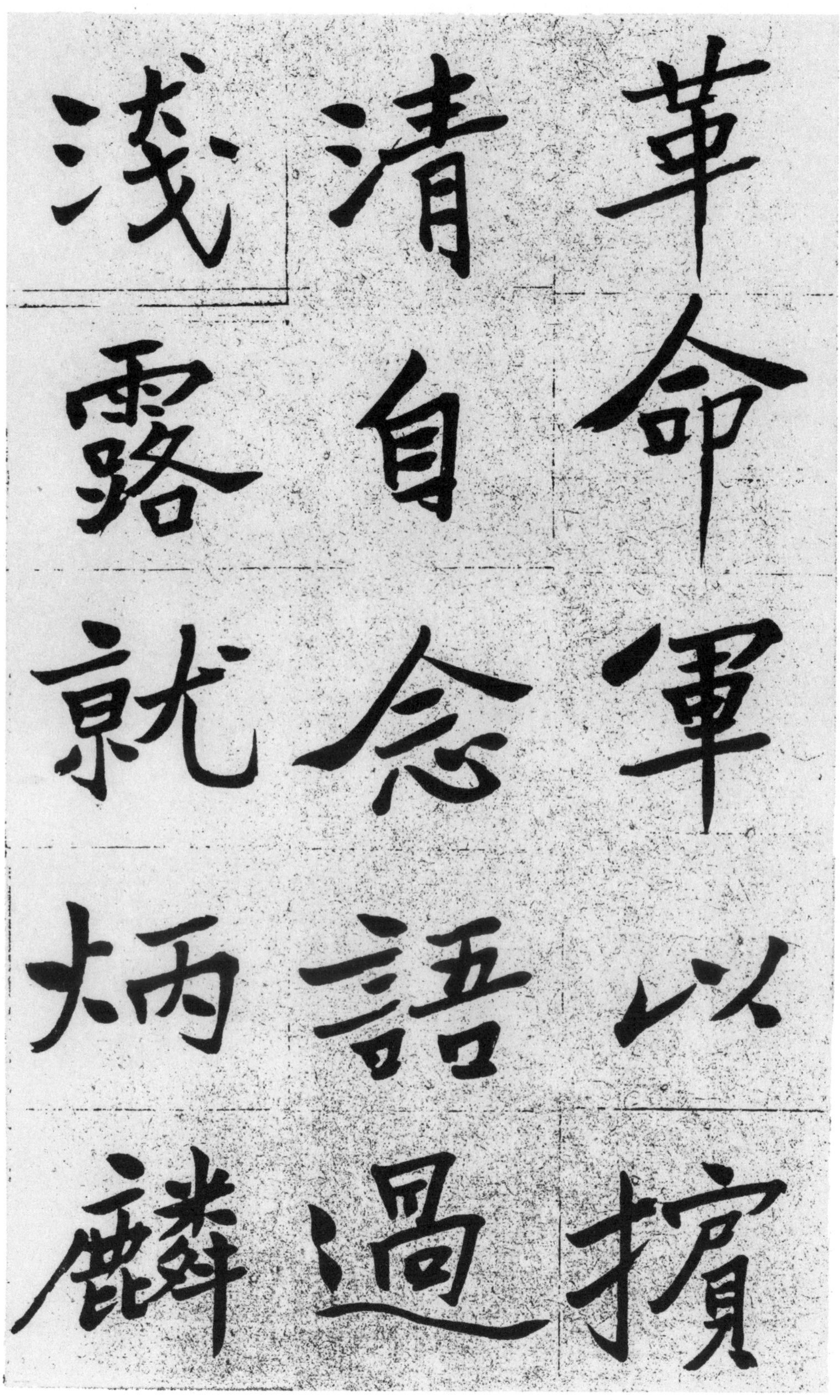
革命軍以擯
清自念語過
淺露就炳麟

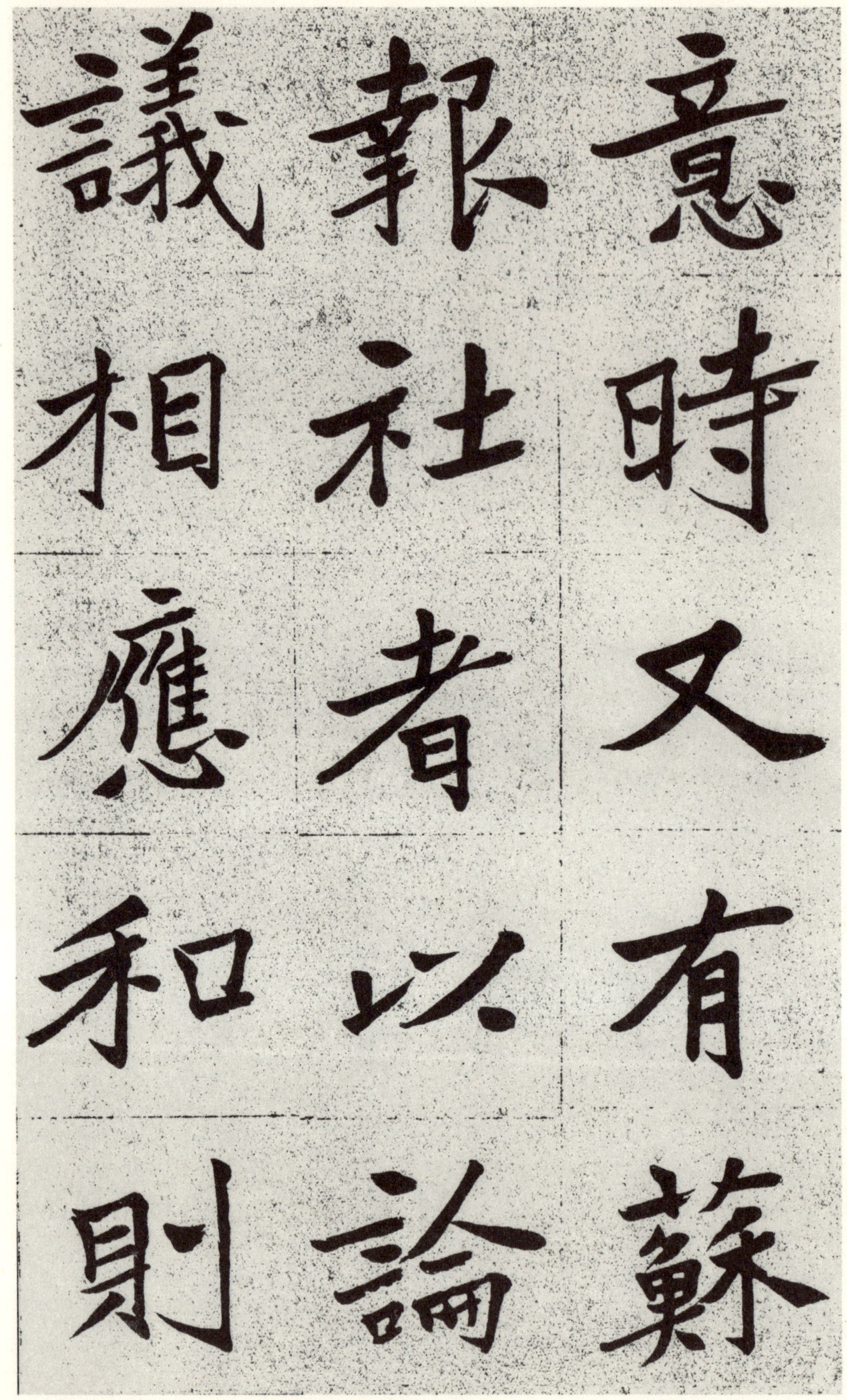
意時又有蘇
報社者以論
議相應和則

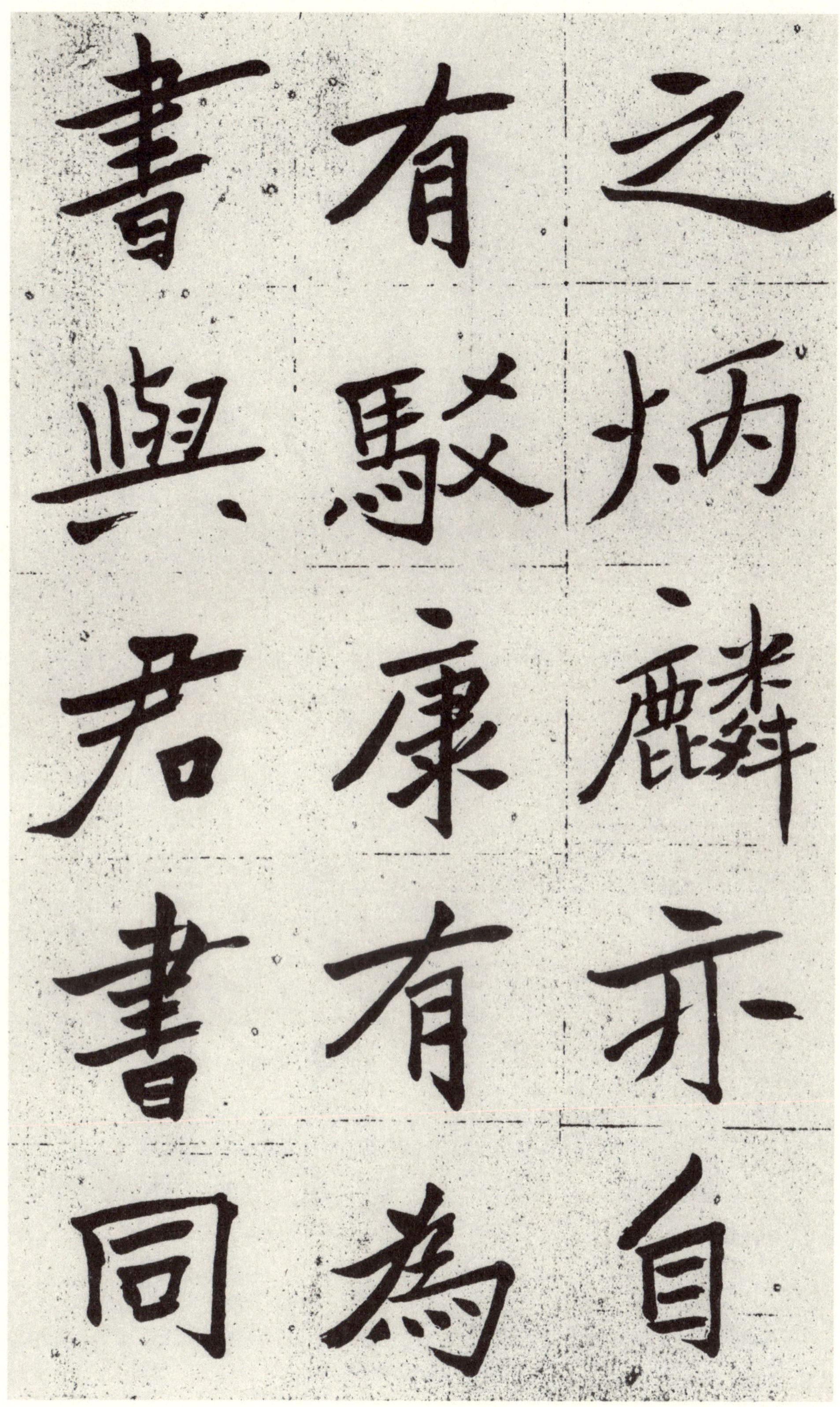
之炳麟亦自
有駁康有為
書與君書同

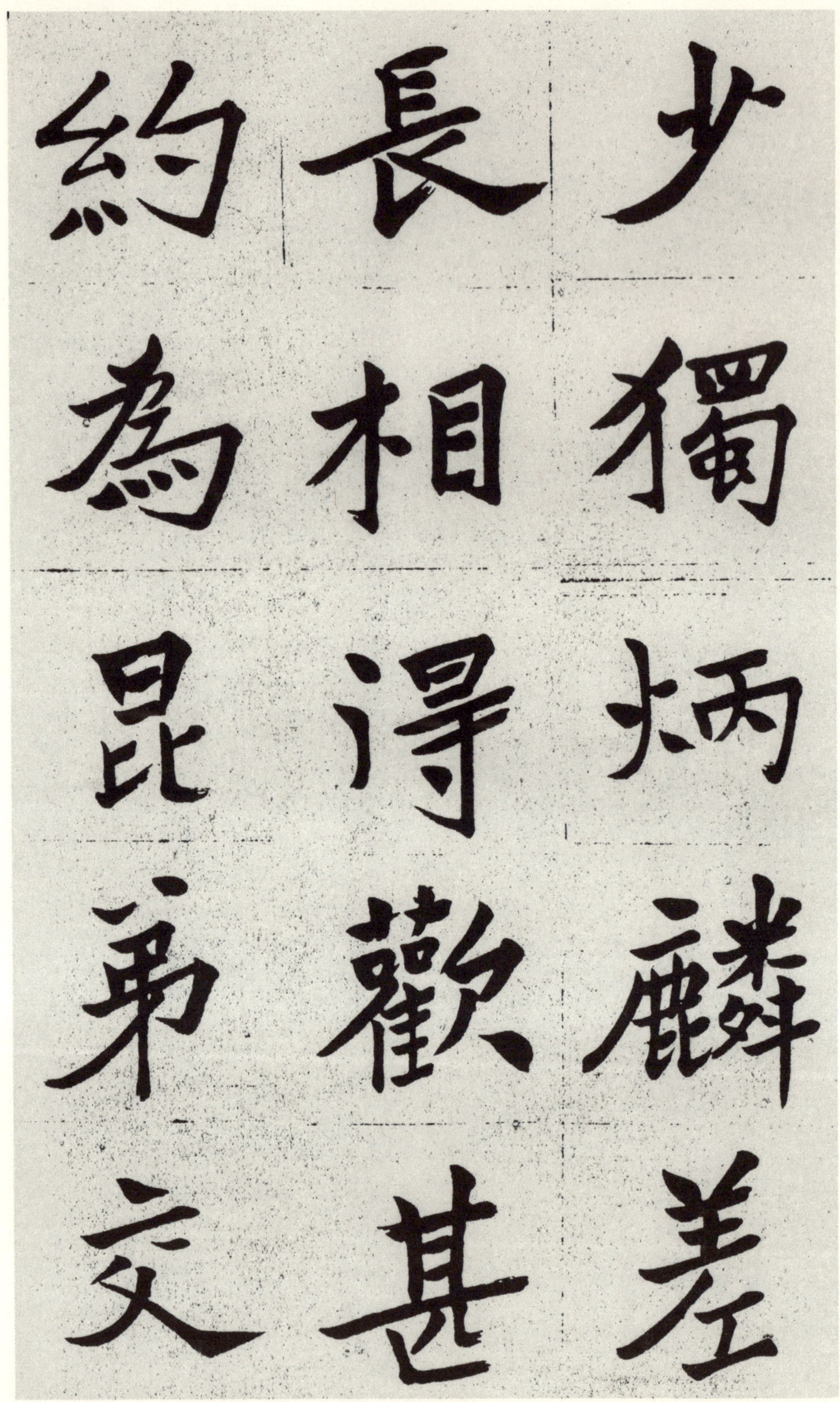
少獨炳麟差
長相得歡甚
約為昆弟交

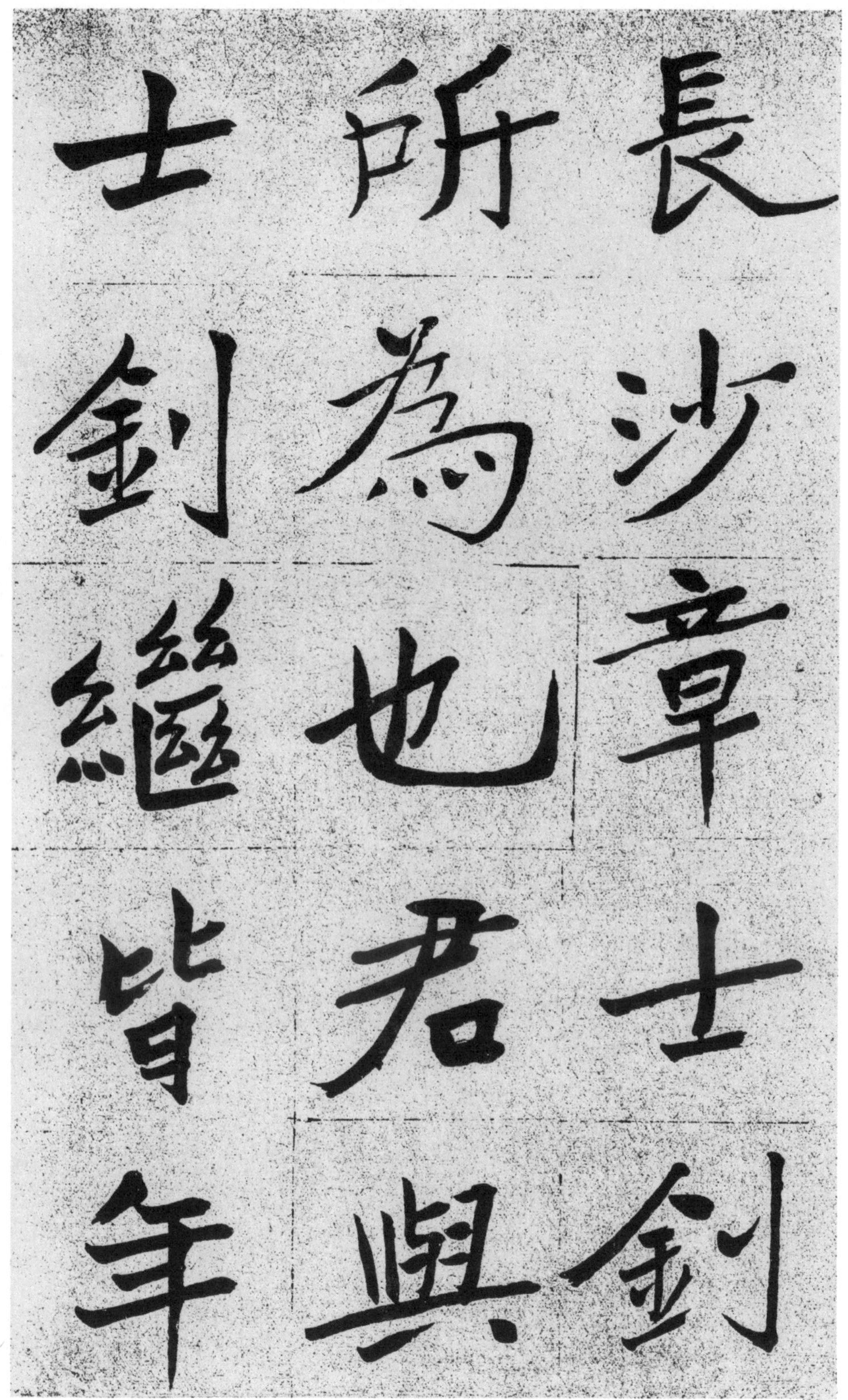
長沙章士釗
所為也君與
士釗繼皆年

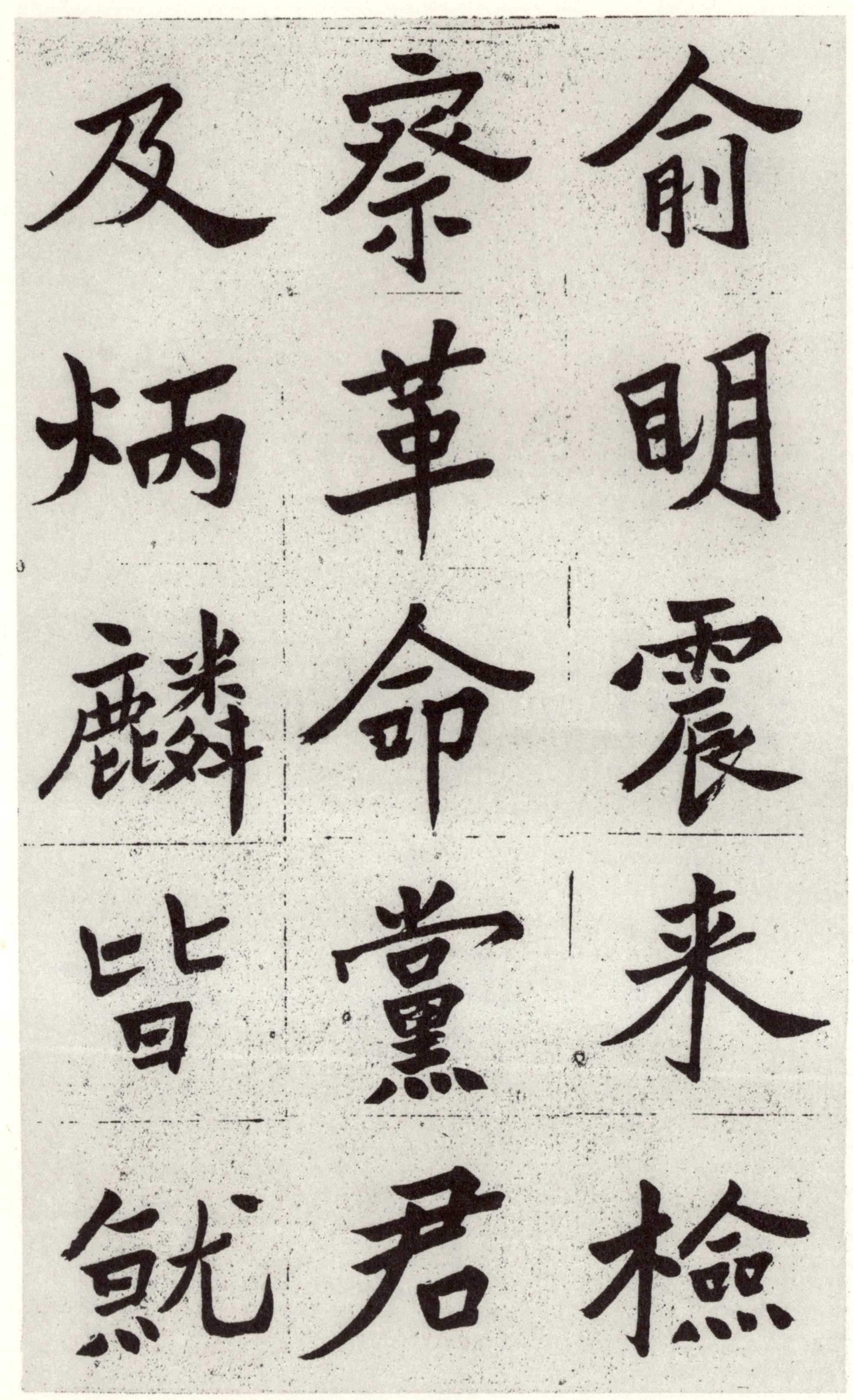
俞明震来檢
察革命黨君
及炳麟皆就

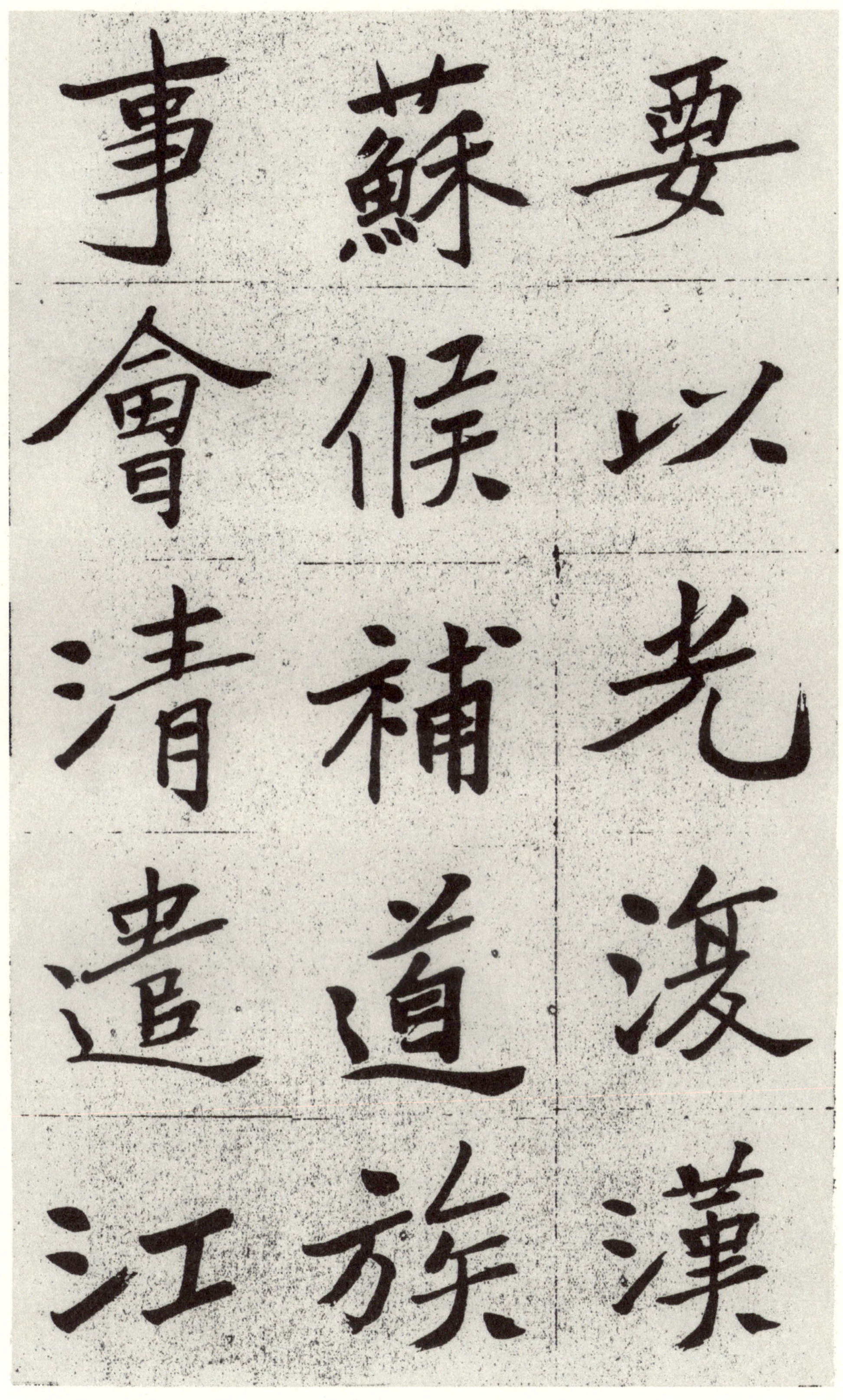
要以光復漢
蘇侯補道族
事會清遺江

時時講佛典炳麟授以因明入正理論

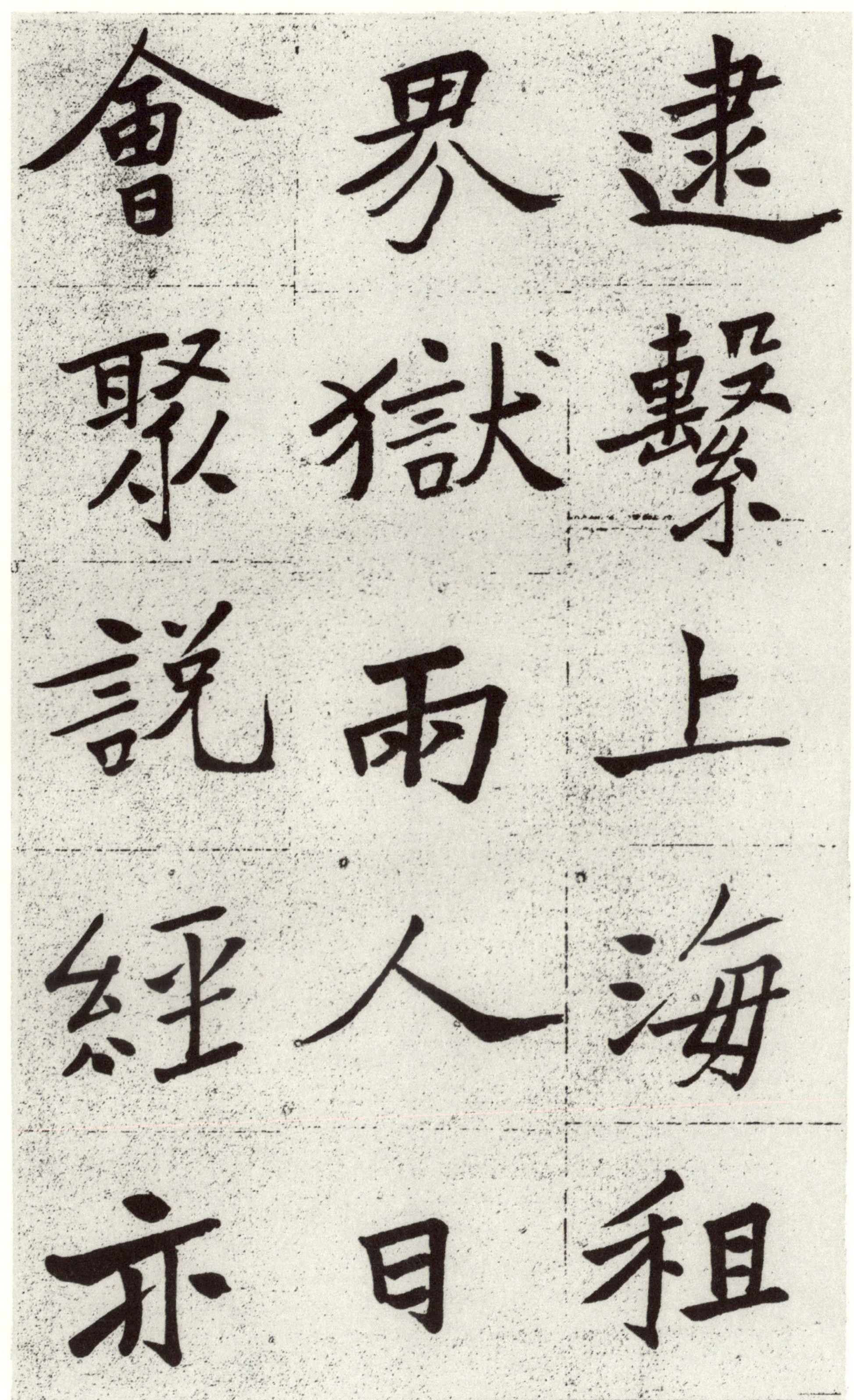
逮繫上海租
界獄雨人目
會聚說經亦

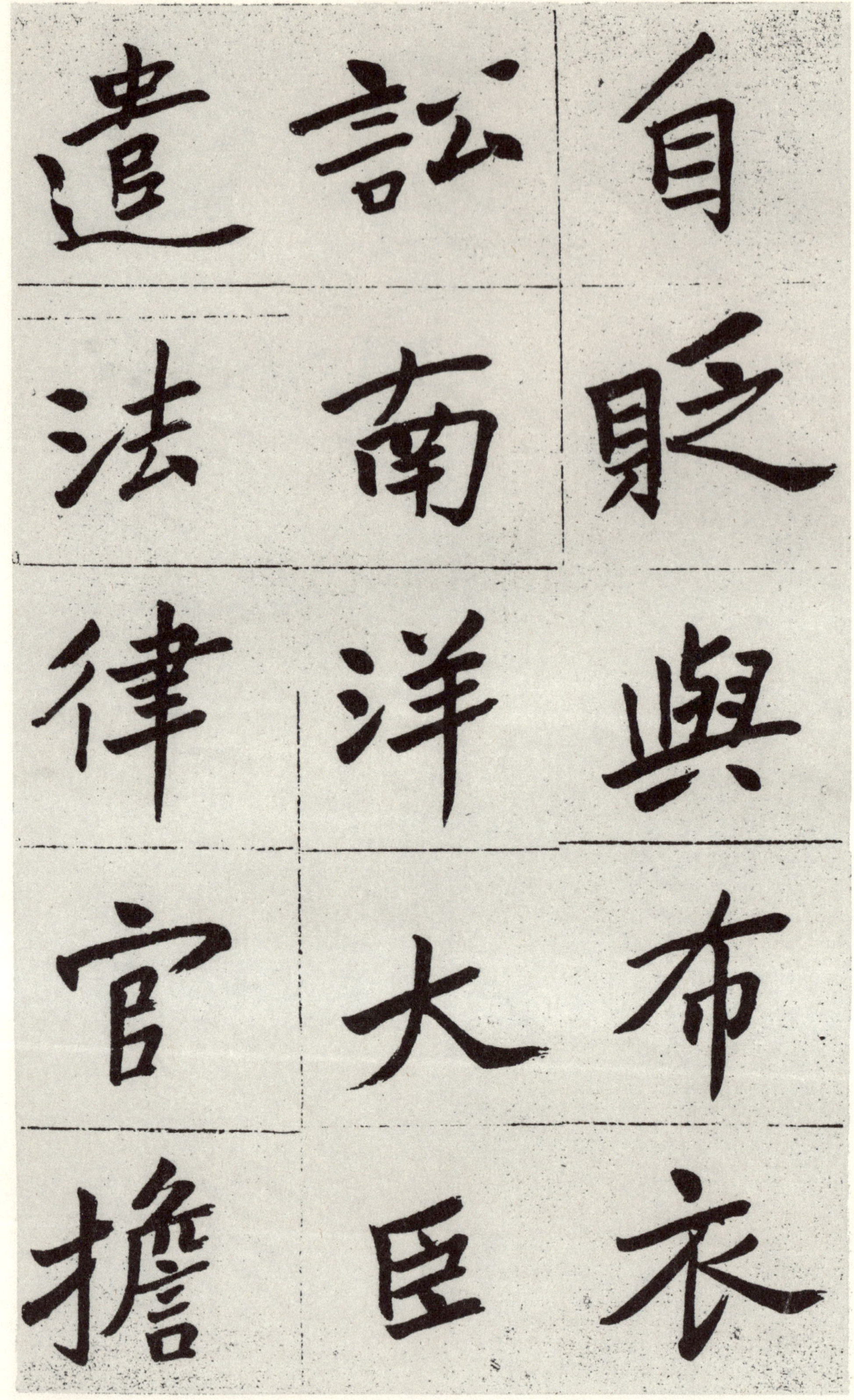
自貶與布衣
訟南洋大臣
遣法律官擔

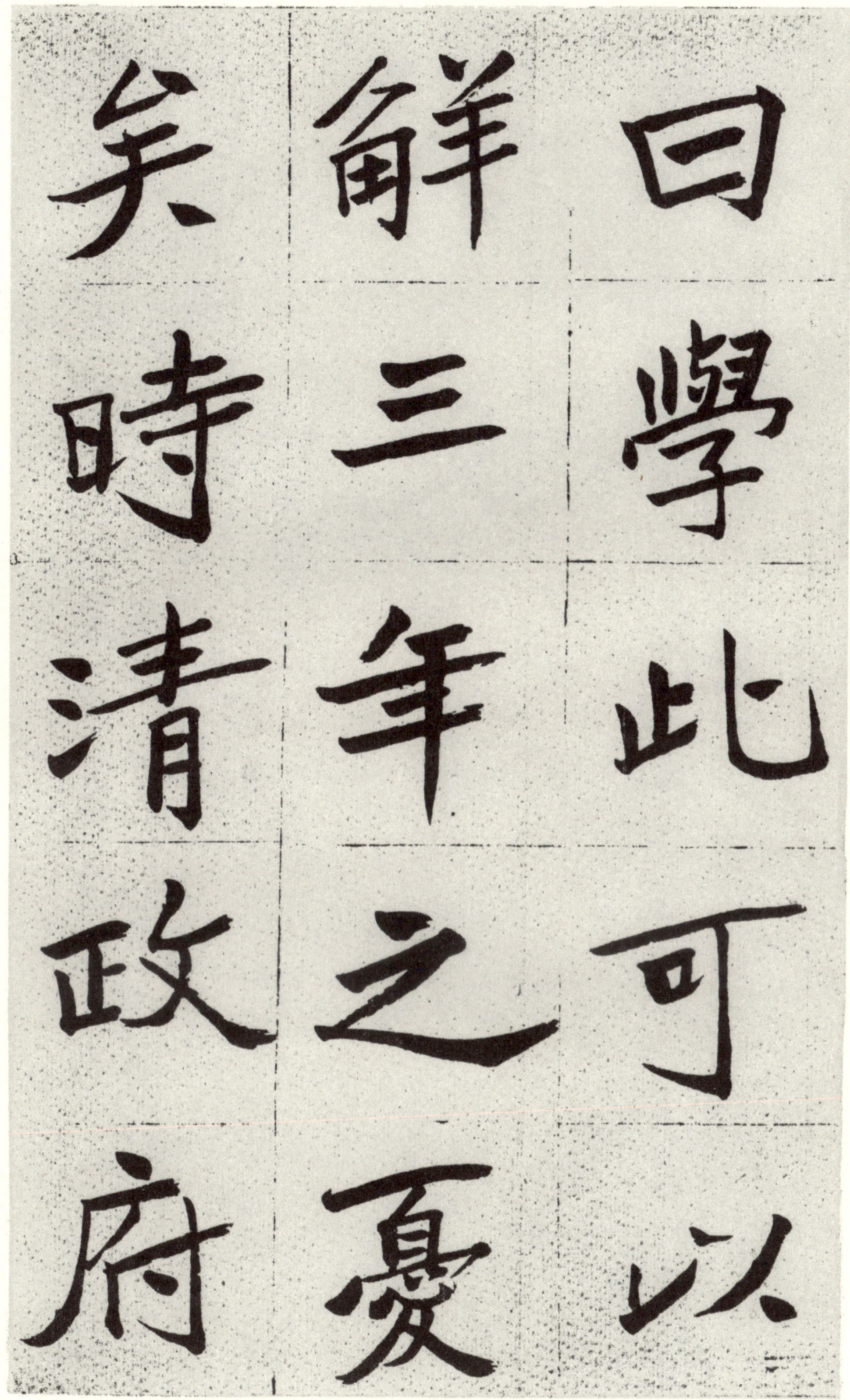
曰學此可以
鮮三年之憂
矣時清政府

縣前聞者震
詫吏卒不能
决上其事外

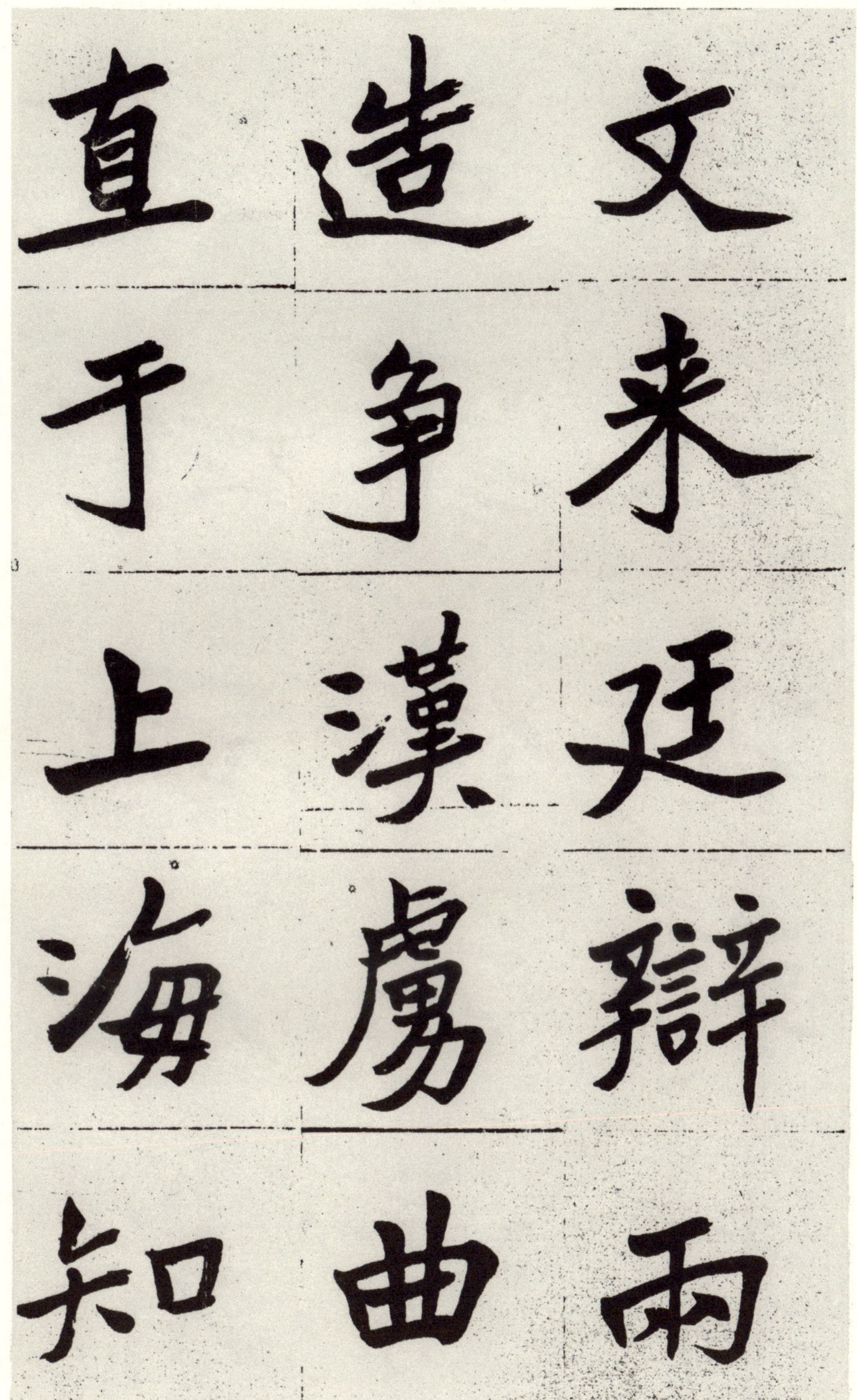
文来廷辯雨
造争漢虜曲
直于上海知

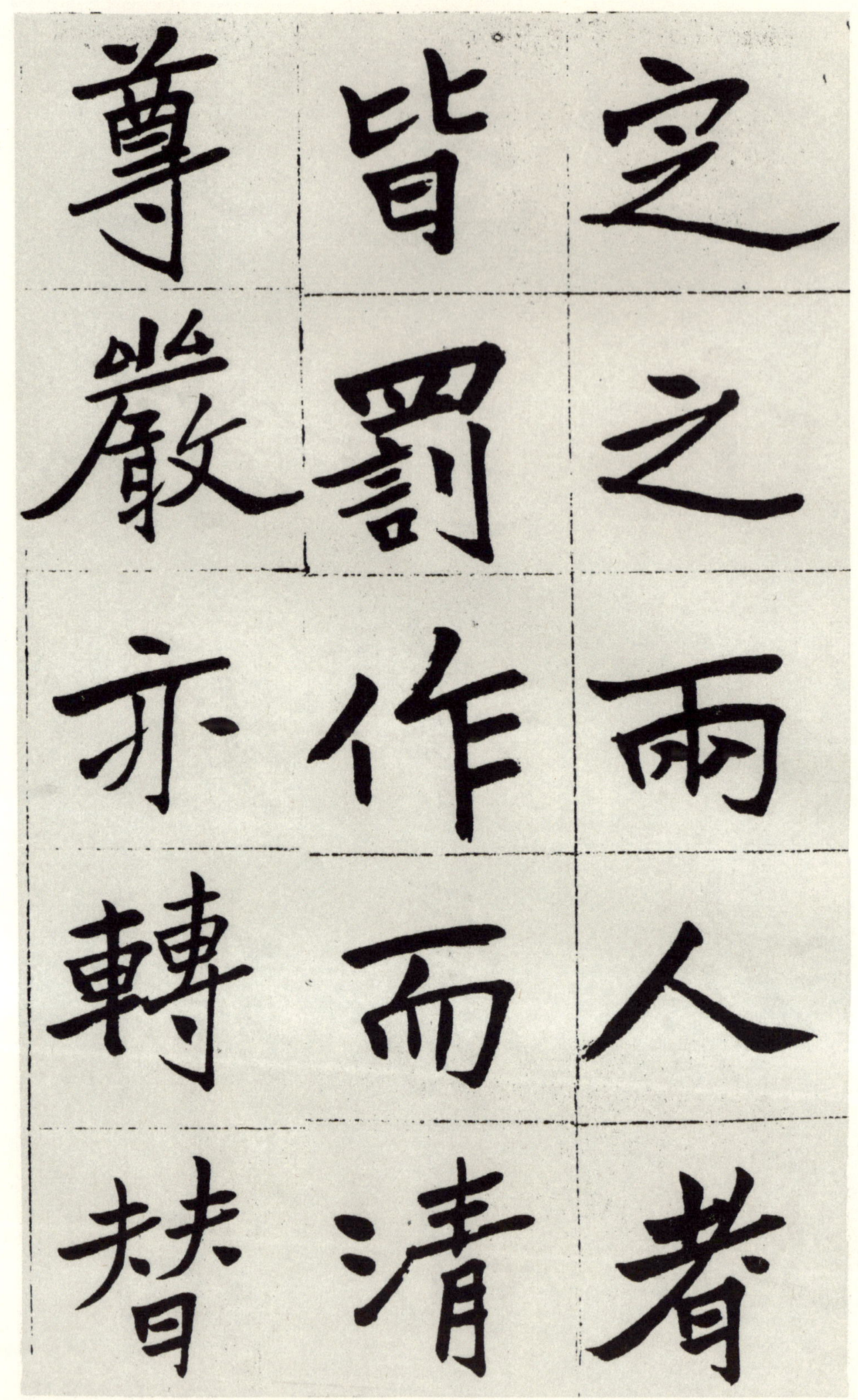
定之兩人者
皆罰作而清
尊嚴亦轉替

務部外務部
亦慙明年與
外國公使雜

乎又啗麥麩飯不飽益憤激內熱數有

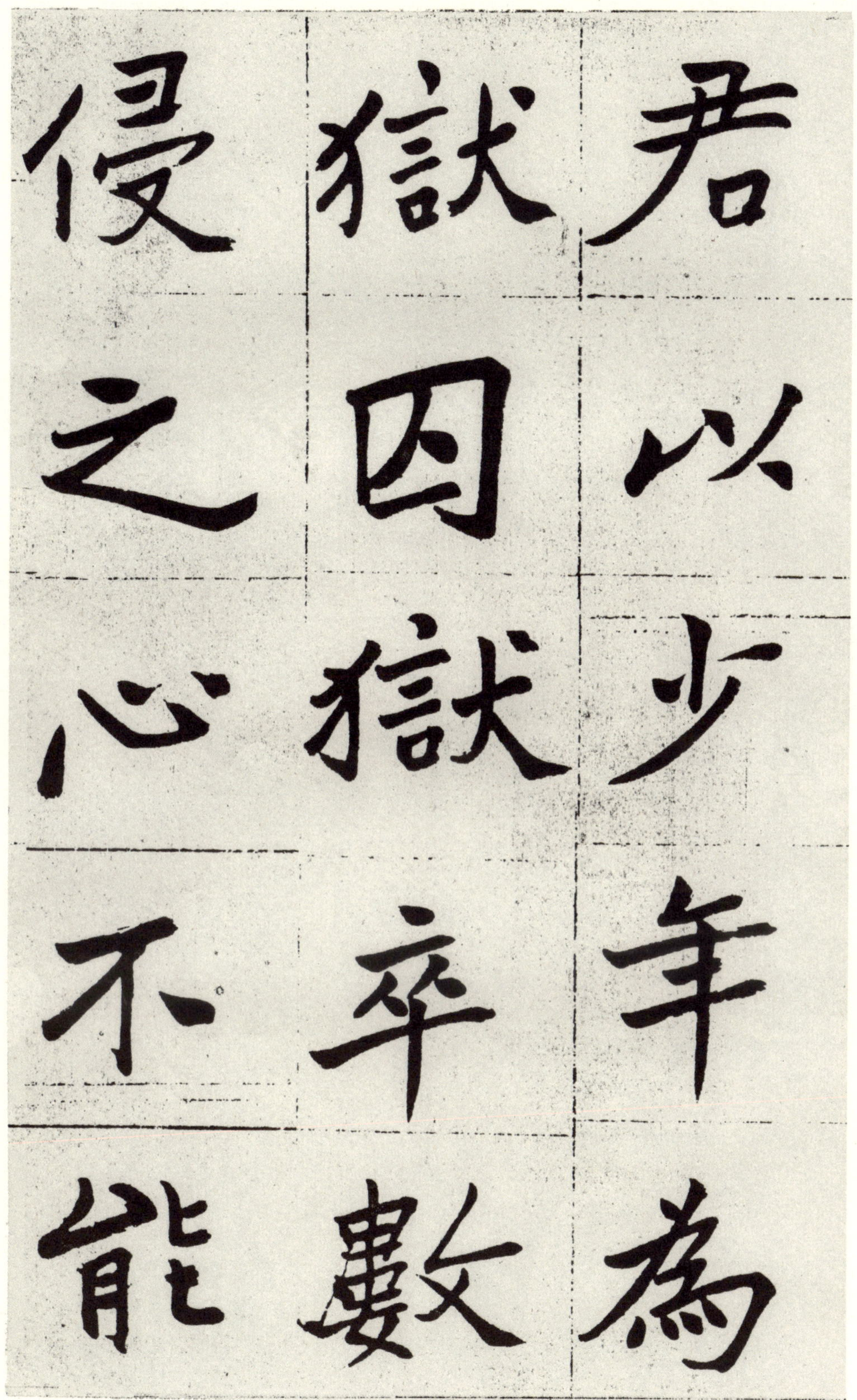
君以少年為
獄因獄卒數
侵之心不能

欲寐又懊懷
煩寃不得卧
夜半獨語罵

遺下明年正
月疾發體溫
溫不大熱但

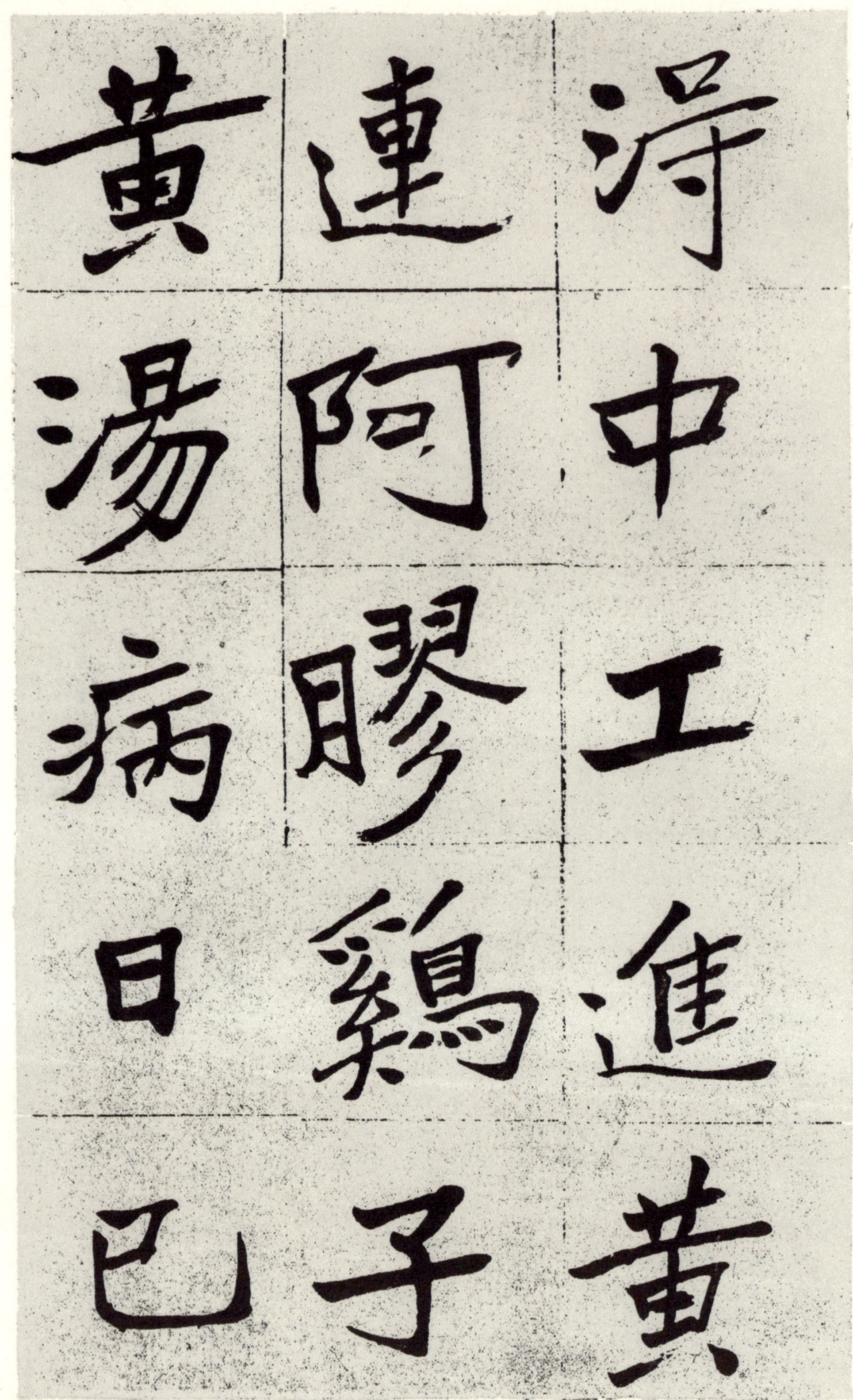

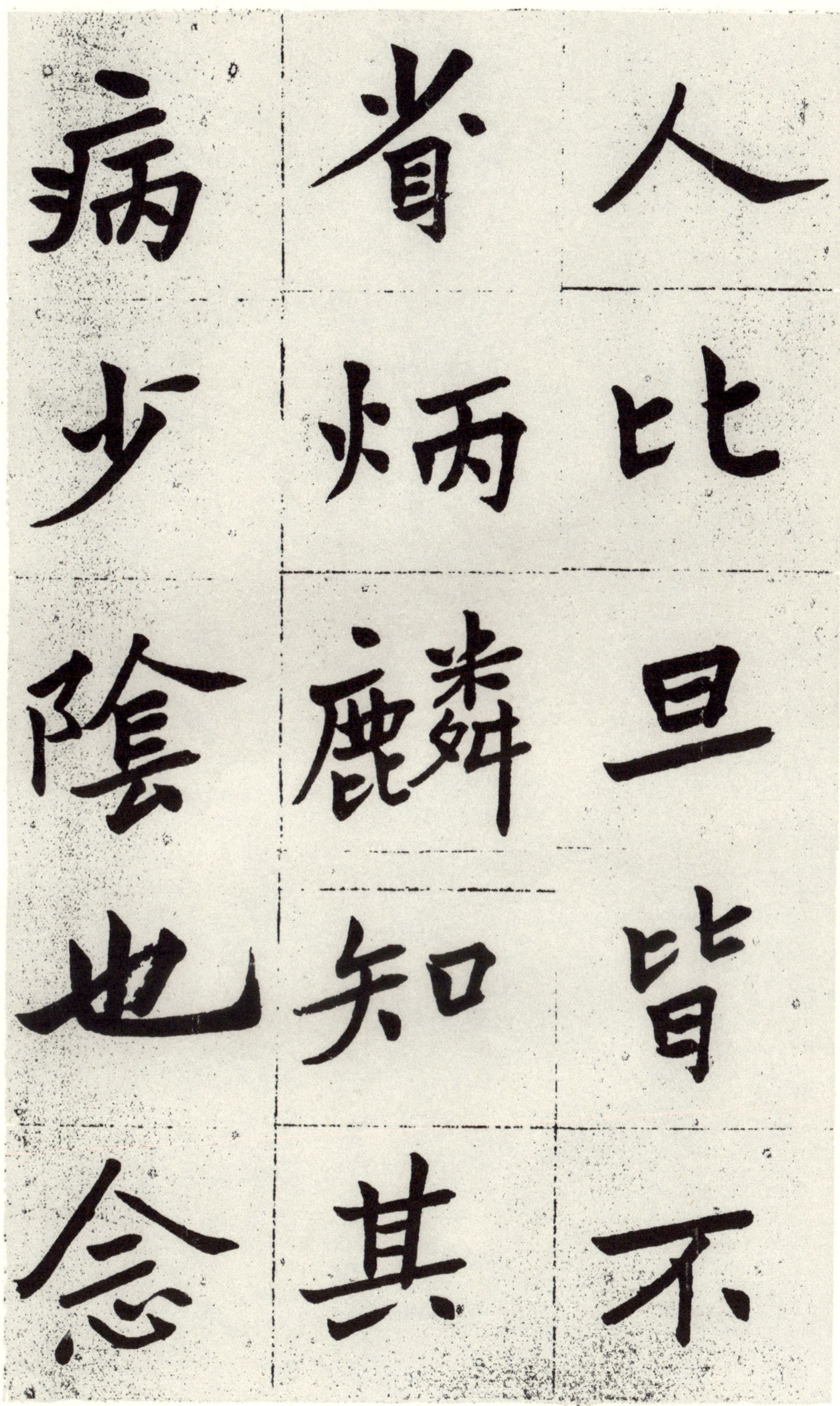
人比旦皆不
省炳麟知其
病步陰也念

許請召曰本
醫弗許病四
十日二月二

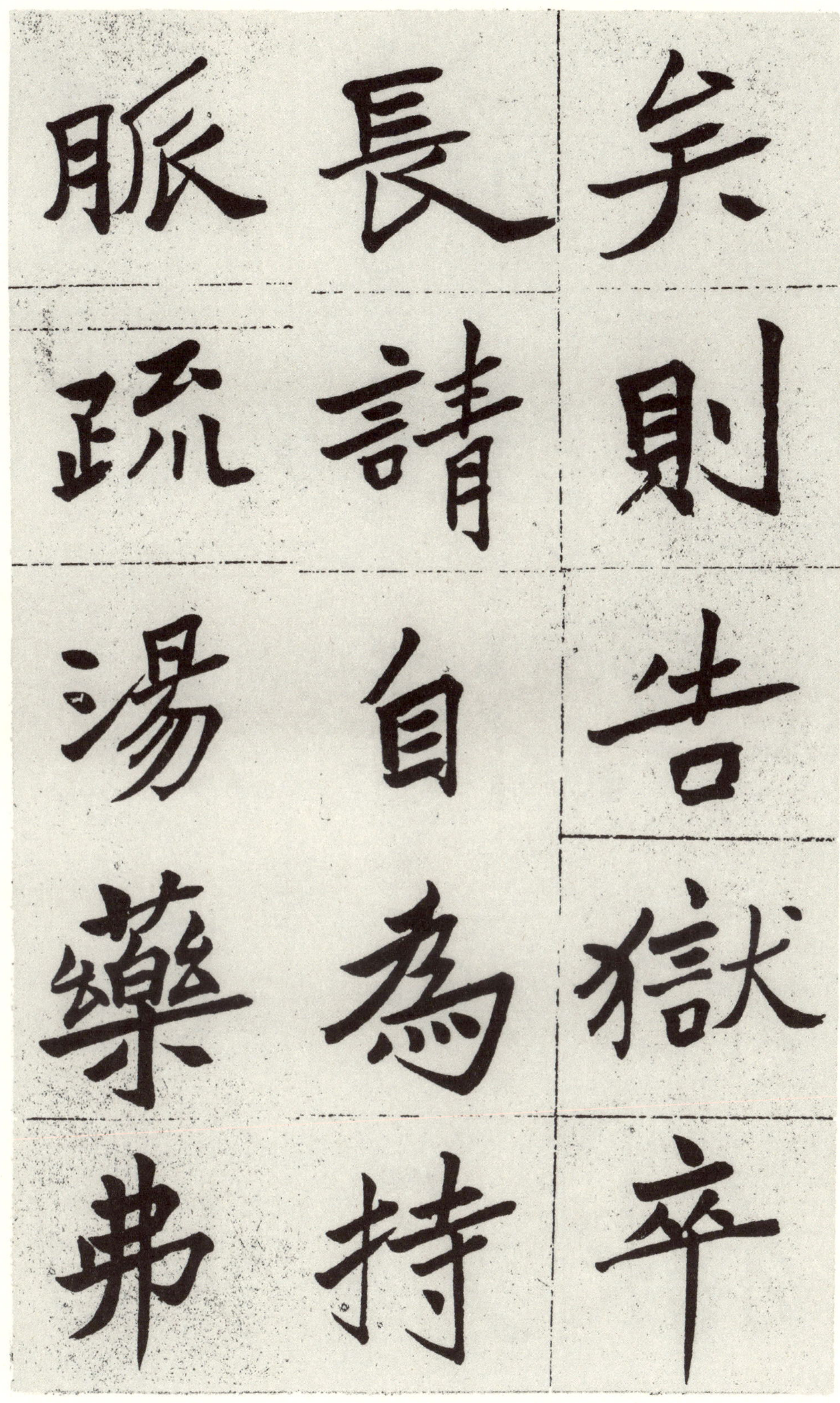

朝日加已炳

麟注撫其尸

目不瞑初獄

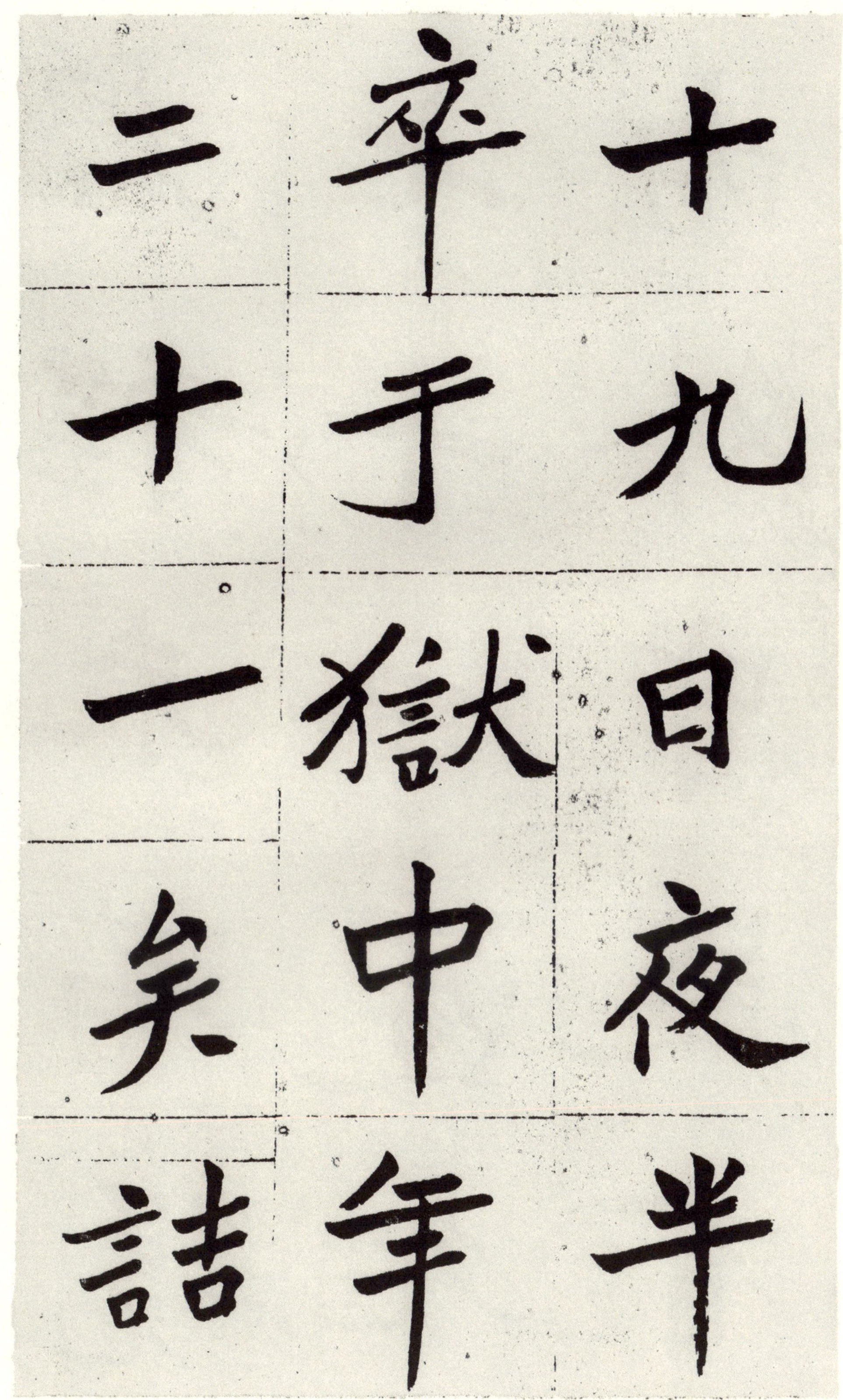
十九日夜半
卒于獄中年
二十一矣誥

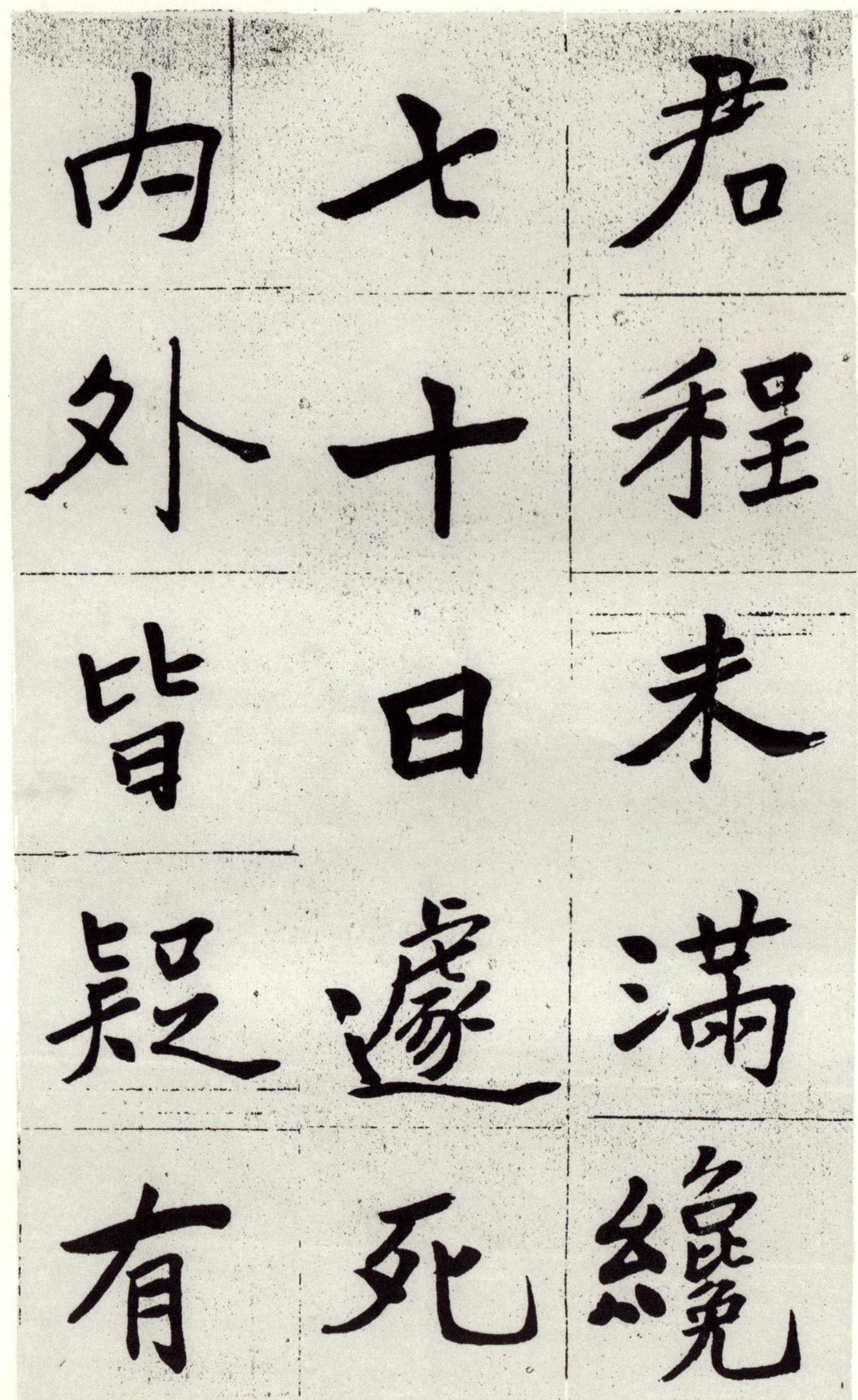
君程未滿纔七十日遽死内外皆疑有

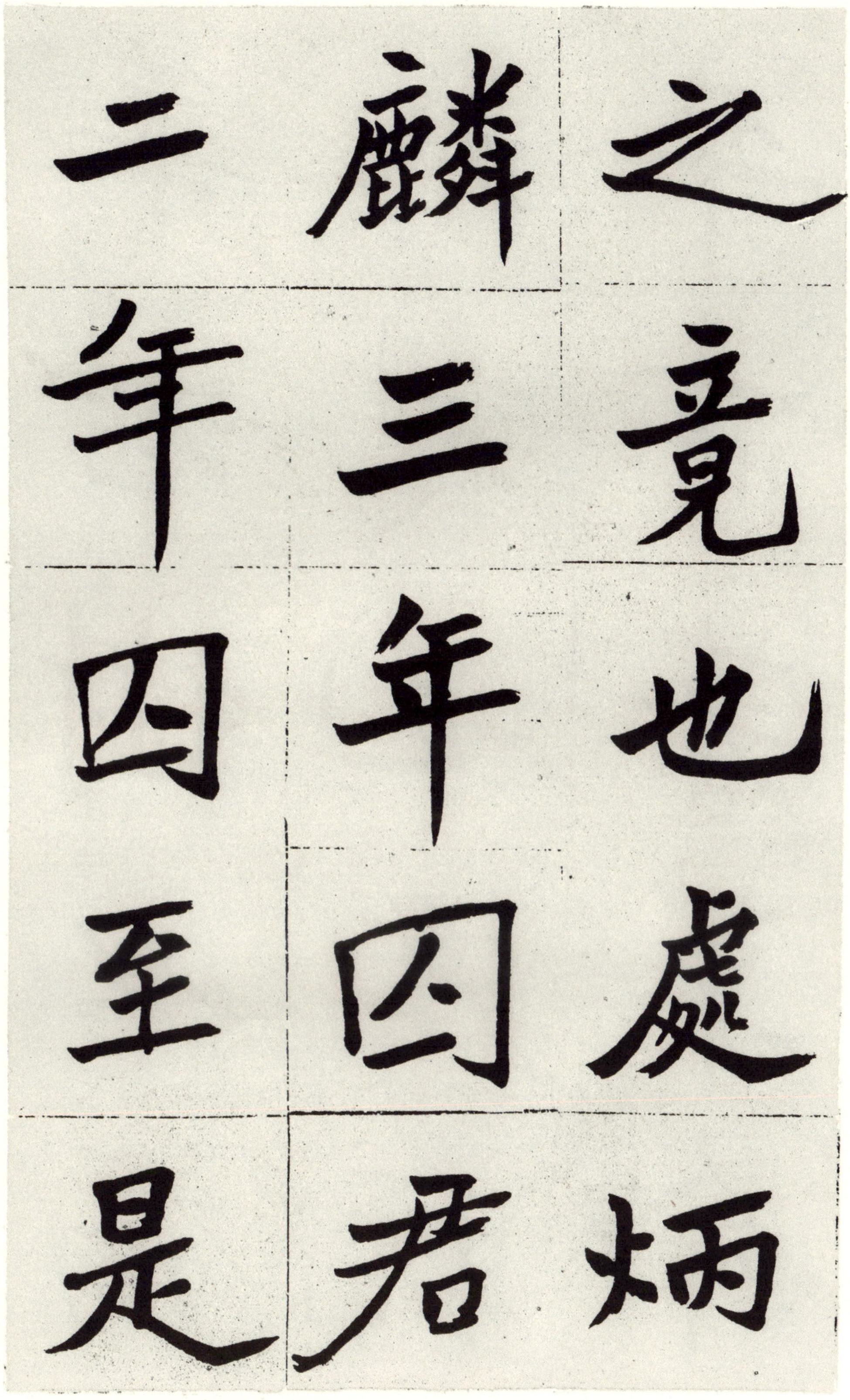
之竟也處炳
麟三年囚君
二年囚至是

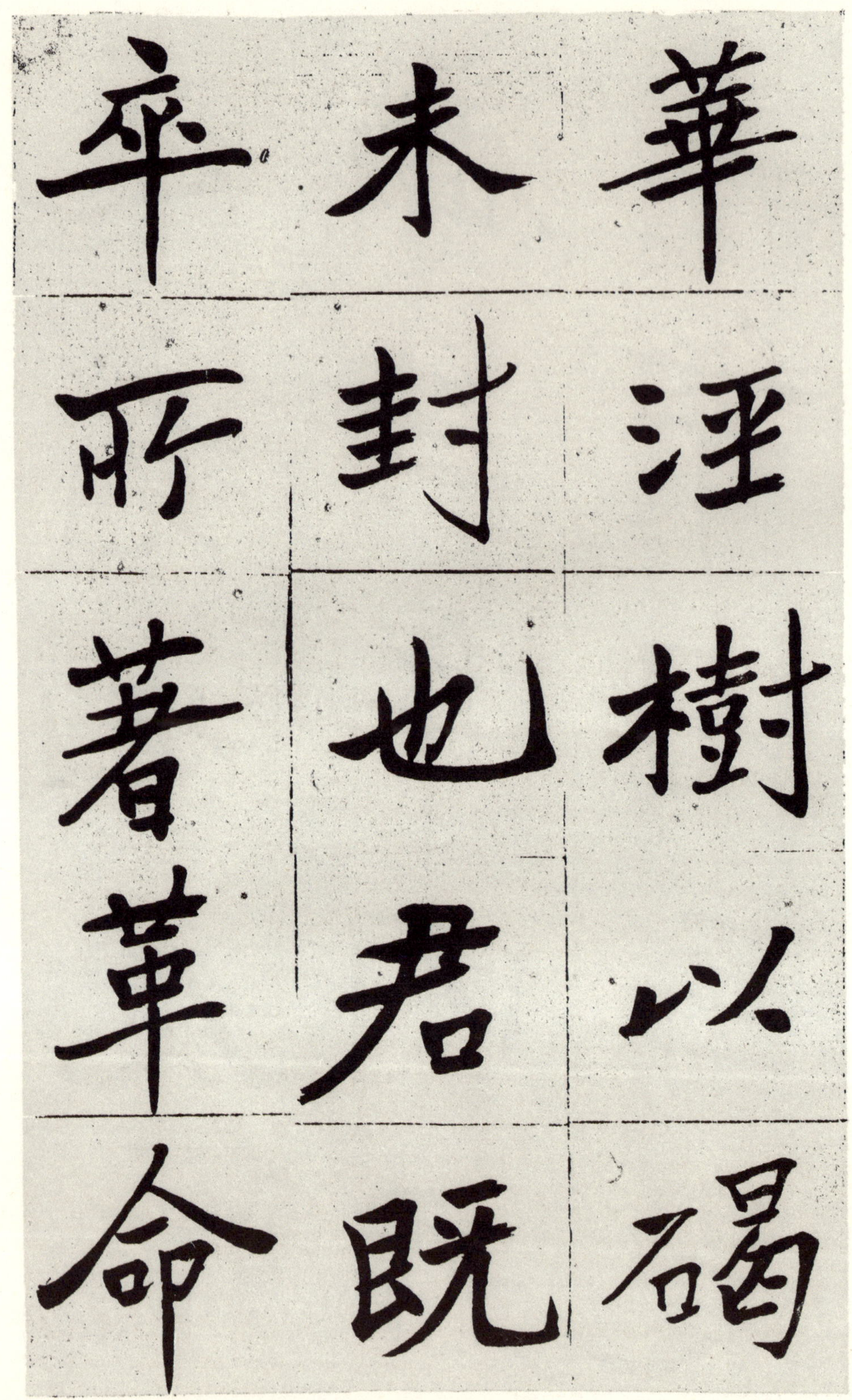

華涇樹以碣未封也君既卒所著革命

佗故於是上
海義士劉三
收其骨葬之

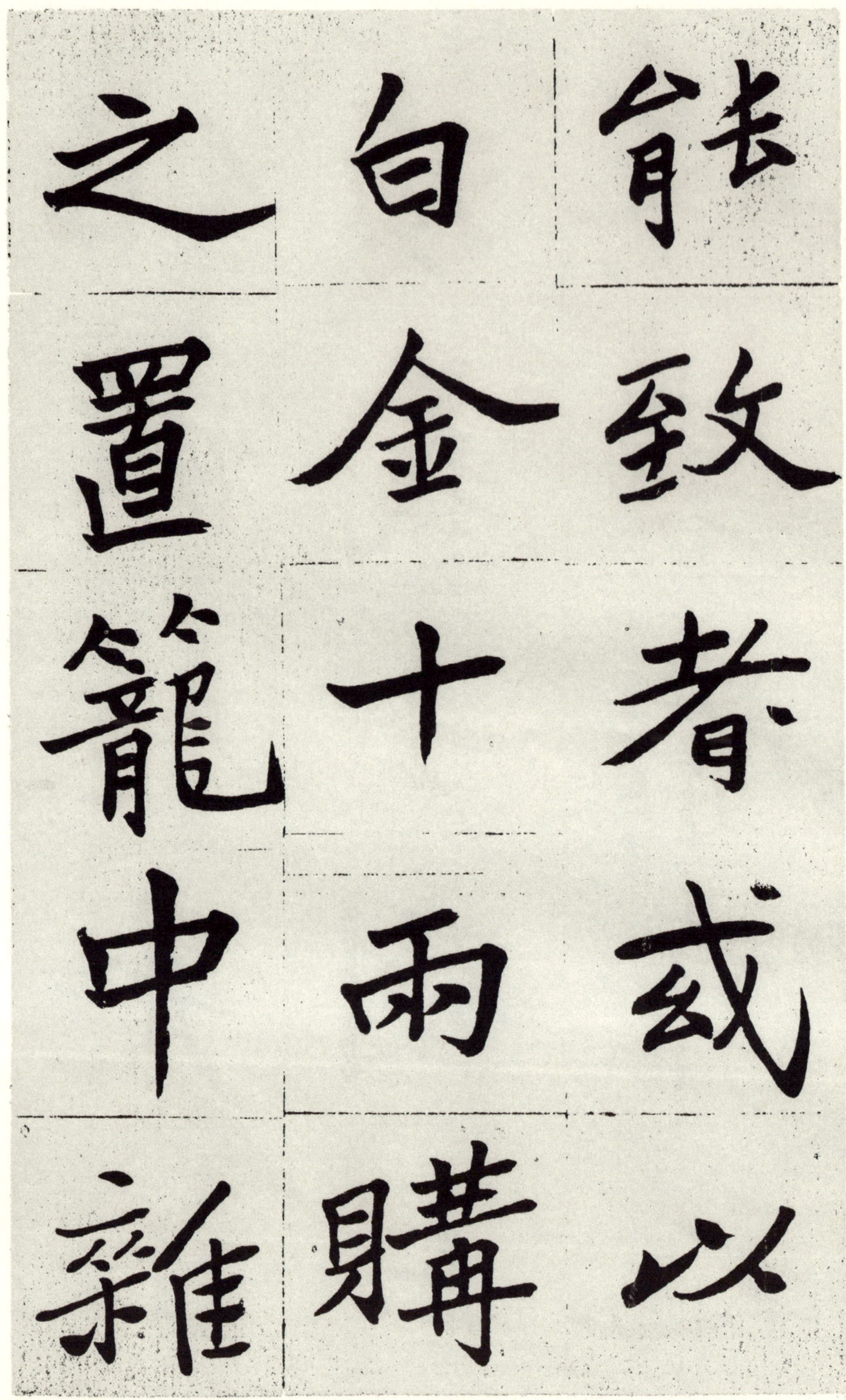

能致者或以白金十兩購之置籠中雜

軍因大行凡
摹印二十有
餘反遠道不

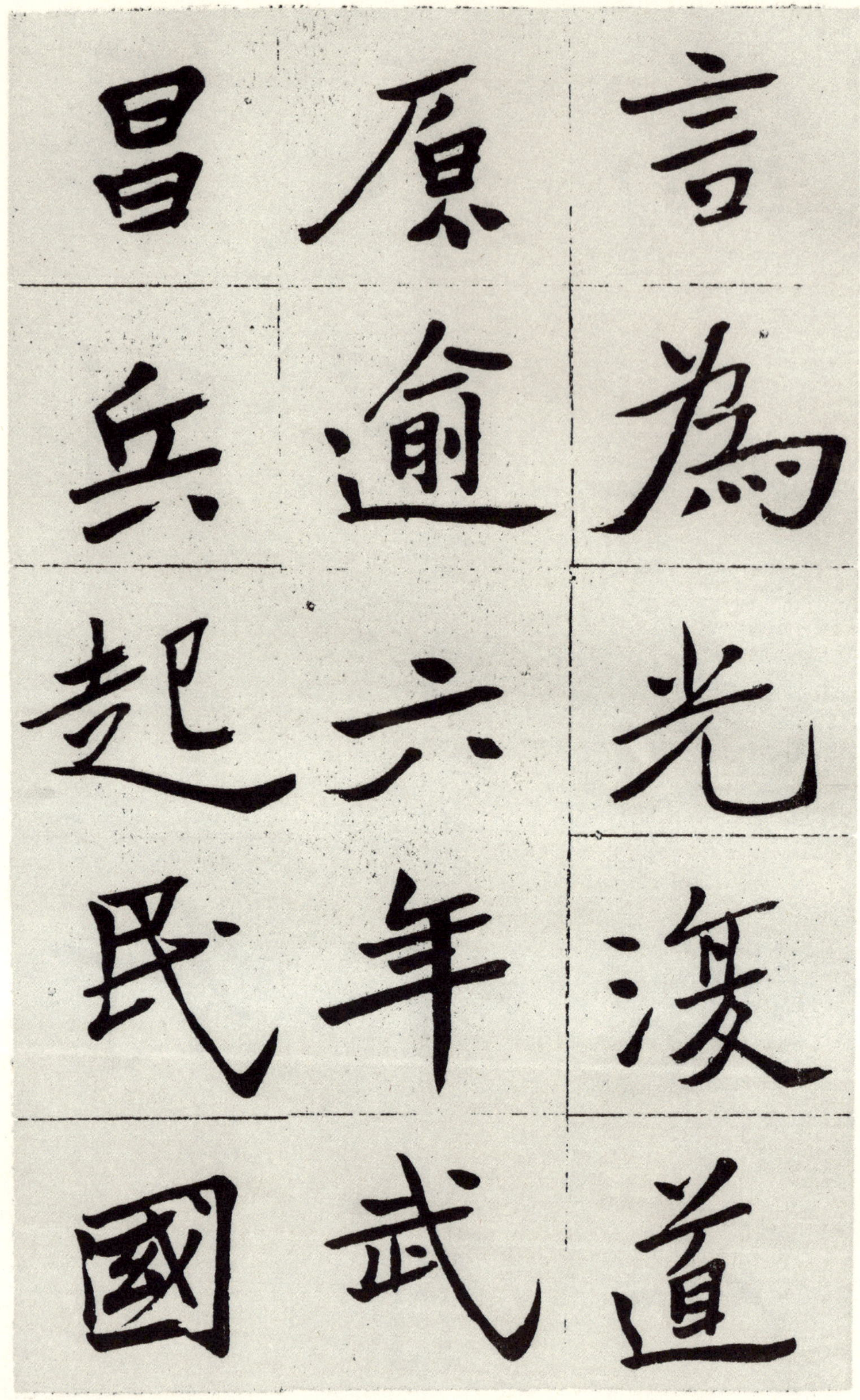
言為光復道
原逾六年武
昌兵起民國

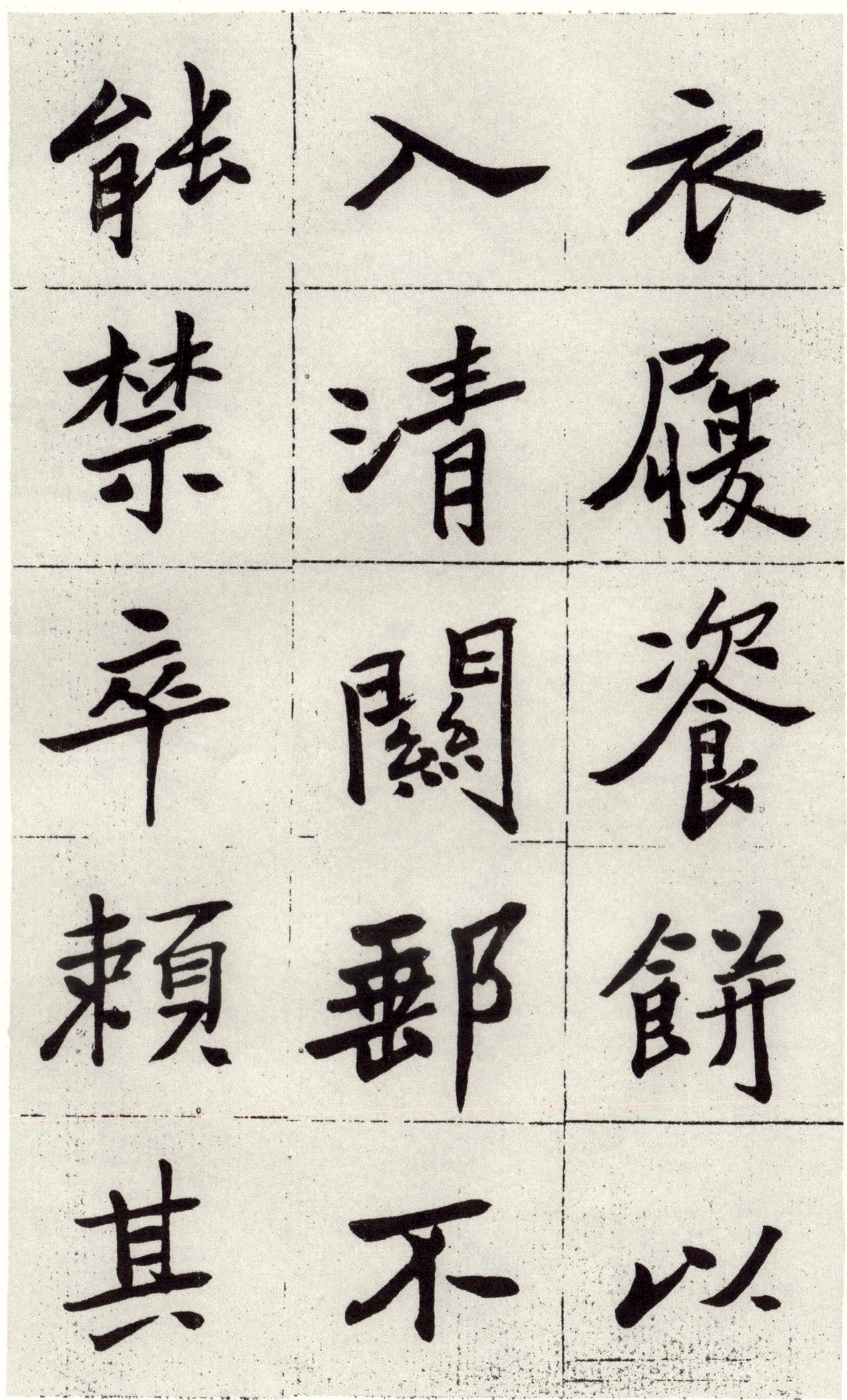
衣履飧餅以
入清闕鄄不
能禁卒賴其

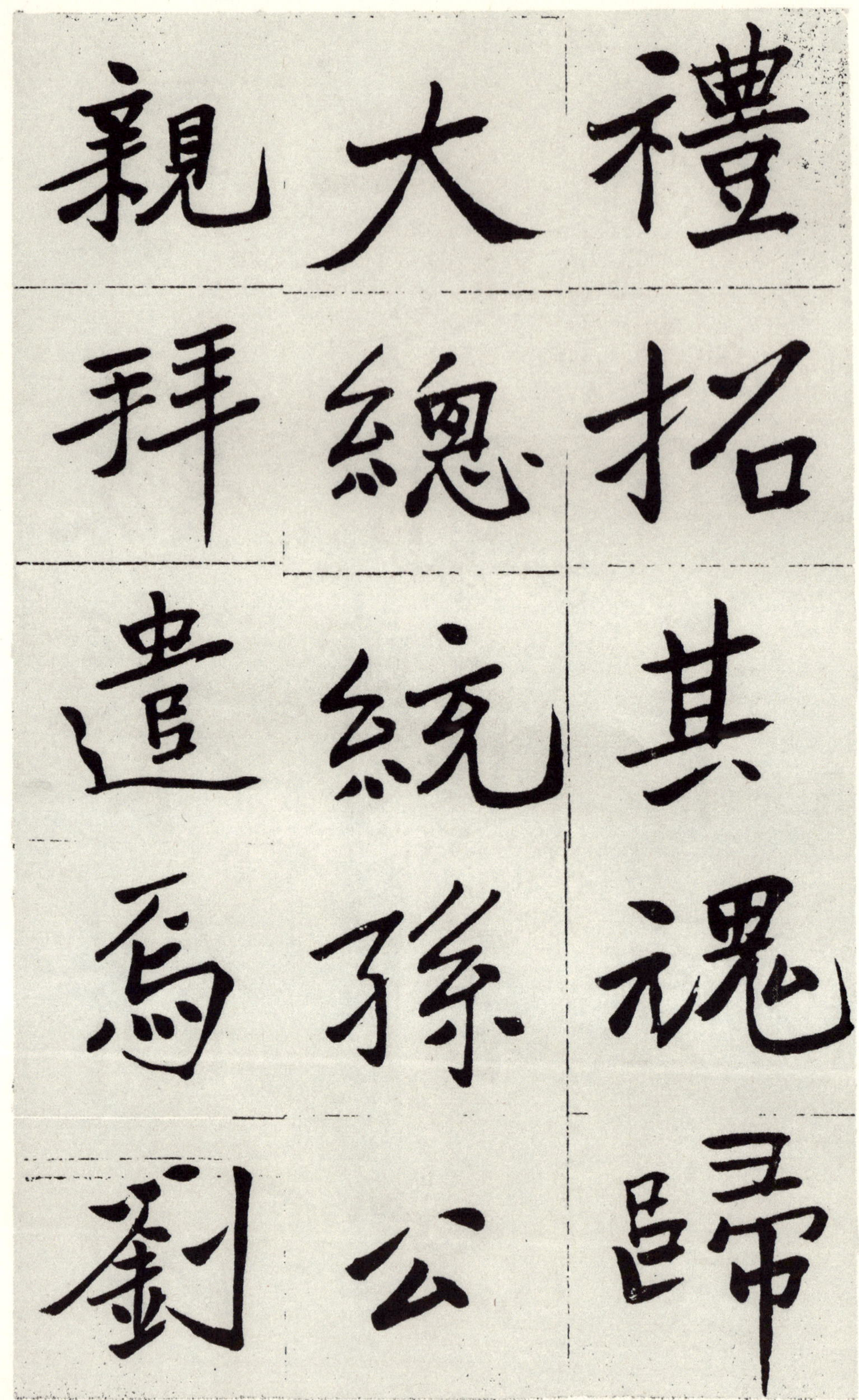
禮招其魂歸
大總統孫公
親拜遺爲劉

元年臨時政
府贈大將軍
四川軍府以

自伐故君諸友不能知葬所十一年冬

三者性方絜寡交游業為君營葬来嘗

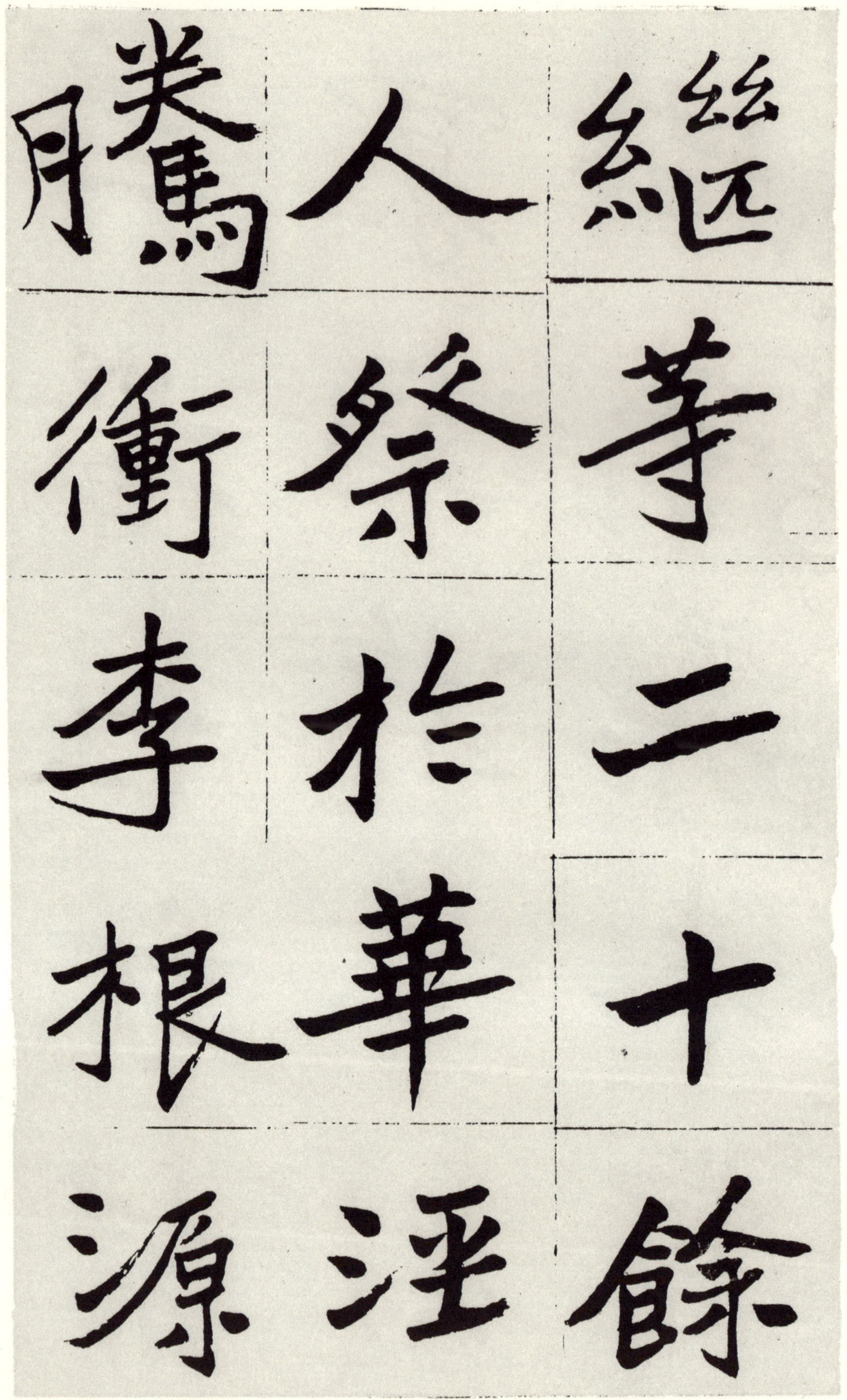
繼
等
二
十
餘
人
祭
於
華
淫
騰
衝
李
根
源

炳麟始求潯
之十三年春
四月與士釗

爲與祭者皆
起立炳麟也
命曰本時已

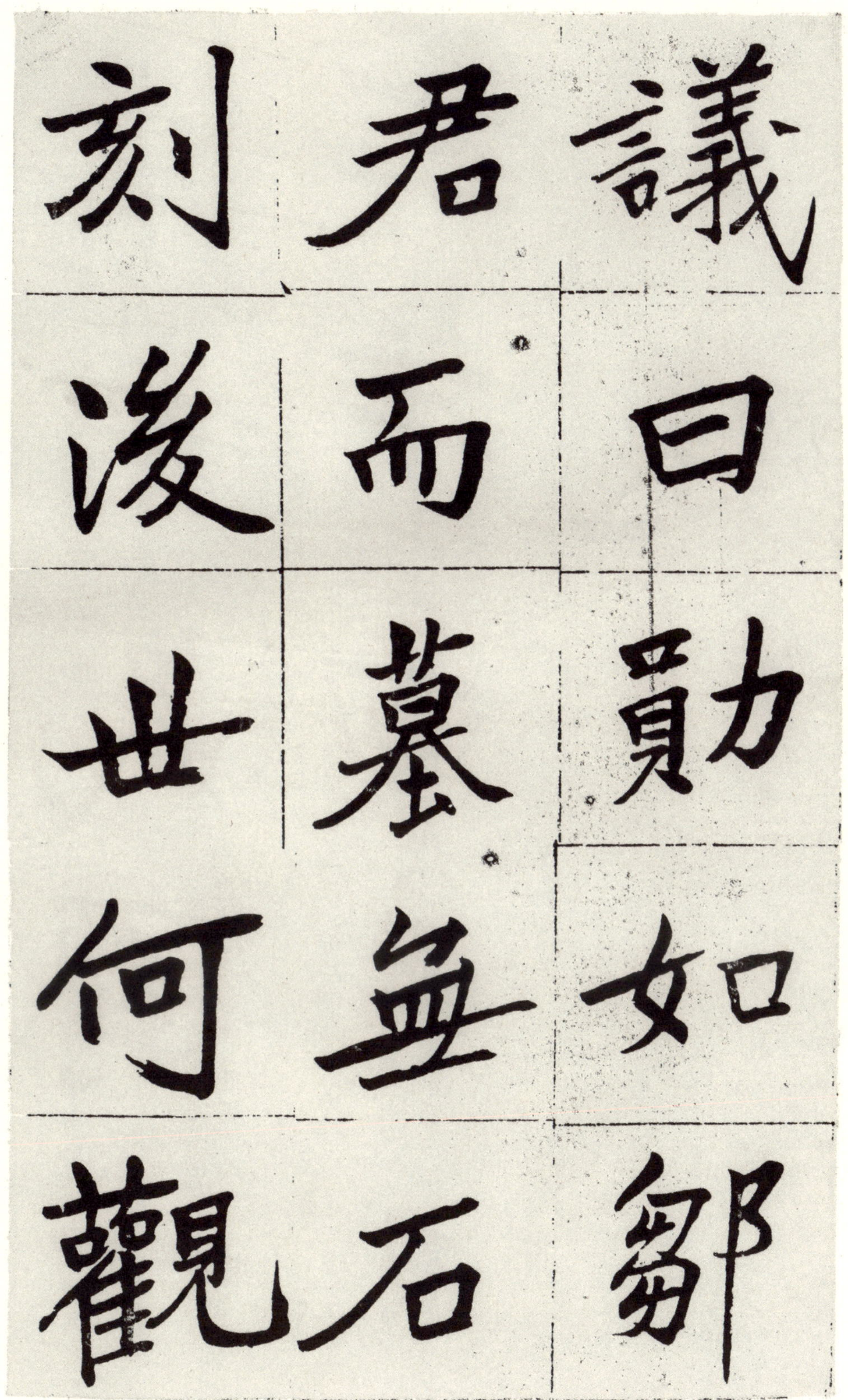
議曰勛如鄒
君而墓無石
刻後世何觀

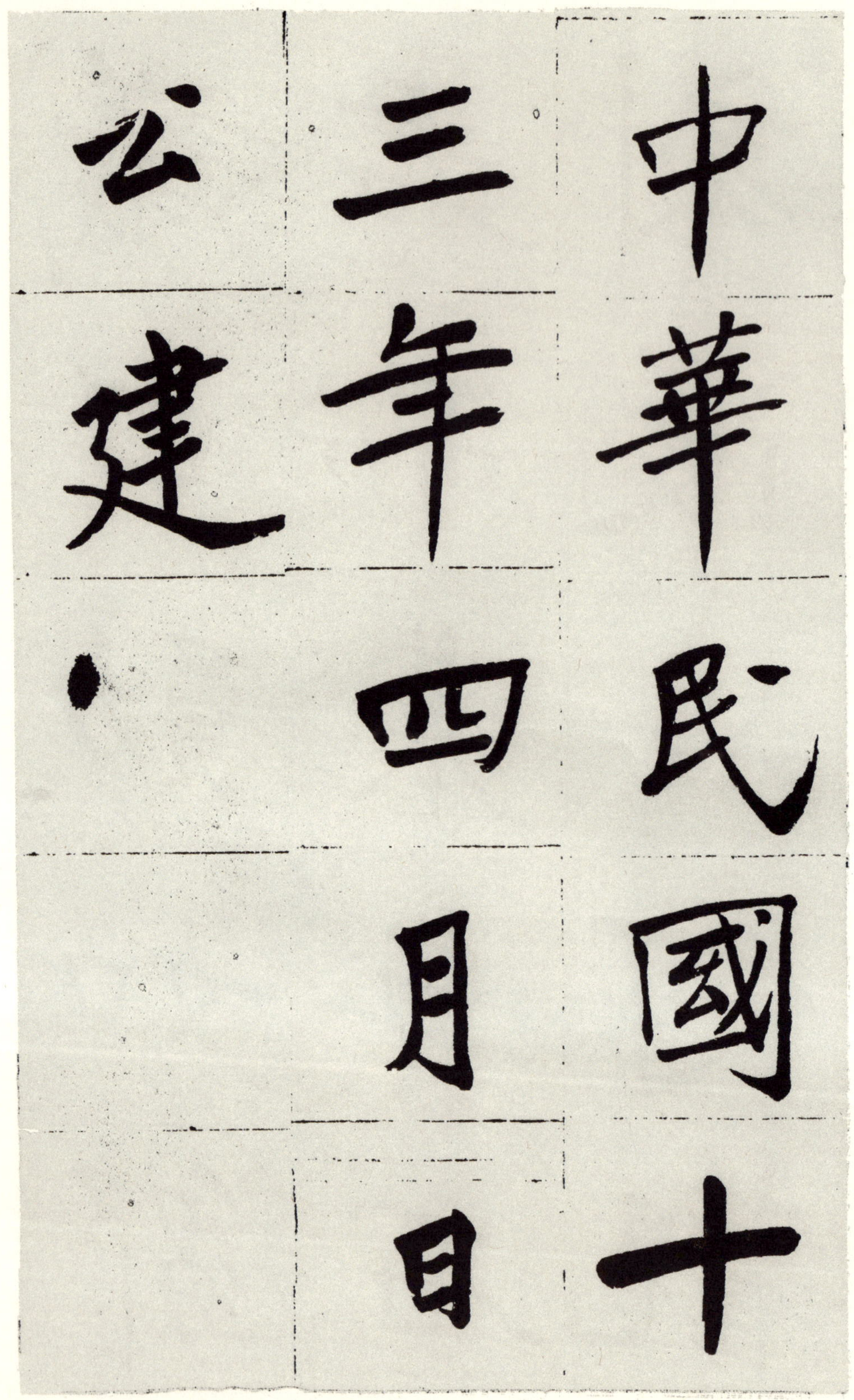
中華民國十
三年四月日
公建

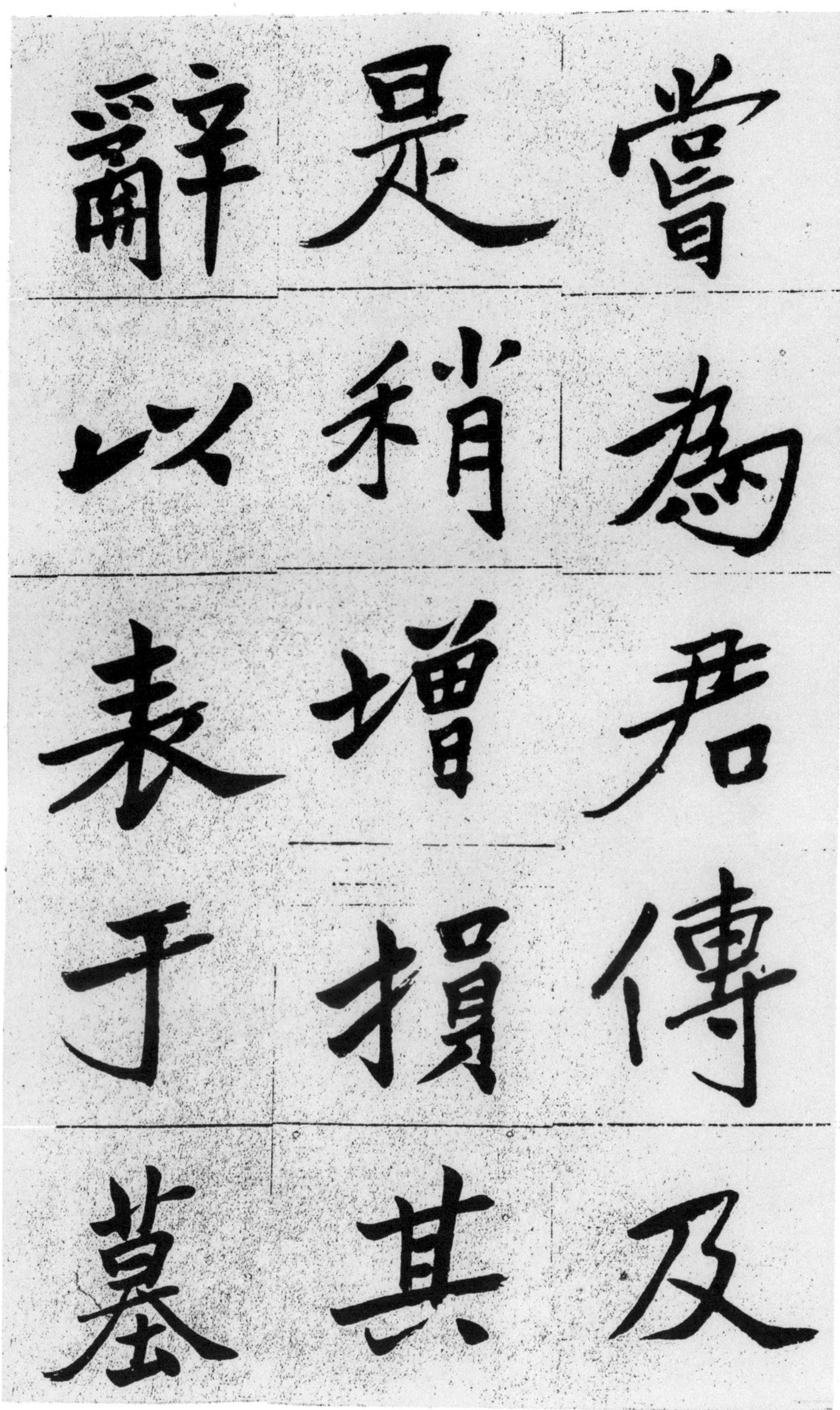
嘗為君傳及
是稍增損其
辭以表于墓

吳縣孫伯淵仲淵

季淵刻

赠大将军邹君墓表·释文

赠大将军邹君墓表

余杭章炳麟造并篆额

三原于右任书丹

君讳容，字蔚丹，四川巴人，父行商陇蜀间。君少慧，年十二诵九经，《史记》《汉书》皆上口。父以科甲期之，君弗欲。时喜雕刻，父怒，辄榜笞至流血，然愈爱重。君从成都吕翼文学。与人言，指天画地，非尧舜，薄周孔，无所避。翼文惧，摈之。父令就日本学，时年十七矣。与同学钮永建规设中国协会，未就。学二岁，陆军学生监督姚甲有奸私事，君偕张继等五人，排闼入其邸中，榜颊数十，持剪刀断其辫发。张继者，故尝与善化秦力山发议，排君主立宪者也。事觉，潜归上海，与章炳麟见于爱国学社。是时，社生多习英吉利语，君调之曰："诸君堪为贾人耳。"社生皆怒，欲殴之。广州大贾冯乙，故尝入英吉利籍，方设国民议政厅于上海，招君。君诘乙曰："若英吉利人，此国民者，中国民邪？英吉利国民耶？"乙惭，事中寝。君既明习国史，学于翼文。复通晓经训、《说文》部居。疾异族如仇雠，乃草《革命军》以摈清，自念语过浅露，就炳麟求修饰。炳麟曰："感恒民当如是。"序而刻之。炳麟亦自有《驳康有为书》，与君书同意。时又有苏报社者，以论议相应和，则长沙章士钊所为也。君与士钊、继皆年少，独炳麟差长，相得欢甚，约为昆弟交，要以光复汉族。会清遣江苏候补道俞明震，来检察革命党事，君及炳麟，皆就逮，系上海租界狱。两人者，皆罚作，而清尊严亦转替。君以少年为狱囚，狱卒数侵之，心不能平，又啖麦麸饭不饱，益愤激。内热数有遗下。明年正月，疾发体温，温不大热，但欲寐，又懊憹烦冤，不得卧。夜半独语，骂人比旦，皆不省。炳麟知其病少阴也，念得中工进黄连、阿胶、鸡子黄汤，病日已矣，则告狱卒长，自为持脉疏汤药，弗许。请召日本医，弗许。病四十日，二月二十九日夜半，卒于狱中，年二十一矣。诘朝日加巳，炳麟注抚其尸，目不瞑，初狱之竟也。处炳麟三年囚，君二年囚，至是君程未满，绕七十日，遽死。内外皆疑有它故。于是，上海义士刘三收其骨，葬之华泾，树以碣，未封也。君既卒，所著《革命军》因大行，凡摹印二十有余，反远道不能致者，或以白金十两购之，置笼中，杂衣履餈饼，以入清关，邮不能禁。卒赖其言，为光复道原。逾六年。武昌兵起。民国元年。临时政府赠“大将军”。四川军府以礼招其魂归，大总统孙公亲拜遣焉。刘三者，性方洁，寡交游，业为君营葬，未当自伐，故君诸友，不能知葬所。十一年冬，炳麟始求浔之。十三年春四月，与士钊继等二十余人，祭于华泾。腾冲李根源议曰：“勋如邹君，而墓无石刻，后世何观焉？”与祭者皆起立，炳麟亡命日本时，已当为君传，及是稍增损其辞，以表于墓。

中华民国十三年四月日公建。

第三章

我的青春时期

怀恩记·于右任先生的青春时期

·题 记·

《我的青春时期》原名《牧羊儿自述》《怀恩记》，最早为先生应《中国青年月刊》之征求而作，7000余字，主要记录先生25岁前的学习生活、思想片段及青年时期的成长经历。1945年收入曹冷泉*编的《陕西近代人物小志》时，遂改为本书名。1962年在台湾再版时，先生将此书改名为《怀恩记》，并在文字上作了修改和删节；《我的青春时期》记录和反映了先生早年失恃，由伯母房太夫人抱养外家抚养，青少年期间求学及儿时记忆和成长的心路历程。

自传中可以窥见清末民初，黎明前自古历史文化发源地的关中农村一隅，生存、教育、文化启蒙时民间的疾苦和当时中国社会的缩影。从而引发先生为何而奋发图强的精神文化形成轨迹。逐步随私塾功课的精进，遍访关中名儒，学有小成便留心国际形势和发展趋势，积极参加社会实践；由于关中地区社会动荡和连年荒灾，民不聊生，济粥赈灾时，先生内心发出了“不由得我不动心，不努力！”之心声。终于在欲展翅腾空前，发出不能书是书，我是我的呐喊！传记总结记录了此时的心境“我此时心中，常悬着一个至善的境地，一桩至大的事业，但是东奔西突，终于找不到一条途径。……”的苦闷。于此同时，深深地思索着“百余年来，吾国才智之士，力不能竟其业，学不能得其地，才不能致其用，穷苦困厄中道而仆者，乃社会之普遍现象，而北方尤甚。”从而

注：*曹冷泉（1901—1980）原名曹赞卿，安徽颍上人，著有《陕西近代人物小志》《刘古愚的哲学思想体系》。

先生发出了我要走出关中，及闻上海志士云集之鸿鹄志向。到上海后，受恩受教于马相伯先生，办学办报，从此即以学校和报社为基础，尽力国事；从而走上了救国启民的民主主义革命的道路。回忆青年时期的人和事，始终怀着感激感谢和感恩之心，因此，再版时又将此书名改为《怀恩记》就不难理解先生的心情了。

《我的青春时期》，是于先生 62 岁时，回忆总结 25 岁前的人生道路，其孤寒危苦之状态，颇具中国近代社会之缩影，令人感涕和发人深省。该文包含先生年轻所读书刊，内容详实，即就是 21 世纪的今天，也不失为青年学子的人生楷模和立志样本。

2016 年春，台湾著名书法家廖祯祥先生（被时人尊称为“廖师”）来访于右任故居纪念馆，并馈赠了自己所收藏的于先生《我的青年时期》影印资料，我随即告诉廖师，我们能否将此自传内容研究后，同此影印件一起出版推广，廖师满口应允。

世人皆知于右任先生创立标准草书以来，常常手书《标准草书千字文》作品，以期总结佳构，而早期所手书的《千字文》作品至今存世极少，最多不过六件，且均为宣纸双面书写。迄今为止，类似尺牍册页类型的《我的青年时期》，作为于先生晚岁手书篇幅最长的书法力作，可能仅此一件。试想，这位革命元老在仙逝前不到一年，重新回味当年的青春岁月，有感而书这篇七千余字的成长经历，定是心路历程与书作俱老俱真的体现。

值于右任先生 140 周年诞辰之际，《我的青春时期》初探与《我的青春时期》草书全卷双璧同现，可谓书法收藏与于学研究的最好例证。

——于 江

我的青春时期

堂后枯槐更着花，堂前风静树阴斜。
三间老屋今犹昔，愧对流亡说破家。

这是我前年归省三原西关斗口巷老屋的诗。古人说得好："树欲静而风不止，子欲养而亲不待。"当我回去的时候，我那破旧的宅子里，留下的几间老屋，看去都像亲人一般，这是何等可以感慨的事，况我生在历史上圣贤代出的关中，有雄壮的地理，有深厚的文化，又有亲爱的家庭。读圣贤书，所学何事？要当堂堂地做个人。不谓年光流转，白发盈颠，在这抗战建国的大时代中，但觉学问荒疏，不敷应用，对于国家民族，又如何的抱愧呵！

我的故乡是陕西泾阳斗口村，所谓斗口，就是白公渠——今之泾惠渠——分水的一个口子。那时水量很少，农田灌溉，甚为困难；这个支渠，虽灌地甚少，得之已不容易。我于家的始迁祖已不能深考，但住此必有很久的年代，所以乡人称为斗口于家。三原县北之白鹿原去斗口村约四十里，有一土丘，唐高祖献陵也，陪葬者三十余人。碑估售之市，有献陵八种，即濮阳令于孝显，燕国公于志宁，明堂令于大猷，兖州都督于志微，共计于氏四碑，李氏、臧氏各两种，我小时并不知此。靖国军时，三原学者问我与此碑关系，我答先人无任何传说。于姓本来不繁，在清朝中叶尚有五家，回乱后只剩三家。我生在三原东关河道巷，又在三原读书应试，因此就著籍为三原人了。

我们一家共三房，先伯祖象星公生大伯父宝善公为大房，先祖峻堂公生二伯父汉卿公宝铭，先严新三公宝文，为二房和三房。先二伯父配房太夫人，我的母亲是赵太夫人。二伯父先在南昌经商，旋赴香港。先严则十二岁就步行入蜀，做江津店铺的学徒后方转至岳池。那时我家生活日艰，由三原迁回乡下。及祖居被毁，又迁住村东湾子杨堡。先母生我后即多病，既感于家庭处境之难，又无钱医治，逐郁郁以终。时我尚未满二岁，于先母的一切，全部知道，只记得后来伯母说：“陕乱平后，汝外祖由甘肃静宁县逃荒东来，手携汝母，背负汝舅，至豳州长武间，力竭食尽，又因汝母足痛不能行，恐牵连大家饿死，不得已弃之山谷中，行数十里矣，骆驼商人见而怜之，载以行，追及汝外祖，赠以赀而还其女。”又说：“汝母面方而敦厚，与心如一，那是使我最不能忘的。”这是一点惨痛的历史而已。

我以一无母之儿，又处在单寒孤弱的家庭中，所以能成立为人，幼不失学，可以全由伯母房太夫人停辛伫苦而来，伯母之恩，真是我毕生所报答不尽的。伯母是泾阳杨府村人，家世业农，排行第九，故幼即称为九姑娘而不名，十七岁来归嗣二伯父去香港，每一家信动辄经年。先严在川，亦隔三年始得一归。因此伯母和先母，妯娌同居，相依若命，当先母逝世前的半月，伯母适归母家，一夜，梦迷离风雨中，墙头有妇人携一儿垂泪相招，心知其事不祥。及归，先母病已剧，泣谓伯母曰：“此子今委嫂矣，我与嫂今生先后*，来世当为弟妹妻子以还报耳。”那时我初离乳，身弱多病，伯母带往杨府村就医，归而新宅又毁，自此随伯母居外祖父家中，历时九年。外祖父家人，莫不敬伯母，也莫不爱我，虽人口加多，农产有限，丰歉寒暖，从无不欢。村中老妪某谓伯母曰：“九姑娘抱病串串侄儿，欲了今生，岂不失算？况儿有父，父又有一子，即寄养母家，眼角食能吃一生乎？”伯母应之曰：“受死者之托，保于氏一块肉，那个望报？设使无此母家，亦当为佣以给吾儿。如其父归携儿以去，则为尼终老，亦所甘心。”这可见伯母立志之如何坚定，和爱我之如何真切了。

自回捻战后，农田半荒，乡下多兼营畜牧。表兄敏事，集岁钱买一跛羊，不久即产小羊。我亦絮絮欲得羊如表兄，伯母用三百钱复买一跛的。某日冬牧，我私随诸牧儿往，忽有三个狼从荒草中跃出，诸牧儿和羊群均惊散，我们两只跛羊，为两狼所攫，在坟角啮食。时我方在坟东，专力掘野红根（河南人谓之“牵巴巴”），一狼踞墓西，相距不过数尺。村人杨姓在田中望见，手执镰刀奔至，挟我归家。伯母闻警急出，匍匐道中，几不能前。事后，诸舅父因小儿无学校收容，混迹

---

* 先后：即妯娌，字见《史记》。读若“线候”，今乡人土语犹然。

羊群，甚为担心，于是乱后兴学之议以起。旬邑老儒第五先生（第五伦之后），年六十余，出山谋作农佣，见乡人修学塾，自荐为师。我逐于七岁的春天，以一个流离的孤儿，入村中马王庙为学生。

第五先生授课凡两年，见我入学以时，衣敝而洁，询知其故，深为叹异，于是教我益加尽力。离馆时抚我曰："世间无母之儿，安得所遇尽如汝哉？"盖先生幼时亦抱家庭之痛也。伯母于每年寒食节，必带我回乡扫墓。两村相距约十二里，有时诸舅以牛车相送，有时步行，某处老坟，某处新坟，至时必郑重以告。至先母坟前必哭，哭必祝告："儿几岁矣，读书几册。"我闻而悲恸，读书不敢不勤。农忙时，亦随伯母及诸表弟至田间拾麦，往往拾之于舅父陇畔的，复卖之于舅父，舅父仍一再以勤劳相勗。我有归省杨府村外家诗五首，追记那时的情形：

朝阳依旧郭门前，似我儿时上学天；
难慰白头诸舅母，几番垂泪话凶年。

无母无家两岁儿，十年留养报无期；
伤心诸舅坟前泪，风雨牛车送我时。

记得场南折杏花，西郊枣熟射林鸦；
天荒地变孤儿老，雪涕归来省外家。

桑柘依依不忍离，田家乐趣更今思；
放青霜降迎神后，拾麦农忙散学时。

愁里残阳更乱蝉（元遗山诗句），
遗山南寺感当年（元遗山亦读书外家）；
颓垣荒草农神庙，过我书堂一泫然。

到了十一岁，伯母带我至三原东关，依三叔祖重臣公。三叔祖望重一时，交友甚广，与毛班香经畴友善，因送我入毛先生私塾肄业。是年，先严返里，继母刘太夫人来归，也赁居东关石头巷，但我则仍依伯母。伯母督课每夜必至三鼓，我偶有过失或听到我在塾中嬉戏，常数日不欢。其爱护之心和严正之气，至今梦寐中犹时时遇见。

毛班香先生是当时有名的塾师，我从游九年，读经书、学诗文而外，对于他专心一志的精神，尤其佩服。他常常对我们说：“我没有什么长处，只是勤能补拙。”这虽是先生的自谦之词，却是他生平所身体力行的。毛先生的教授法亦特别，由他自教大学生，更由大学生分教小学生。平常每日授课两次，夏季日长，则加课一次，都须背诵，并带背旧书，所以读书比较精熟。尤其值得记述的，是太夫子汉诗先生亚苌。太夫子亦曾以授徒为业，及年老退休，尚常常为我师代馆。他生平涉猎甚广，喜为诗，性情诙谐，循循善诱。自言一生有两个得意门生：一是翰林宋伯鲁，一是名医孙文秋。希望我们努力向上，将来胜过他们。对我的期望尤殷，教导也特别注意。太夫子又喜作草书，其所写是王羲之的十七“鹅”。每个“鹅”字，飞、行、坐、卧、偃、仰、正、侧，个个不同，字中有画，画中有字，皆宛然形似，不知其原来从何而来。当时我也能学写一两个，但是现在已记不得了。

在毛先生私塾时，我已开始学作古近体诗，如《唐诗三百首》《古诗源》《选诗》等，都曾读过，但是循文雒诵，终觉不生兴味。一日，先生外出，我以大学生的资格照料馆情，书架上有文文山、谢叠山诗集残本，我取而私阅，见其声调激越，意气高昂，满纸的家国兴亡之感，忽然诗兴大发，我之作诗，殆可以说由此悟入。至于我之所以略识学术门径，却以得益于庭训为多。先严虽为家境所迫，早岁经商，但自修甚勤；又从师问业，博览群书，所以见识反较一般科举中人为高。尝手写《史记》全部，点过《十三经》两遍；辑修家谱，选成《治家语录》三卷；又尝借抄张香涛的《輶轩语》和《书目答问》，寄存家中。某书当读，某书某处重要，亦时以问业所得，在家信中示及。岳池典铺中的掌柜马芰州先生丕成，是明儒马豀田先生的族人，喜刻先代遗书，常嘱先严任校勘之役。先严又爱读袁子才的《小仓山房尺牍》，以为社会应用，最为便利；马先生的父亲曾经注过此书，先严为之整理刊行，至今岳池尚有刻本流传。某年先严回里，除料理家务外，一面从陈小园先生学医，一面则自修经籍。我日间上学，晚则回家温习，父子常读至深夜，互相背诵，我向先严背书时，必先一揖，先严背时亦向书作揖如仪。我在斗口村扫墓杂诗中，有如下的一首：

发愤求师习贾余，东关始赁一椽居。
严冬漏尽经难熟，父子高声替背书。

就是咏的那时的事。先严最喜买书，在岳池刘子经先生典当时，陆续寄归的已经不少。但是每年的薪水不过数十两，回家又须还债，家境甚窘，虽不至于挨饿，但有时竟至没有盐吃。及移住东关渠岸喻宅，前院是一个炮作坊，我每天饭时回家，便去做炮，或打炮眼，或装药线，每盘制钱一文，一日可做三四盘，用以贴补家用，添买纸笔，有时亦买糖以自慰，那时一枚糖只值一文钱，但开支已觉得奢侈了。一夜炮房失火，掌柜全家烧死，我的卧房与之毗连，几乎波及。隔日见炮房墙脚有火药三大瓮，抚之余热未退，幸上有石盖，未经爆炸，否则早已葬身火窟了。

炮房毁后，我失去了大宗收入，好似工人失业一般。因试往本县学古书院考课，第一次就得了二钱银子（每钱换制钱一百一十余文），此后时被录取，经济复形活动。十五岁，同学多劝我应试，三叔祖和先父恐荒废学业，都不赞成。到了十七岁，赵芝珊先生维熙督学时，我以案首入学，塾中功课始渐自由，所读的书可以由自己选择，先生不过任讲解督课之责而已。两年后，毛先生谓我学已有小成，应出从名师，以资深造。所以三原宏道书院、泾阳味经书院、西安关中书院，我都曾经住过。时读书稍多，诗赋经解均略能对付，而所作八股文，则与当时的风气不同，以《书》《礼》《史记》《张子正蒙》等书为本，只重说理，不尚词藻，见者多疑其抄袭明文，因此各书院会课，不是背榜，就是倒数第二，居恒郁郁不乐。及叶伯皋先生尔恺入关督学，我始得露头角。

叶先生在当时学使中，以学问渊博著称，幕府中如叶澜、叶瀚浩吾两先生，都是东南知名人士，尤好讲求新学。学政衙门本设三原，叶先生下车伊始，观风全省，出了几十个试题，各门学问，无不具备，缴卷以一月为期。我勉强做成了十许篇，冬寒无火，夜间呵冻所书，忽浓忽淡，甚形潦草。但叶先生对我的文章特别激赏，评语有“西北奇才”之目，更加奖了许多话。传见时，授以薛叔耘《出使四国日记》，勉我留心国际情形，并谓：“此书只带来一部，阅读后仍须缴还。”真可谓刮目相看了。我经叶先生识拔，时誉渐起。叶先生任满后，沈淇泉先生卫继任督学。因我处连年荒旱，死亡枕藉，沈先生在东南筹集巨款，创设粥厂，欲得一少年有为之士担任其事，时我在宏道书院肄业，以孙芷沅先生之荐，特调我出任厂长。我初出学校，见饥民多多少少，鸠形鹄面，啼饥号寒，社会整个的惨状，都摆在我的面前，不由得我不动心、不努力，因此开厂后至第二年麦子将熟时，以余粮分给饥民，厂事因之结束。厂中有民夫二十余人，经数月来之教导，本是一种很有用的力量，因为无法保留，只好割心割肝般的遣散。厂址在三原西关，即现在我所办的民治学校也。我在粥厂近一年，虽得了一点办事经验，但其时正在求学期间，课程上损失甚多，终觉是可惜的。及粥厂散后，沈先生送我入陕西中学堂肄业。

我之入陕西中学堂，在庚子春间，校址为西安有名的北院。总教习江夏丁信夫先生宝树，精熟经史，讲解详明，我从游半年，受益最多。及庚子之变，西后母子入陕，北院改作行宫，学校无形解散，又令堂中师生，衣冠出城，迎接圣驾，在路旁跪了一个多钟头。我于愧愤之余，忽发奇想，欲上书陕西巡抚岑云阶，请其手刃西后，重行新政。书未发，为同学王麟生先生炳灵所见，劝我不要白送性命，始止。这种幼稚思想，由今思之，真是可怜。

陕西提倡新学最力而又最彻底的，当推三原朱佛光先生先照，先生本是一个小学家，其治经由小学入手，其治西学则从自然科学入手，在当时都是第一等手眼。自谓是明秦王之后，故讲学时多绍述明末遗老精神，以励后进。其盟弟长安毛俊臣先生昌杰，则以经学家而兼擅词章。二人学行契合，相得益彰。朱先生曾与孙芷沅先生发起天足会，又创设励学斋，集资购买新书，以开风气。那时交通阻塞，新书极不易得，适莫安仁、敦崇礼两名牧师在三原传教，先严向之借读《万国公报》《万国通鉴》等书，我亦借此略知世界大势。及闻朱先生以新学授徒，向往甚殷，遂以师礼事之，朱先生亦置我于弟子之列。因朱先生的关系，又得问业于毛先生。同学中最要好的如王麟生先生炳灵、茹怀西先生欲可、程搏九先生运鹏等，都往来于两先生之门。眼界渐宽，所治学问，亦不甘以考据词章自限。茹、程二同学读曾、胡遗集，朱先生曰：“文章虽佳，题目则差，请你们留意。”我闻之大为感动，有一次竟将所有新书烧毁，颇有“天地悠悠，怆然涕下”之慨。这都是我们少年时之狂态，也是受的朱先生的影响。因为经朱先生的启沃，我们的思想，已经渐渐地解放了。

那时关中学者有两大系：一为三原贺复斋先生瑞麟，为理学家之领袖；一为咸阳刘古愚先生光贲，为经学家之领袖。贺先生学宗朱子，笃信力行，我幼年偶过三原北城，见先生方督修朱子祠，俨然道貌，尚时悬心目中。刘先生治西汉今文之学，精通“四通”*，兼长历算，为味经书院山长，曾刻经史甚多，以经世之学教士，一时有南康北刘之目。戊戌政变，刘先生感愤之余，曾遥祭六君子，为清吏所嫉视。我之谒见刘先生，已在戊戌十月，其时谣言朋兴，刘先生见我至，诧曰：“汝何为于此时就我乎？”我曰：“正唯此时，我乃来就先生也。”刘先生闻言甚为惊异，待我甚优。虽从游一月，先生即解馆回烟霞洞，但是印象却甚为深刻。

我之革命思想，固然以朱佛光先生的启沃为多，但在幼年寄居杨府村外家时，却有一段故事，应该补述。西北风俗，农人日工完毕，多至场畔“喝汤”。所谓喝汤，就是南方的消夜，也可以说是吃晚饭。场广一亩至数亩，平时为曝农作物之用，喝汤时则分配次日工作，或谈闲天。一日我的表弟说：“我读完百家姓，何以县官的姓，书中不见呢？”四外祖答道：“他们是满洲人呀！满洲人打败了我们的祖先，将中国的江山占了，所以我们的百家姓上不要他。”当时我亦莫明其妙，但起了一个民族意识的憧憬。后来学习举业，循例应试，这个民族意识，亦若晦若明，旋蜇旋动，没有什么确定的界限。及至从朱佛光先生游，先生意见甚高，讲学亦极为大胆，时时得闻革命的绪论，但仍只是一个启蒙的时代。及庚子以后，我的民族思想始日益高昂。时有拳案罪臣毓贤及两弟毓俊等，隐居三原东里堡，在清凉山唐园等处，题壁诗甚多，满怀悲愤，写作俱佳。我却以民族的

* 四通：即《通典》《通志》《文献通考》《资治通鉴》。

立场深非其人，曾题诗其旁，有“乃兄已误人国家”之句。我之为升允所注意，殆以此事为始。

我此时心中，常悬着一个至善的境地，一桩至大的事业。但是东奔西突，终于找不到一条路径。平时所读的书，如《礼运》，如《西铭》，如《明夷待访录》，甚至如谭复生《仁学》都有他们理想的境界。又其时新译的哲学书渐多，我也是常常购读，想于其中求一个圆满的人生观，但书是书，我是我，终不能打成一片，奠定我思想的基石，解除我内心的烦闷。我小时，二伯父曾经叫我到香港读书，以家计困难，未能成行。及闻上海志士云集，议论风发，我蛰居西北，不得奋飞，书空咄咄，向往尤殷。因思兴平、武功一带，为周室开基之地，历代以来，名贤名将，史不绝书，颇欲一游其地，以资观感。适兴平县杨吟海先生宜瀚托妹丈周石生先生镛聘我教其两弟，遂欣然而往。在兴平时，我作诗的兴会甚浓，今摘录杂感一首，以见一斑：

柳下爱祖国，仲连耻帝秦。
子房抱国难，唯秦气无论。
报仇侠儿志，报国烈士身。
寰宇独立史，读之泪沾巾。
逝者如斯夫，哀此亡国民。

当时像这样的诗歌作得不少，由友人孟益民、姚伯麟二先生帮忙付印，名曰《半哭半笑楼诗草》。就诗格而论，真应该悔其少作了。杨吟海先生是四川名士，从军新疆多年，在兴平县任中，勤政爱民，提倡新学，政风甚佳。我在署中，除教书以外，并帮他看学校课卷，他亦在闲时为我说西北情形。及我乡试中式，他升任商州知州，故拉我作商州中学监督。

我因诋諆时政，狂名日著，及诗草刊行，益为清吏所忌。辰年的春天，我将商州中学的事，请李仪祉协、茹卓亭欲立两先生代理，即往开封应试，陕甘总督升允已以“逆竖倡言革命大逆不道”等语密奏清廷。时拿办密旨已下，会电报和驿站都发生障碍，明文未到，不好动手。同学李和甫秉熙先生的尊人雨田老伯云贵，探知升允出奏之讯，因商诸先严，拟专差往开封送信。当时颇有人以为官家交通便利，恐于事无济的。但李老伯力主用可能的方法，以尽人事。由三原至开封，驿程计十四天，李老伯用重金雇了一个认识我的信差，限七天送到。信差如期到开封后，不知我住在何处，正在寻问，适我因烦闷，与同学南石嵩到街头散心，不期而遇，遂于当夜准备出走。李老伯事前擘划周详，因禹州有他所设商号，令我往避。但我早有赴上海的计划，所以天明即坐小车出城，径赴许州。倘再迟三四小时，缇骑及至，我就不及出走了。秦豫各地风俗，新岁贺年，客人的大红名片都贴在壁上。临行，我揭了名片二十余张，沿途遇人盘诘，即随手取一名片，以片中姓名应之，居然渡过难关。到了许州，坐在火车头的炭窝中，至驻马店，换车到汉，但此时名片也用完了。李老伯平时相待甚厚，以我贫寒力学，时加周济，此次出险，尤全仗其力，在这里特书以为纪念。又同时应试的王署楼先生文海、王心芸先生存厚、朱仲尊先生志彝，都是我最要好的同学，自我离汴后，捕吏追至巩县，将他们羁留经月，几被诛连。旧仆吴德，历受严刑，终未将我行踪供出，这都是我感念不忘的。到汉即时东下，舟次南京，潜行登岸，遥拜孝陵，感愤成诗一首：

虎口余生亦自矜，天留铁汉卜将兴。
短衣散发三千里，亡命南来哭孝陵。

我二十五岁以前的事，大约如此，到了上海以后，受恩最重，得益最多的事亡师马相伯先生。从此即以学校和报馆为基础，尽力国事，那是以后的事。现在抄我去年答乡人劝北归的《金缕曲》一阕，以作本文的尾声：

百事从头起，数髯翁平生湖海，故人余几！褒鄂应刘寒之友，多少成仁去矣。到今日风云谁倚？人说家山真壮丽，好家山须费工夫理。南与北，况多垒。乾坤大战前无比。愧余生，嵯峨山下，卫公同里。不作名儒兼名将，白首沉吟有以。料当世知君何似，闻道伤亡三百万，更甘心血染开天史，求祖国，自由耳。

寒之友，是余与经颐渊先生所组书画社。

怀恩记 · 于右任先生手书墨迹珍藏

001

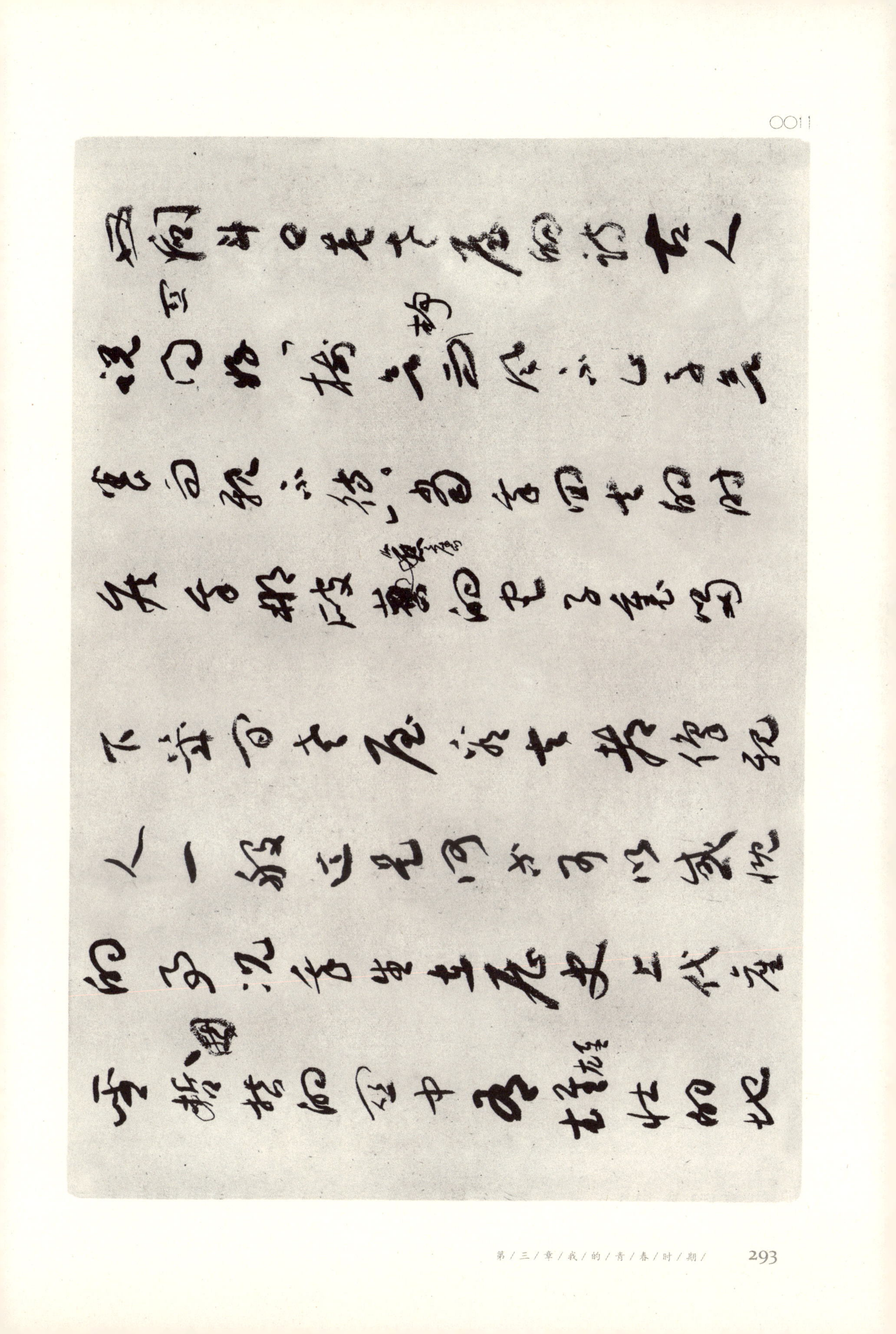

〇〇三

乡的坝儿是沫两河间
斗口村不说斗口镇是
也公然染一点之淫惠染一分外
的一個口子那时知道很少
農田灌溉沈古为困难
近支渠路灌地[illegible]力乃之已
不实为手实的乡近社
已不够深了但住此必要

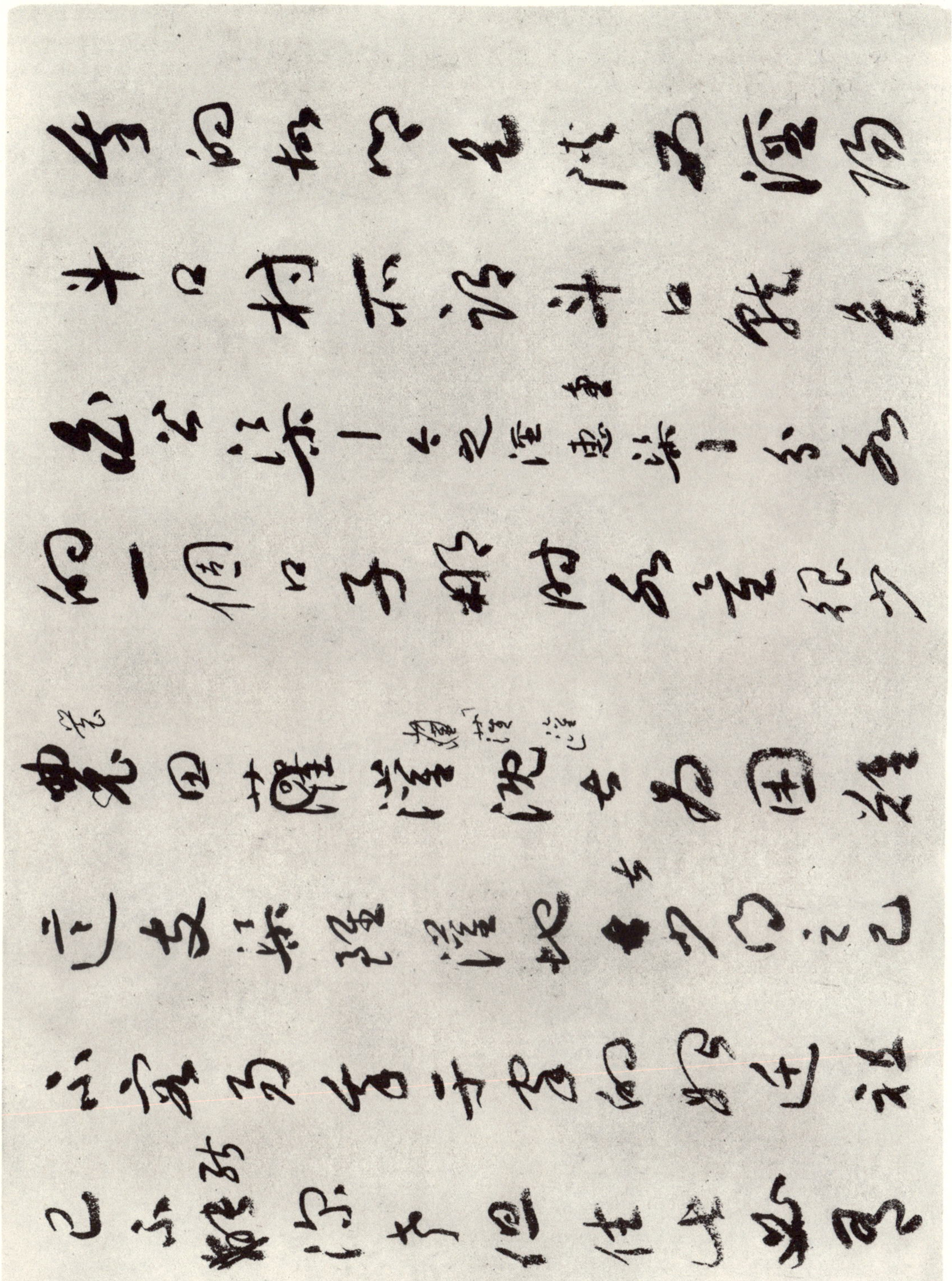

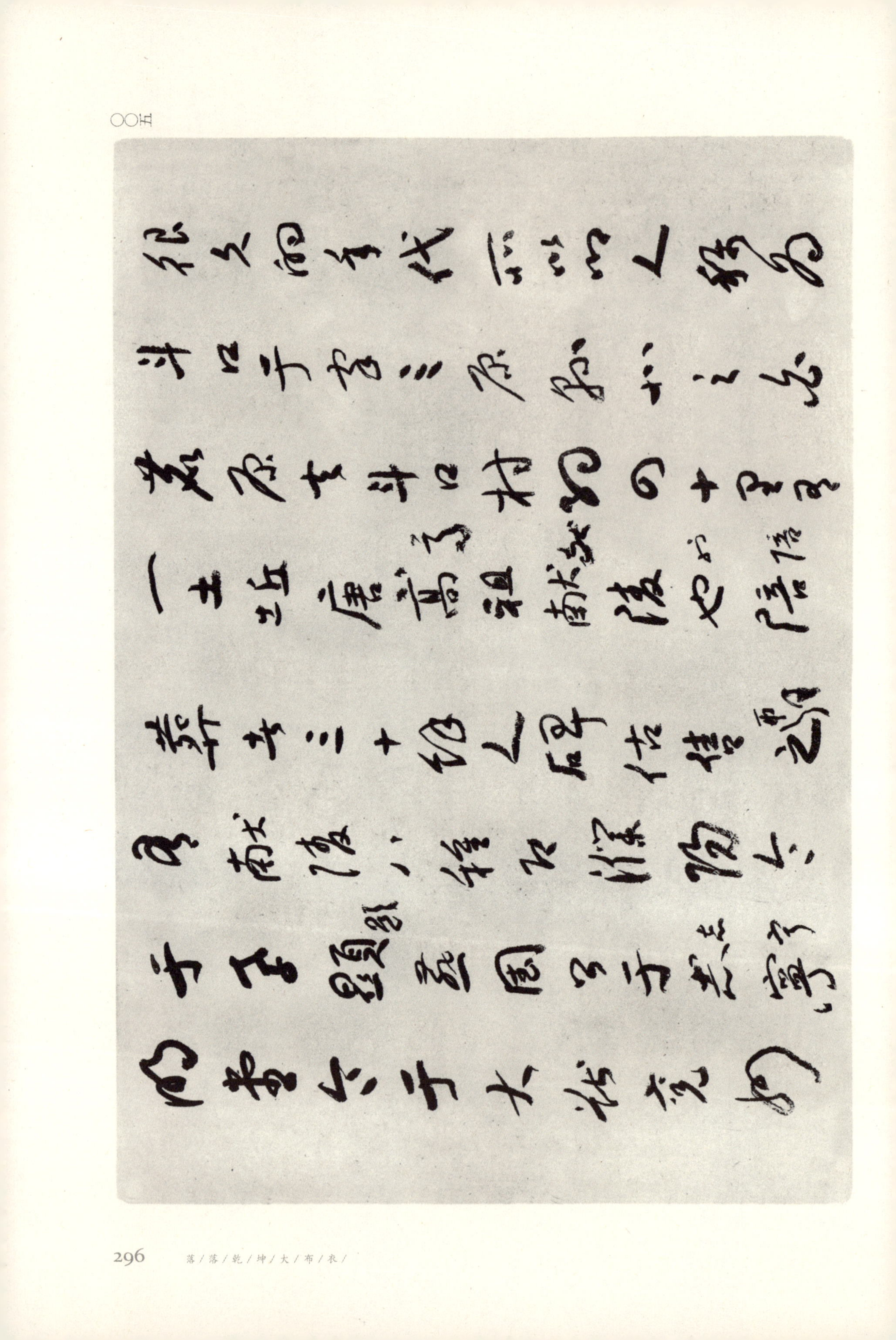

〇〇五

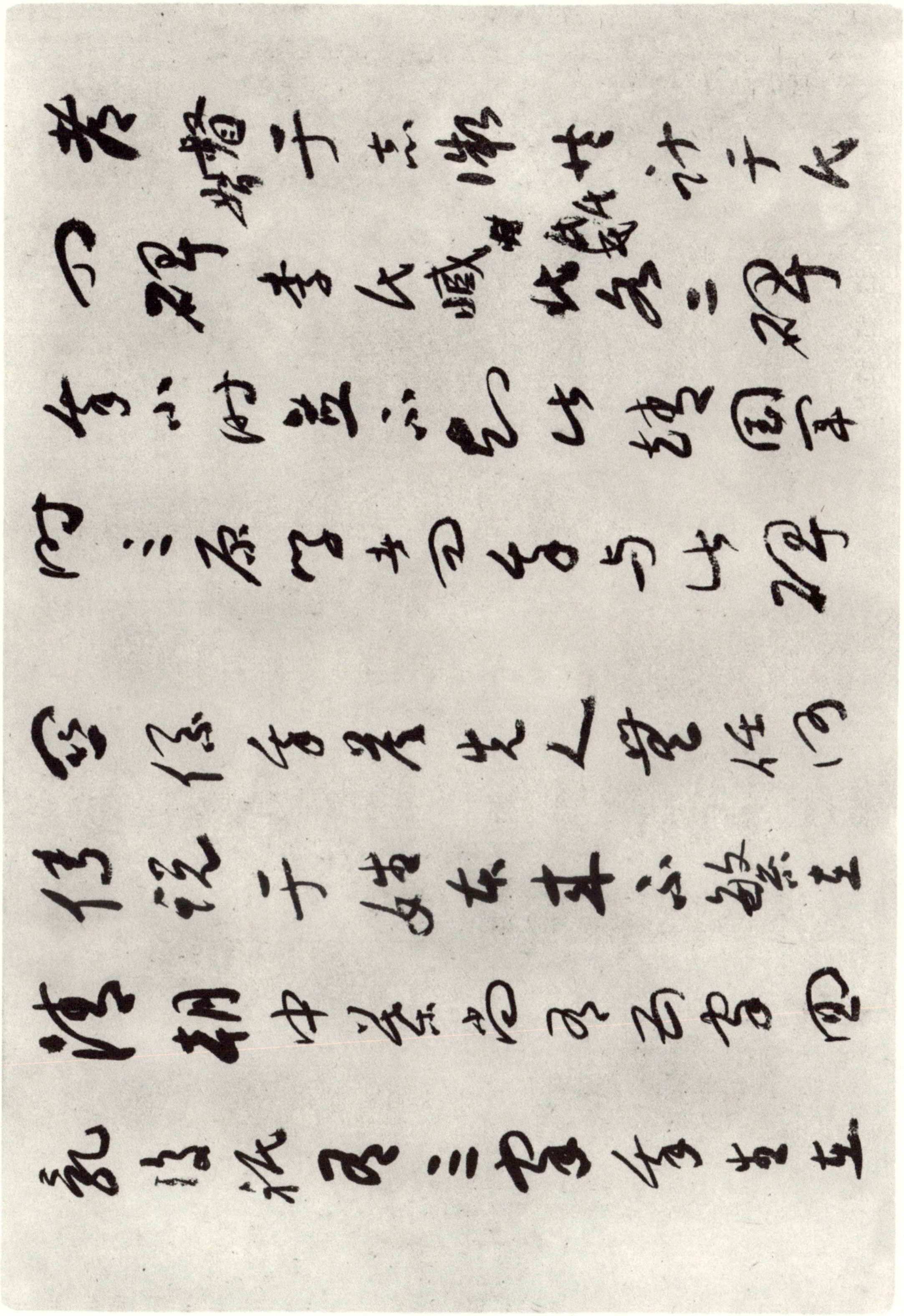

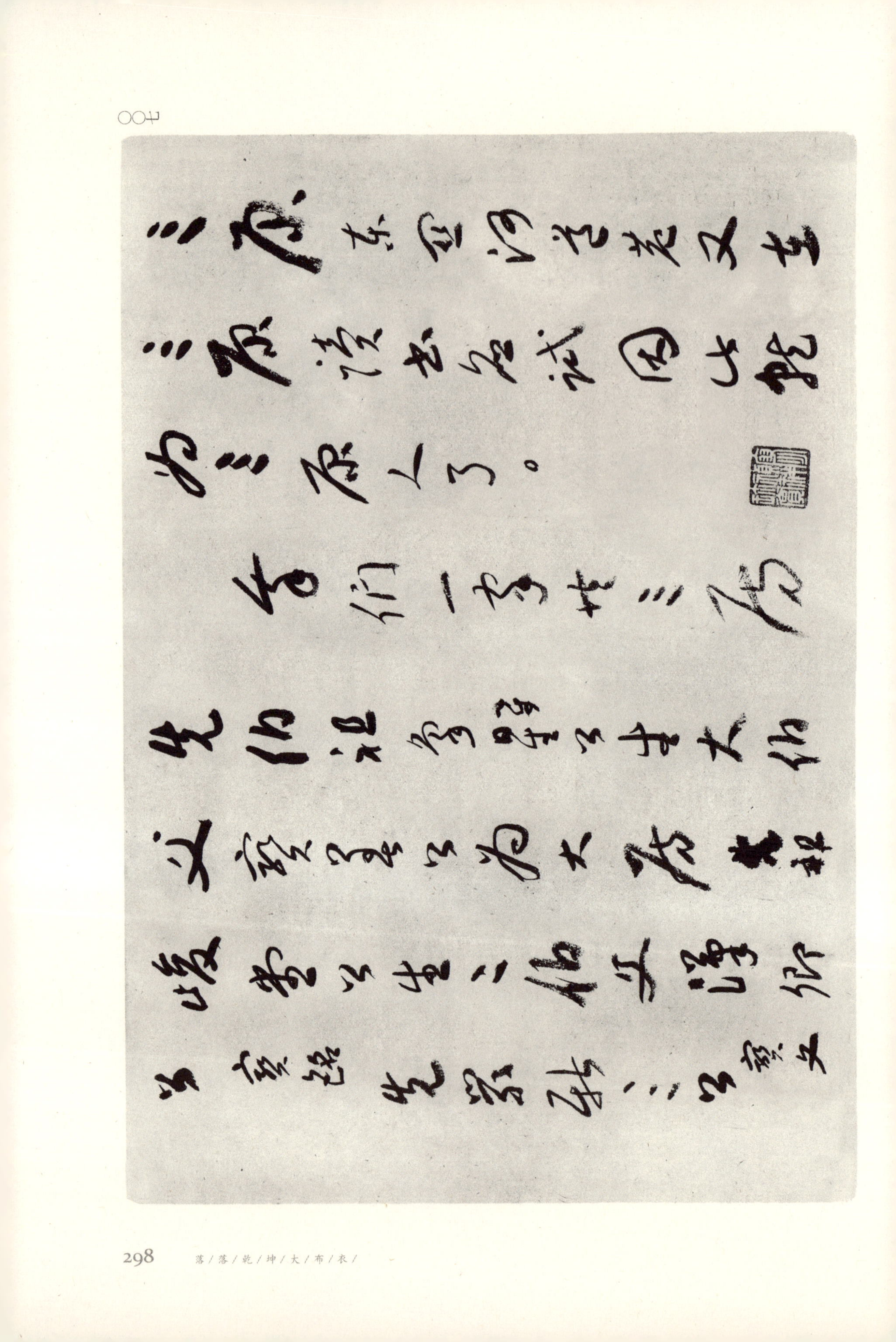

七〇〇

为二房和三房先二伯
並配房太夫人曾祖母
配已随太夫人二伯父
先在南昌理为提抚
赴鱼港先严则十二年就
出川入蜀衙江津典铺
的学徒后乃转至岳
北时香事中生活日艰

〇〇八

〇〇九

由三原遷回鄉下及祖居
被燬又遷住村東灣子楊
僕先妣生我後卽而病
歿甚於家庭變境之不佳
又嘗謂留汝遂等、以終
時年尚未滿二十於先
母的一切全不知道祇記
得後來伯母說她孔年

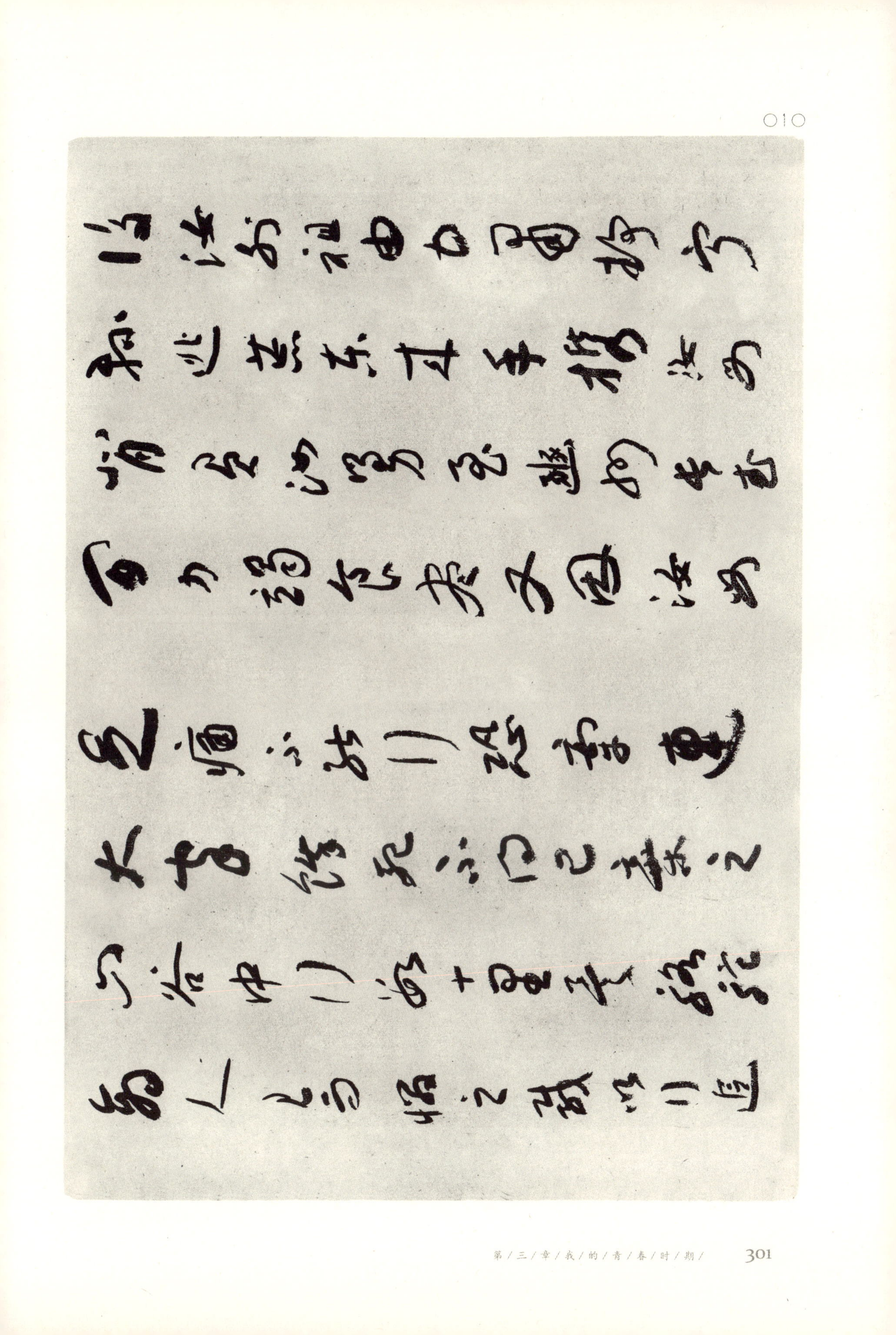

011

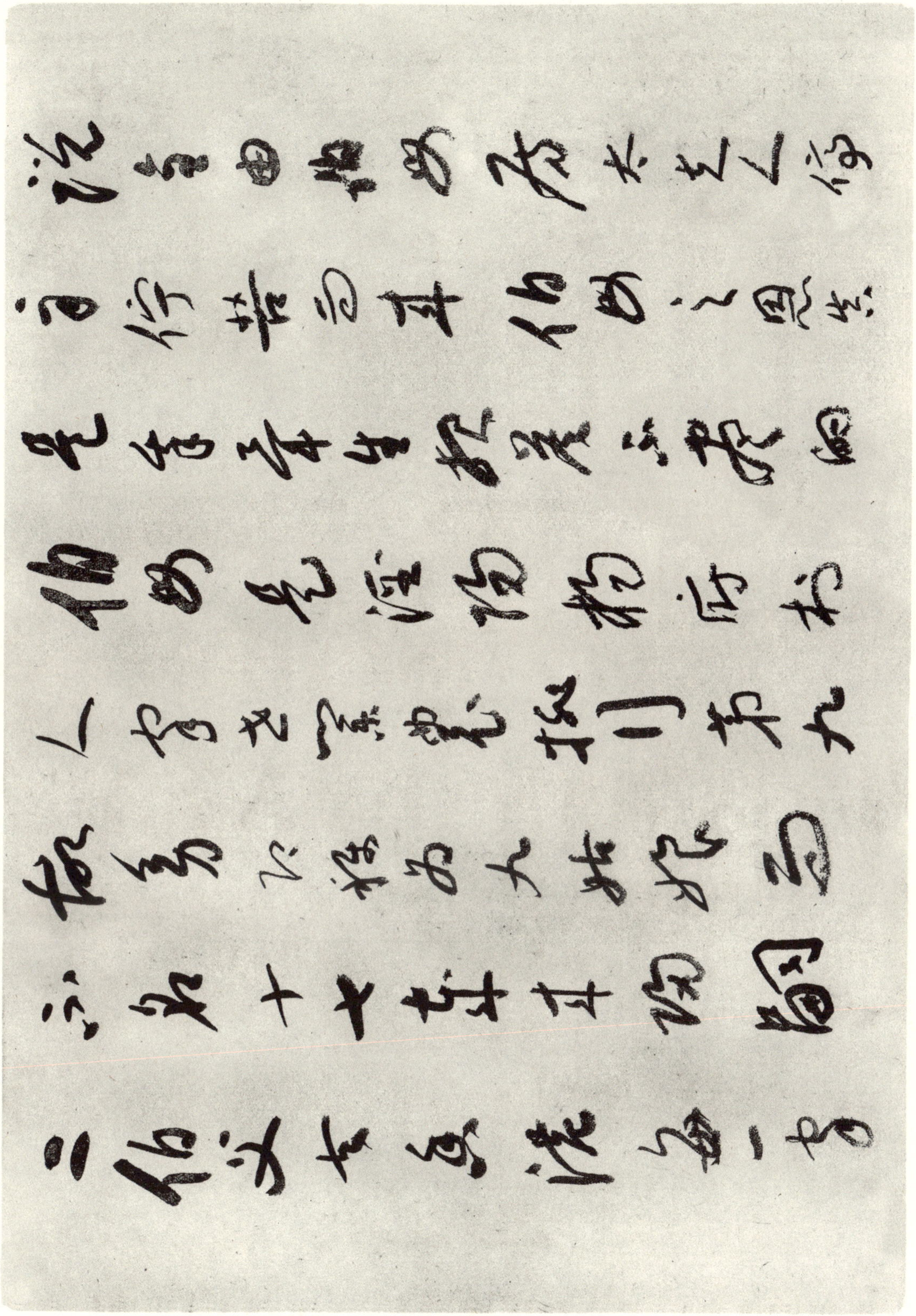

〇一三

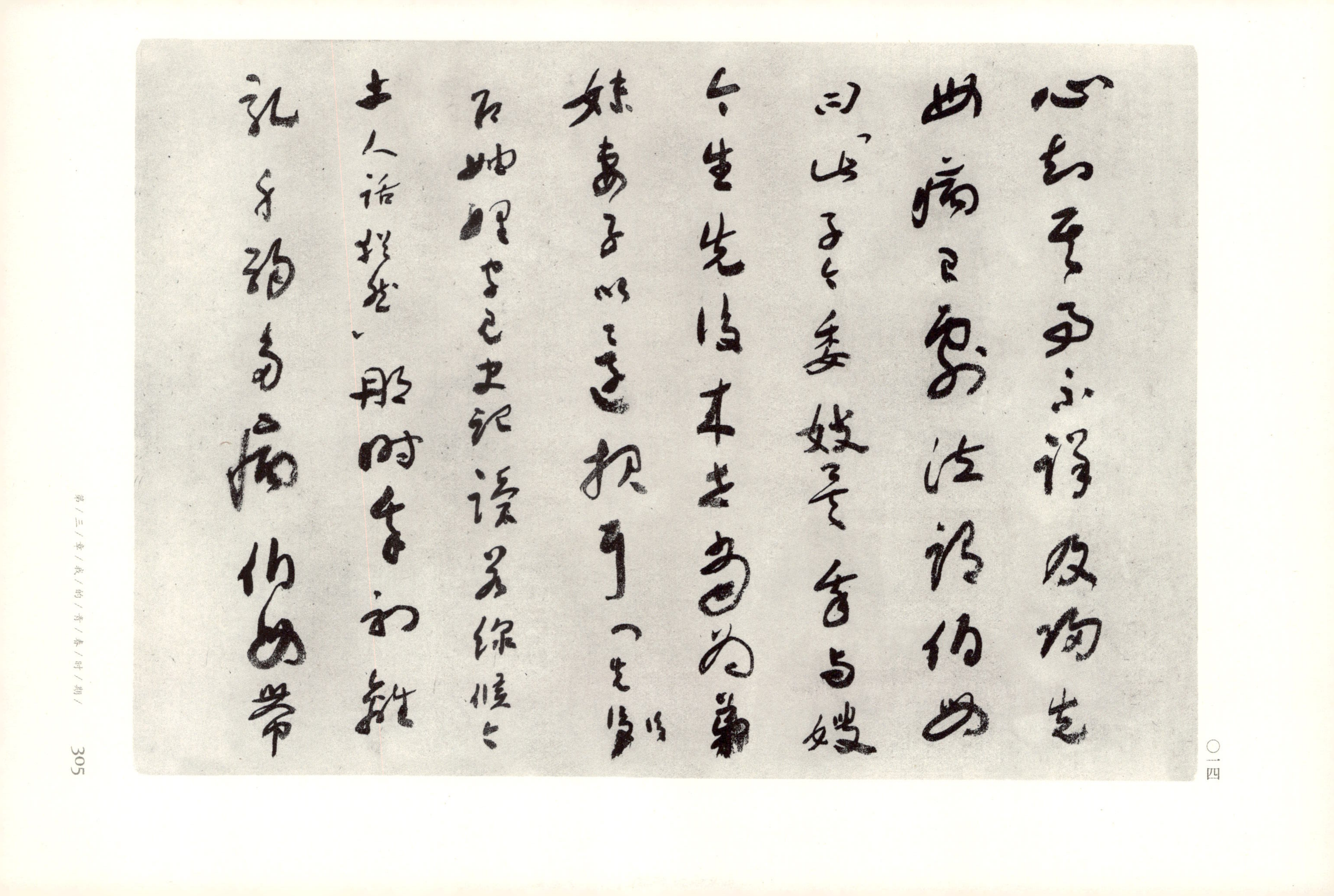

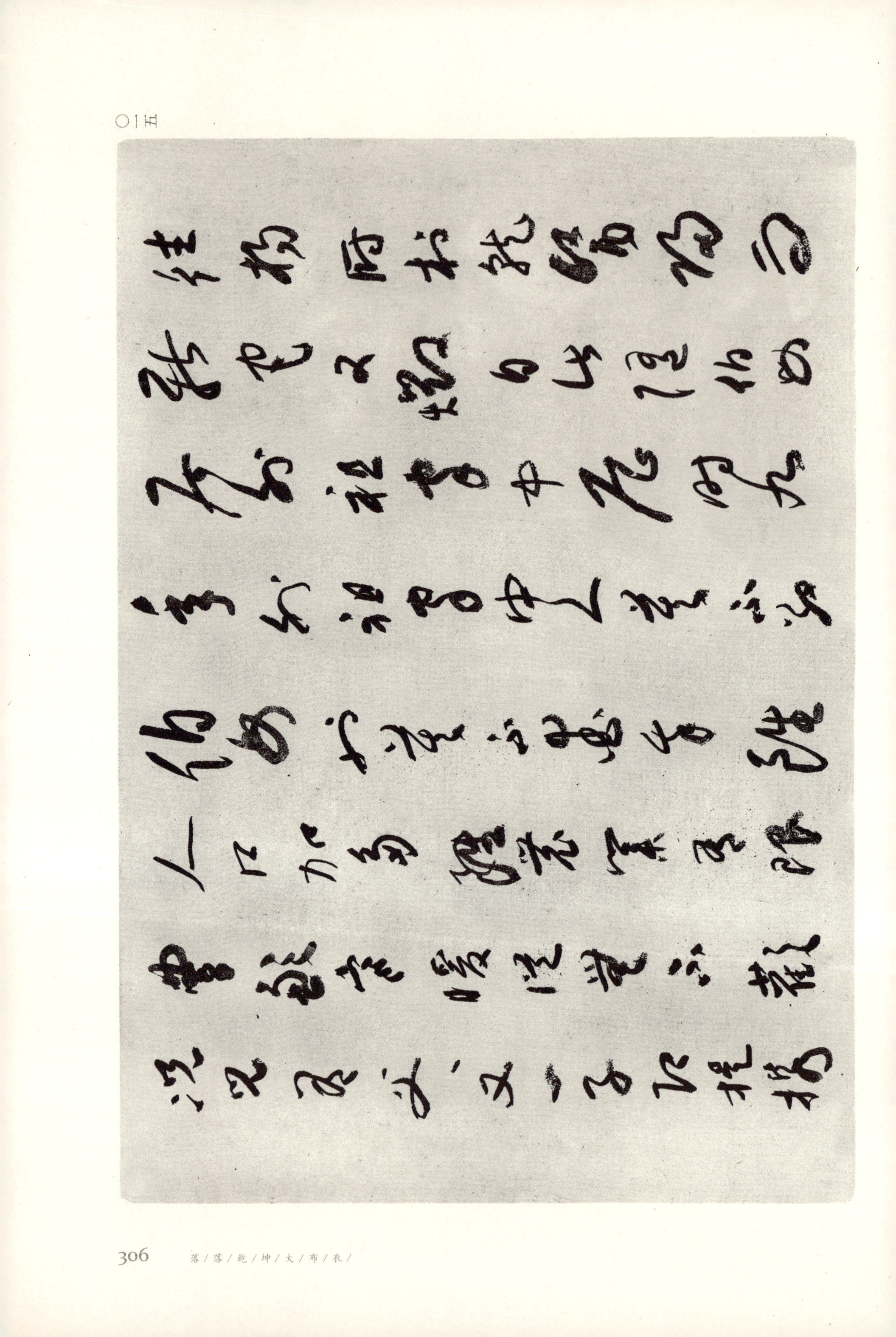

〇一五

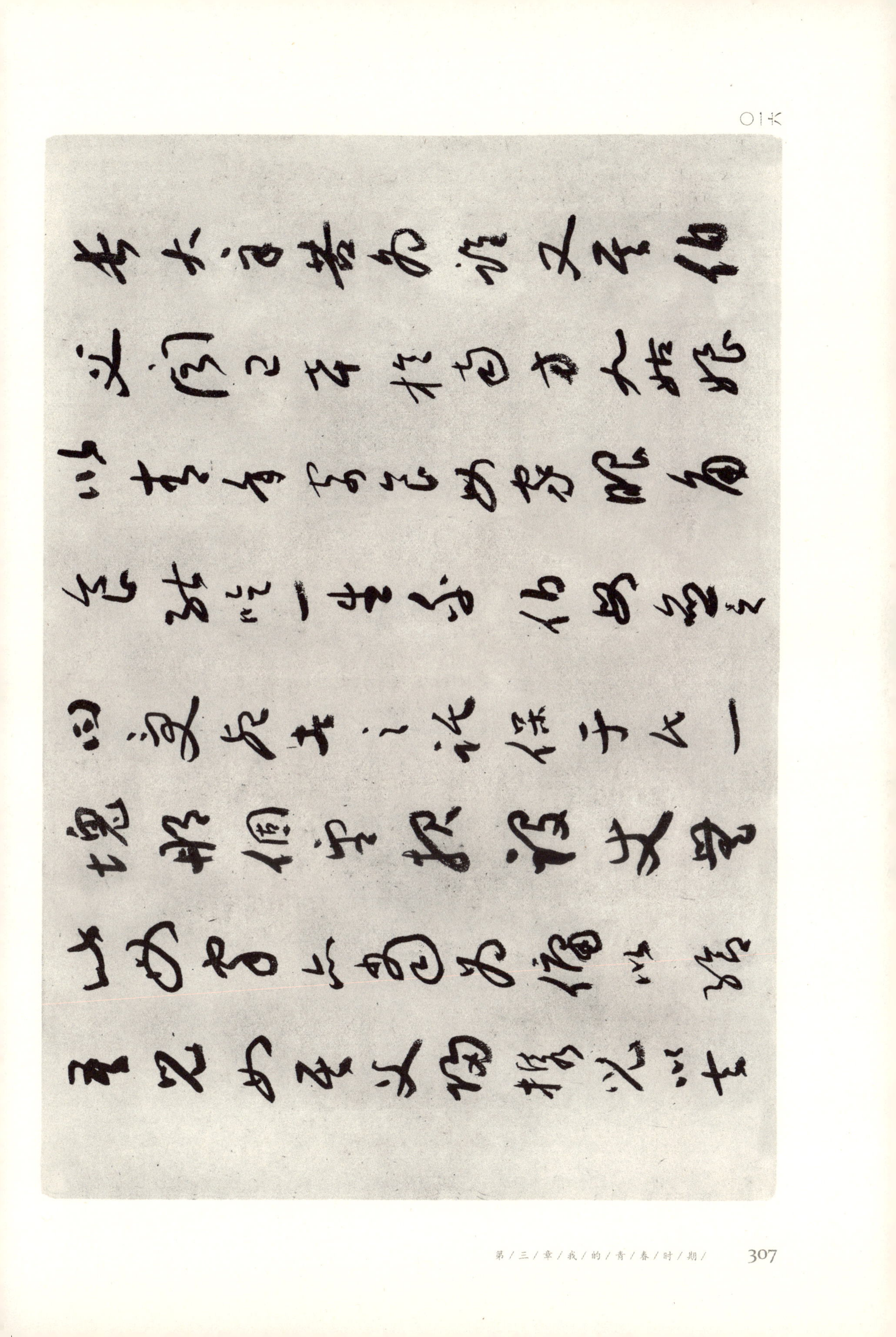

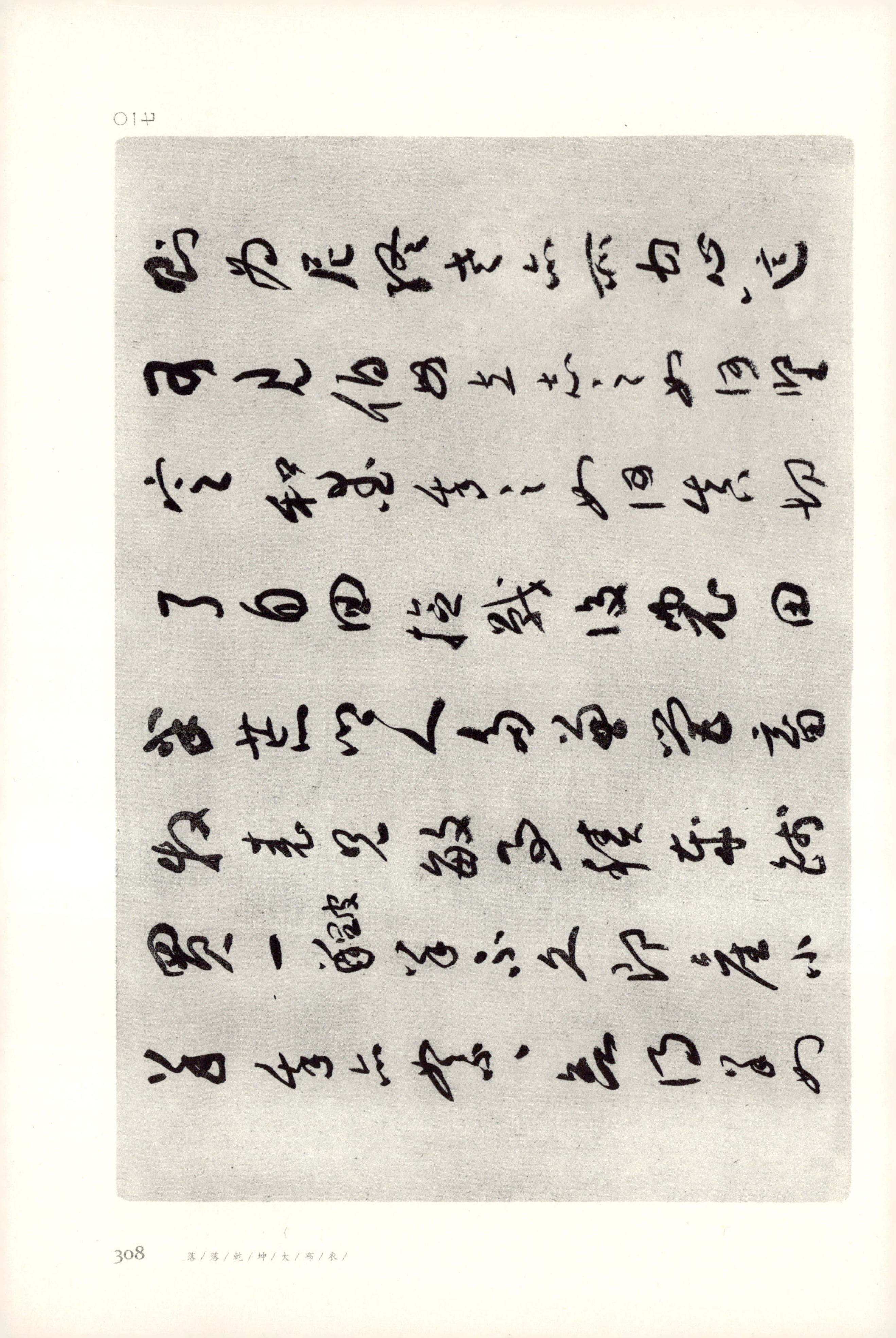

〇一七

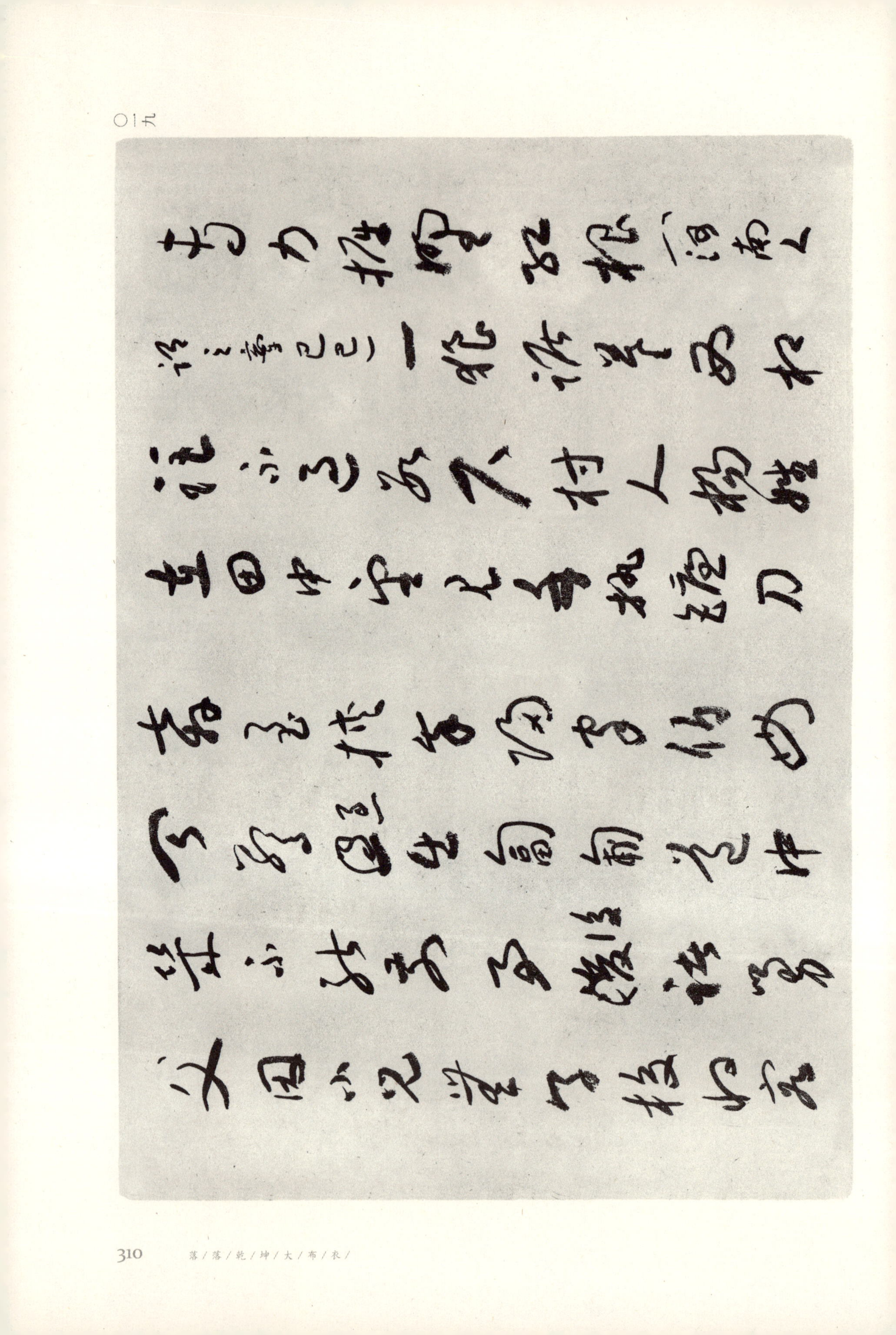

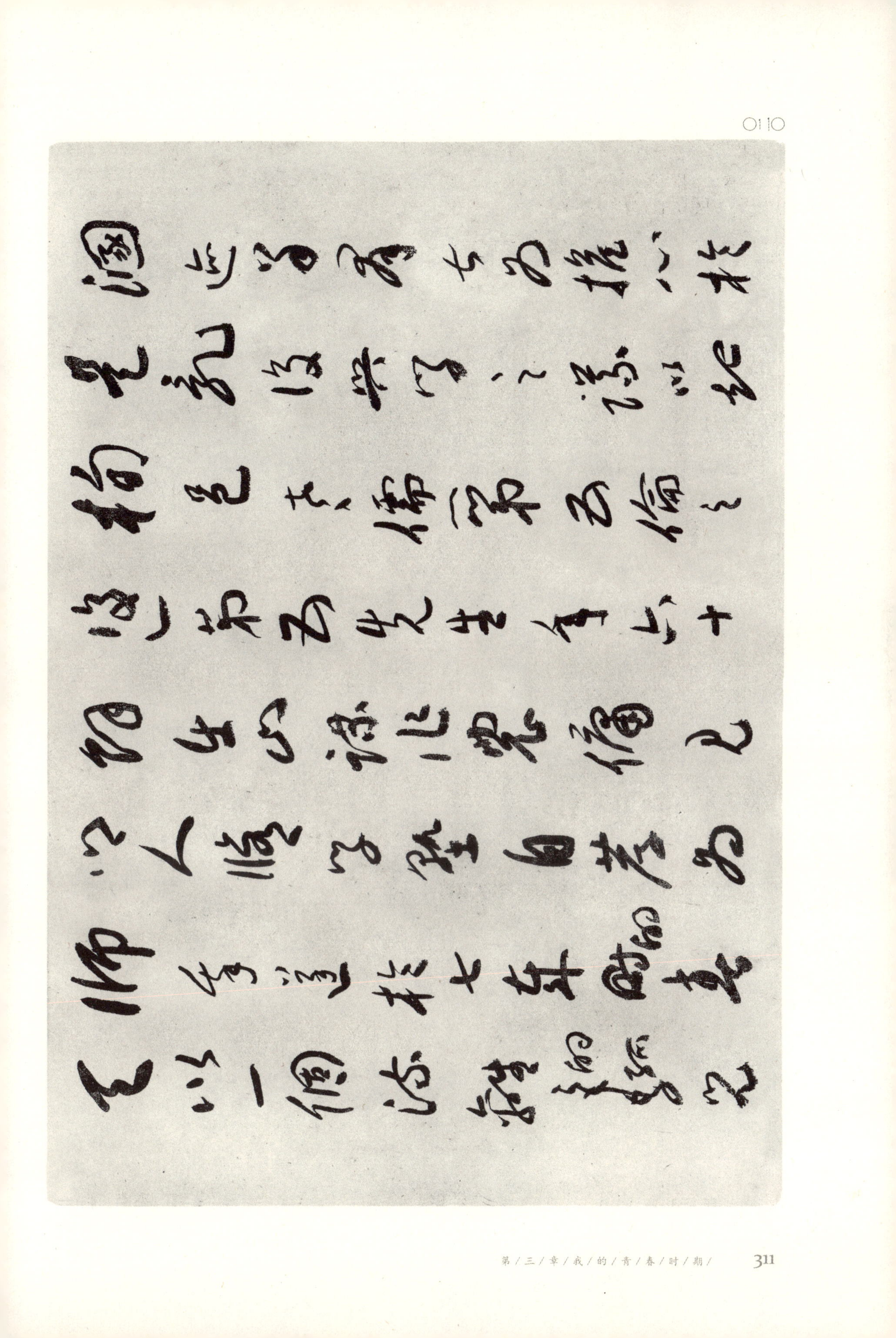

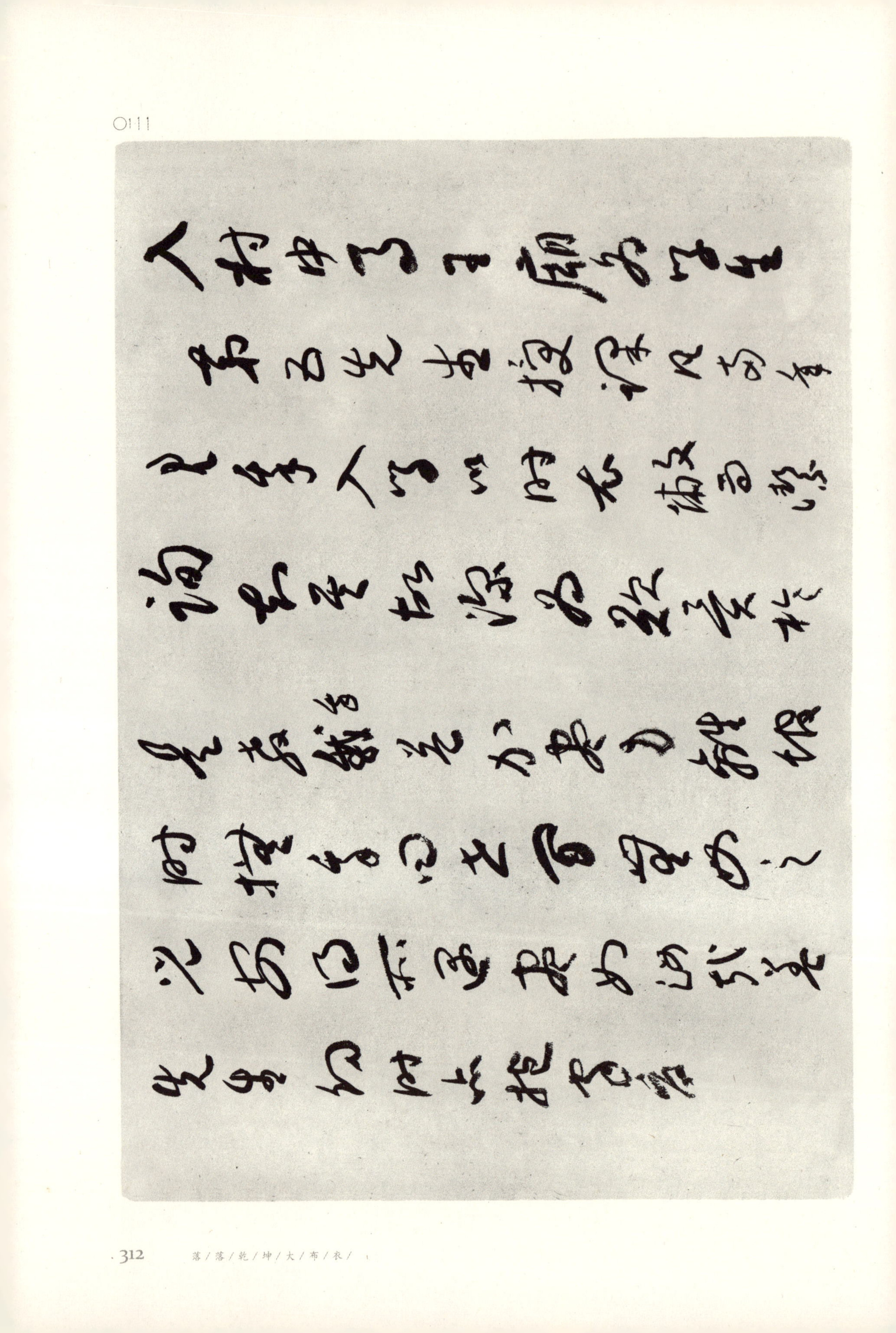

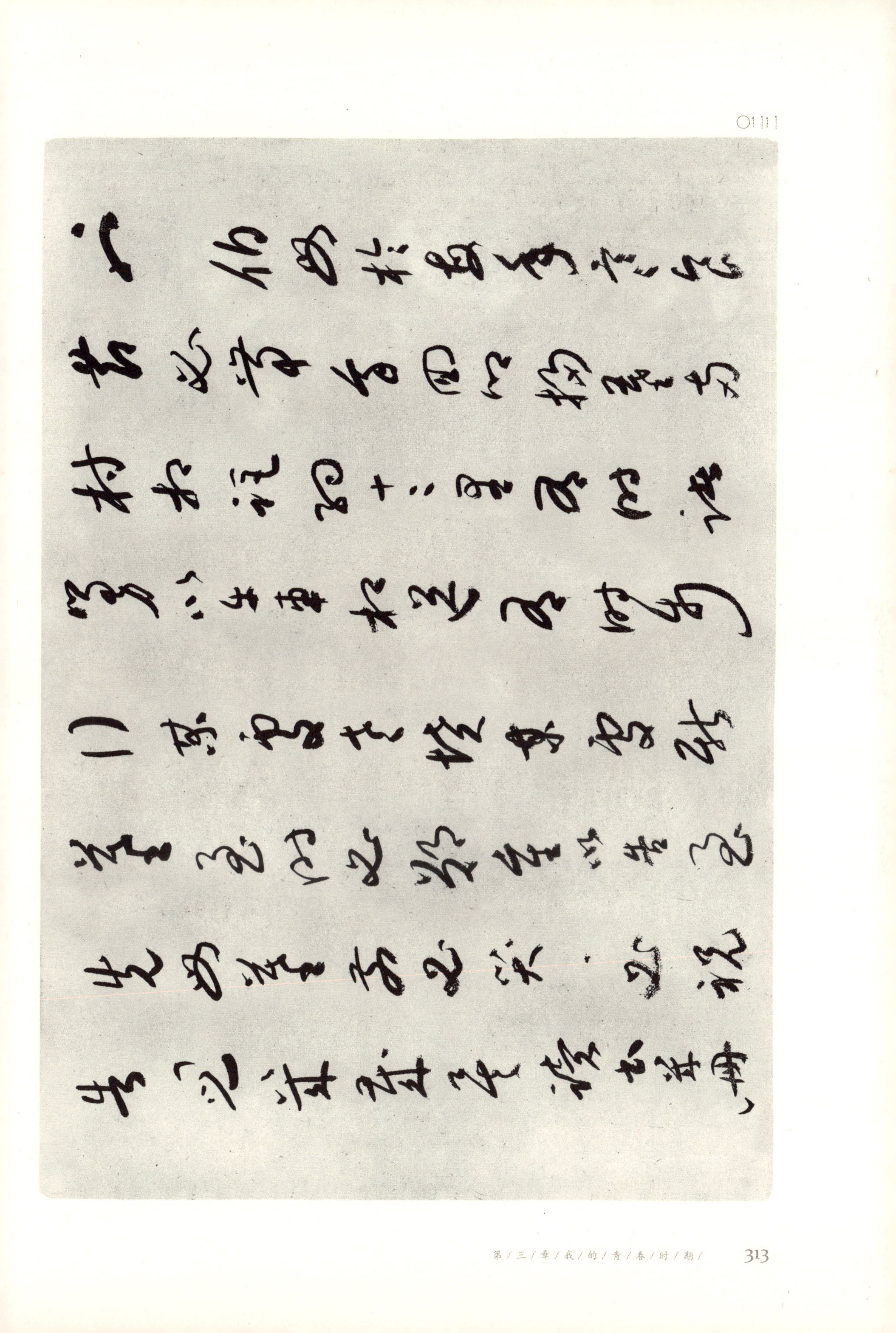

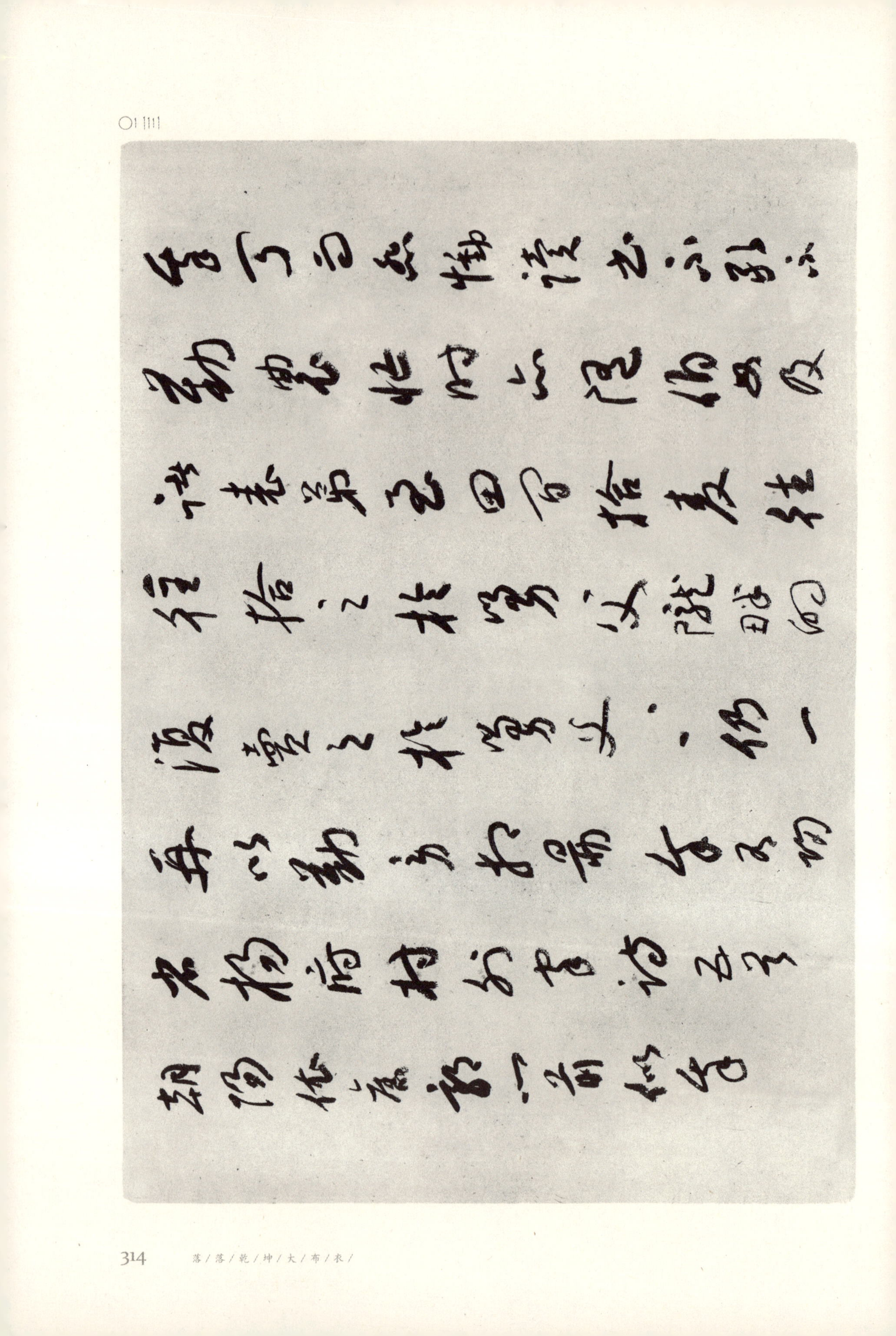

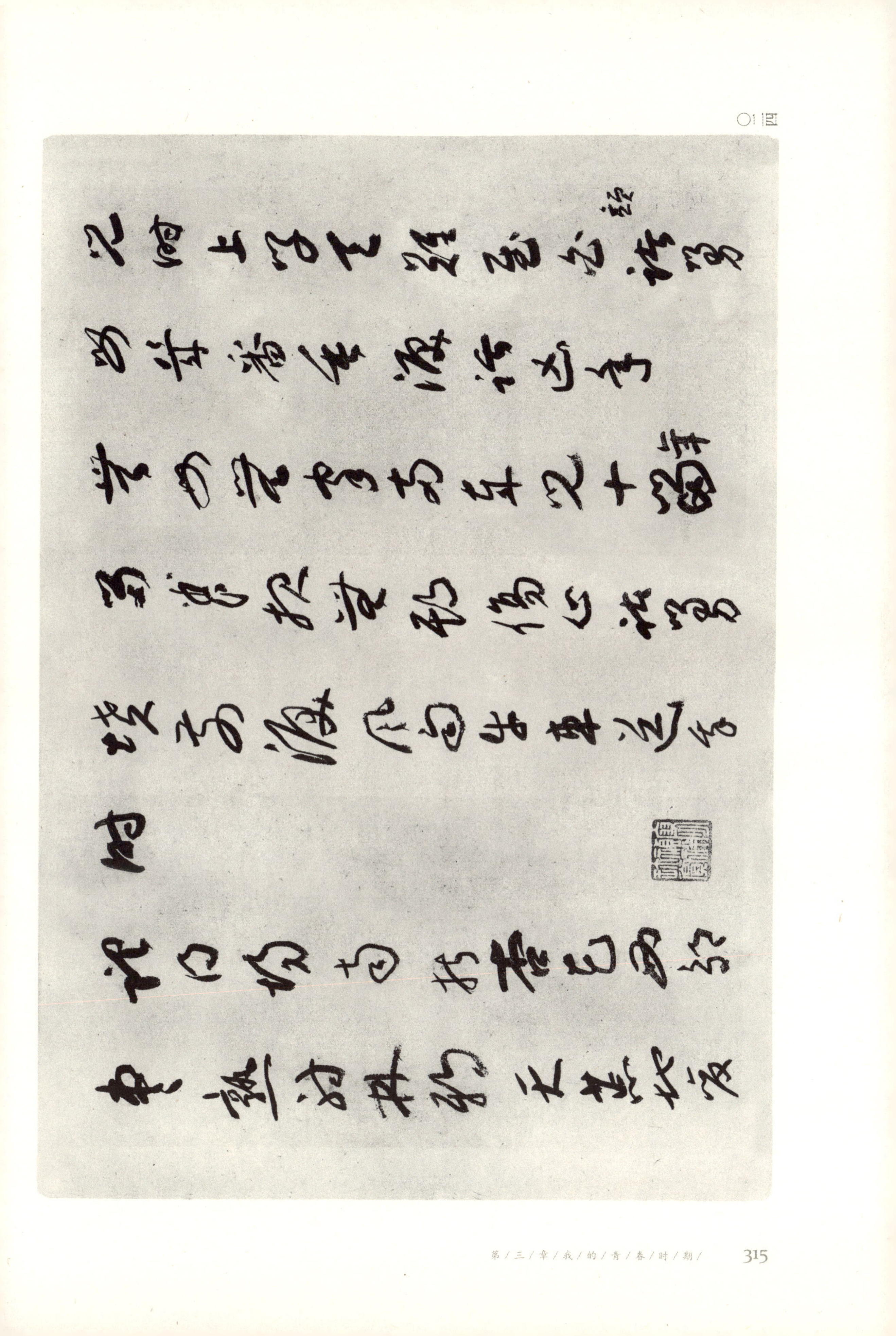

〇二四

〇三五

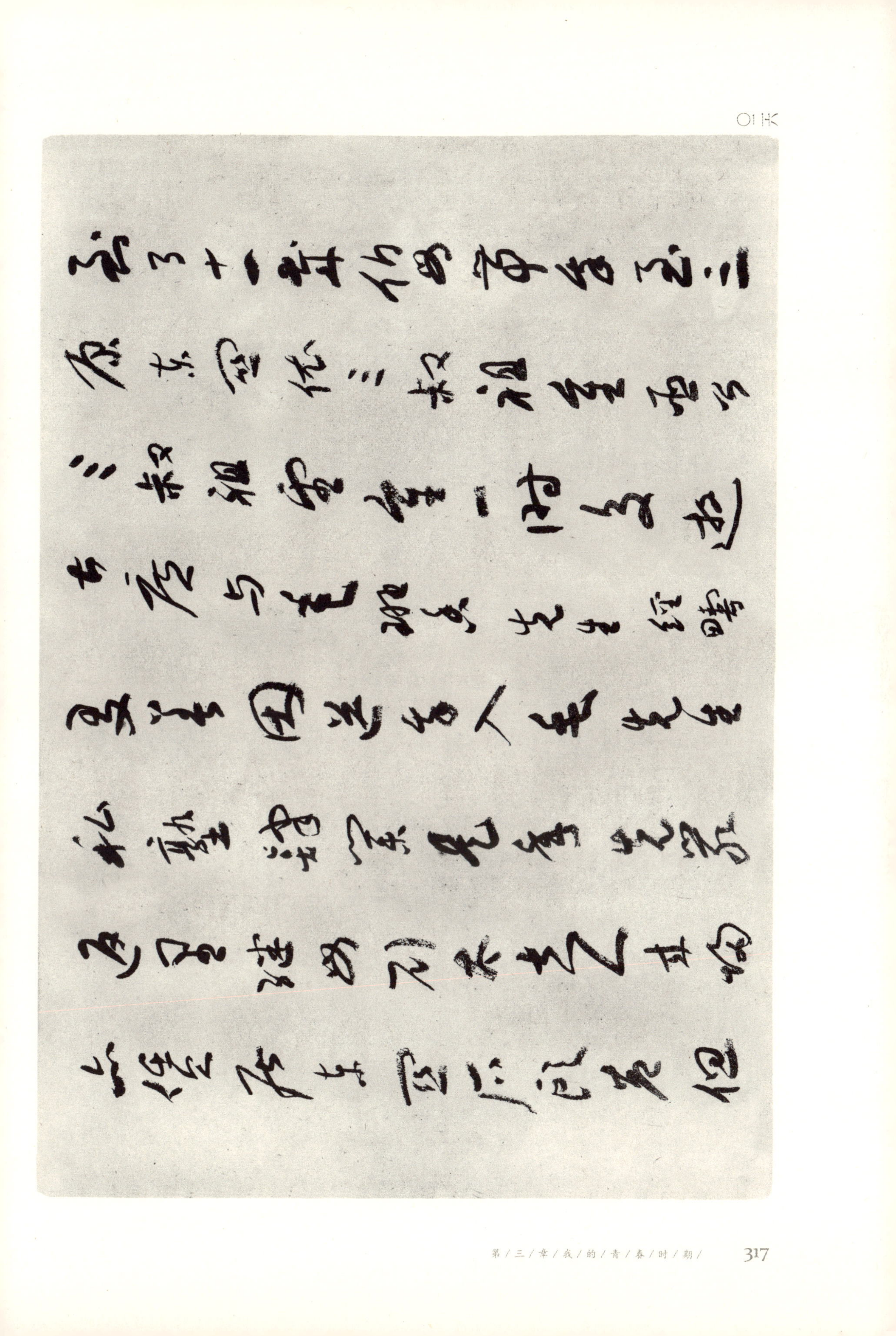

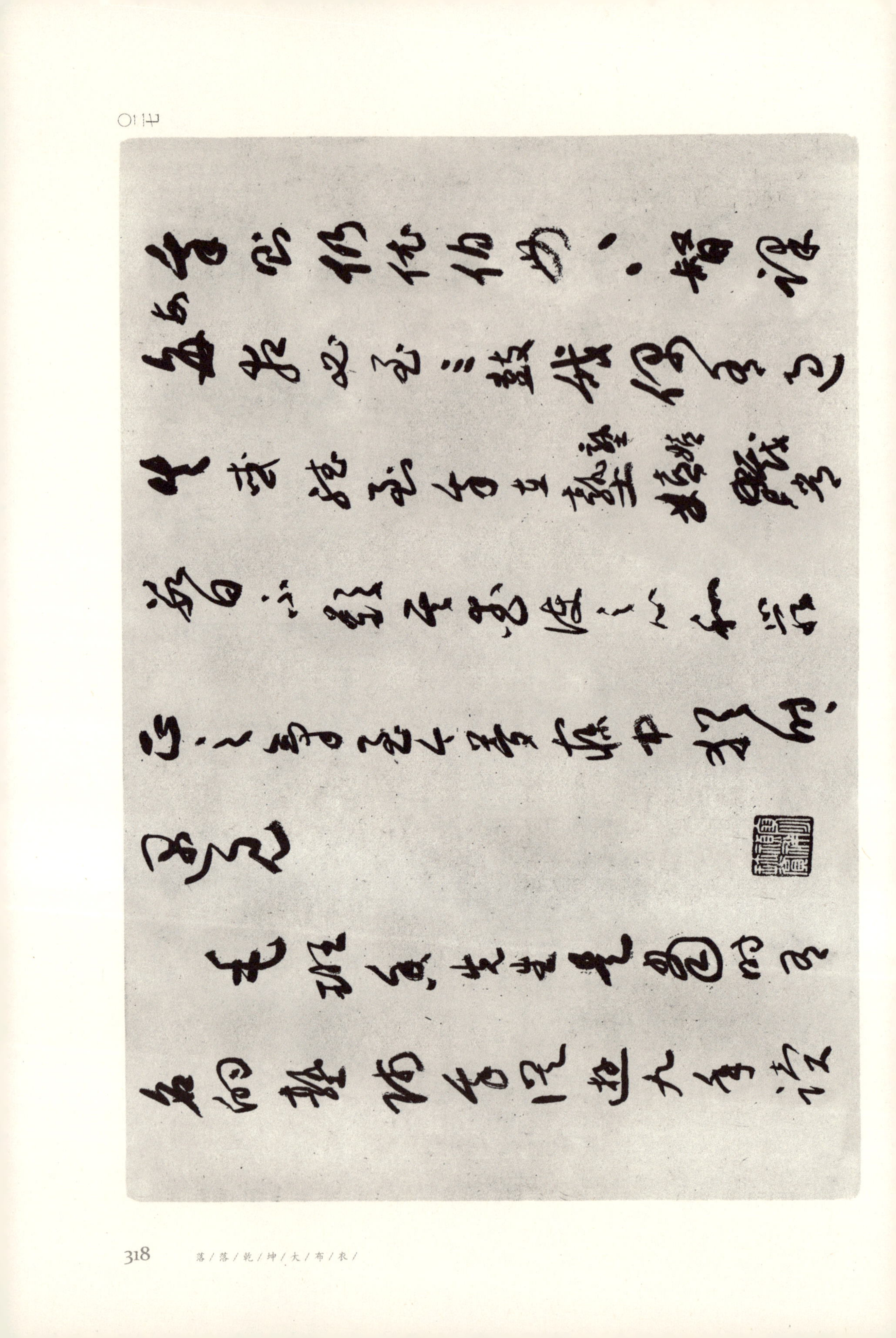

〇三七

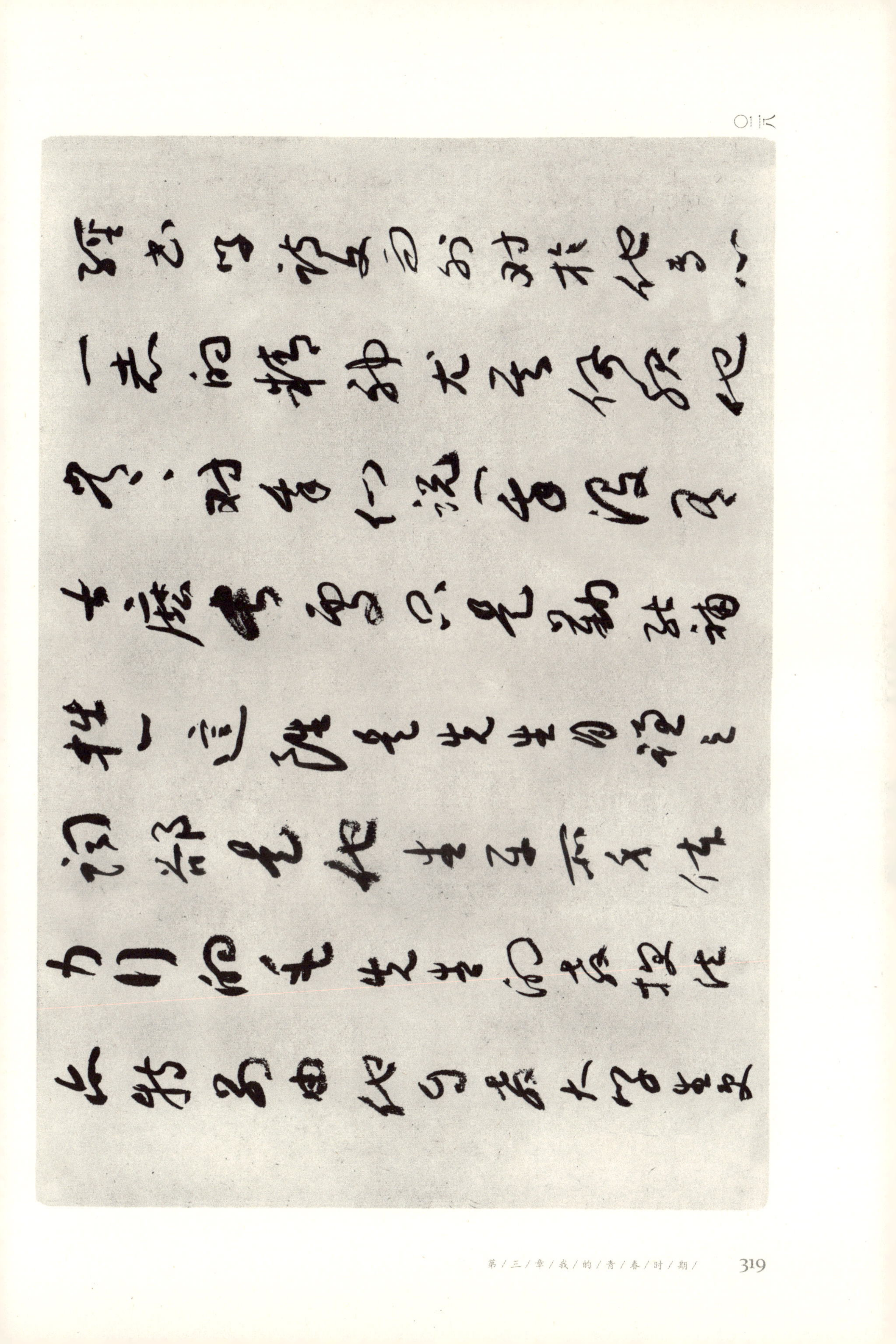

〇三九

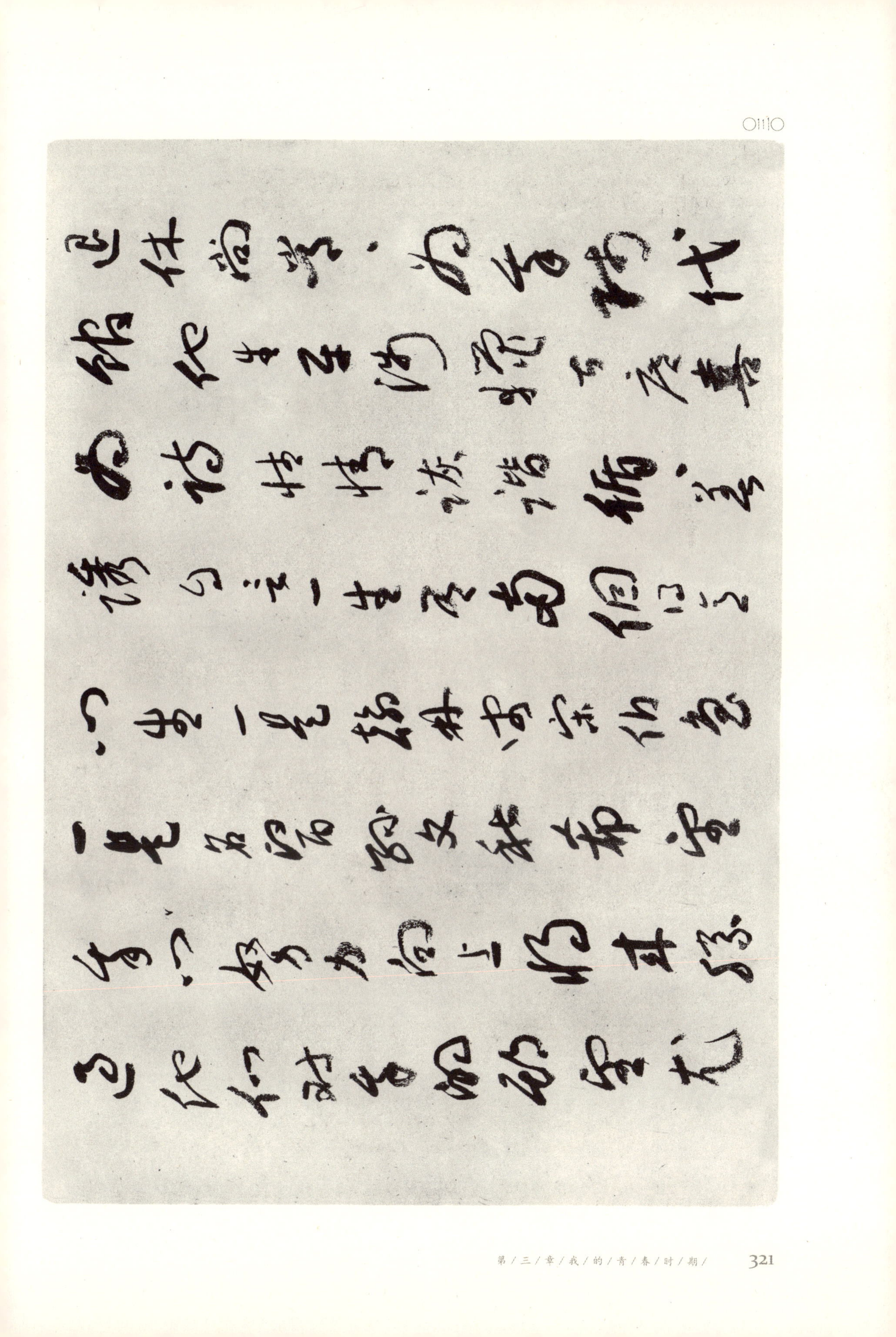

〇三一〇

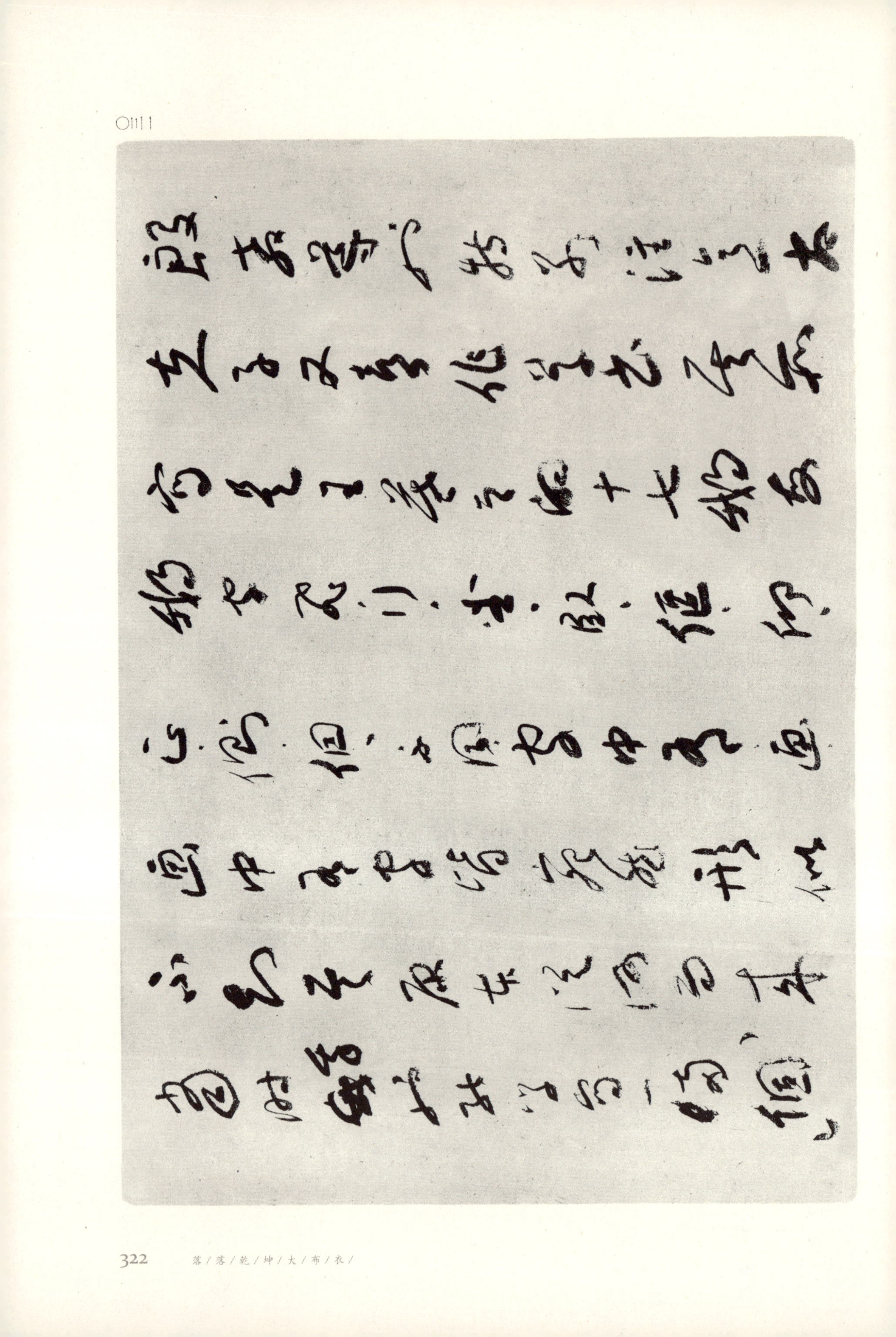

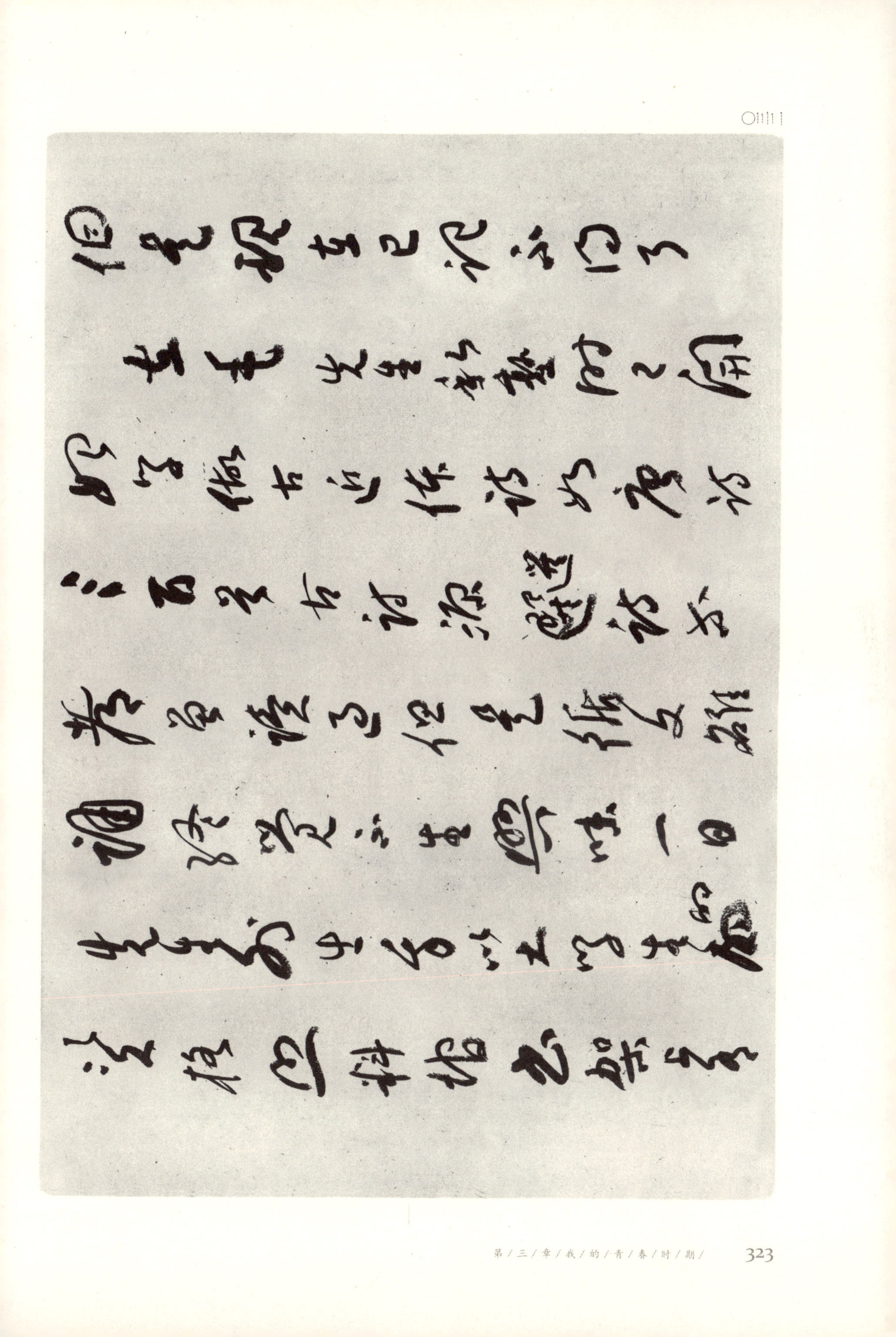

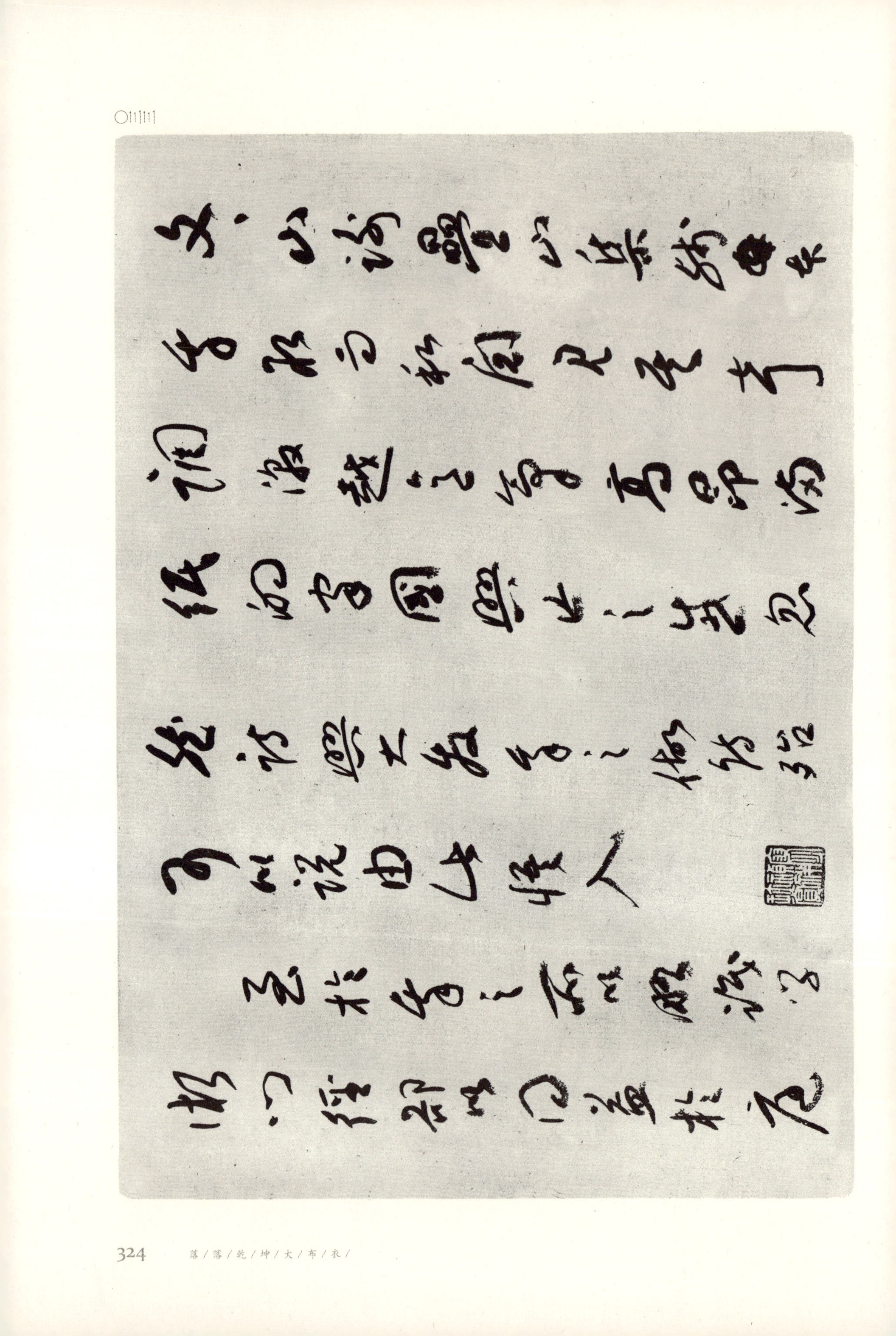

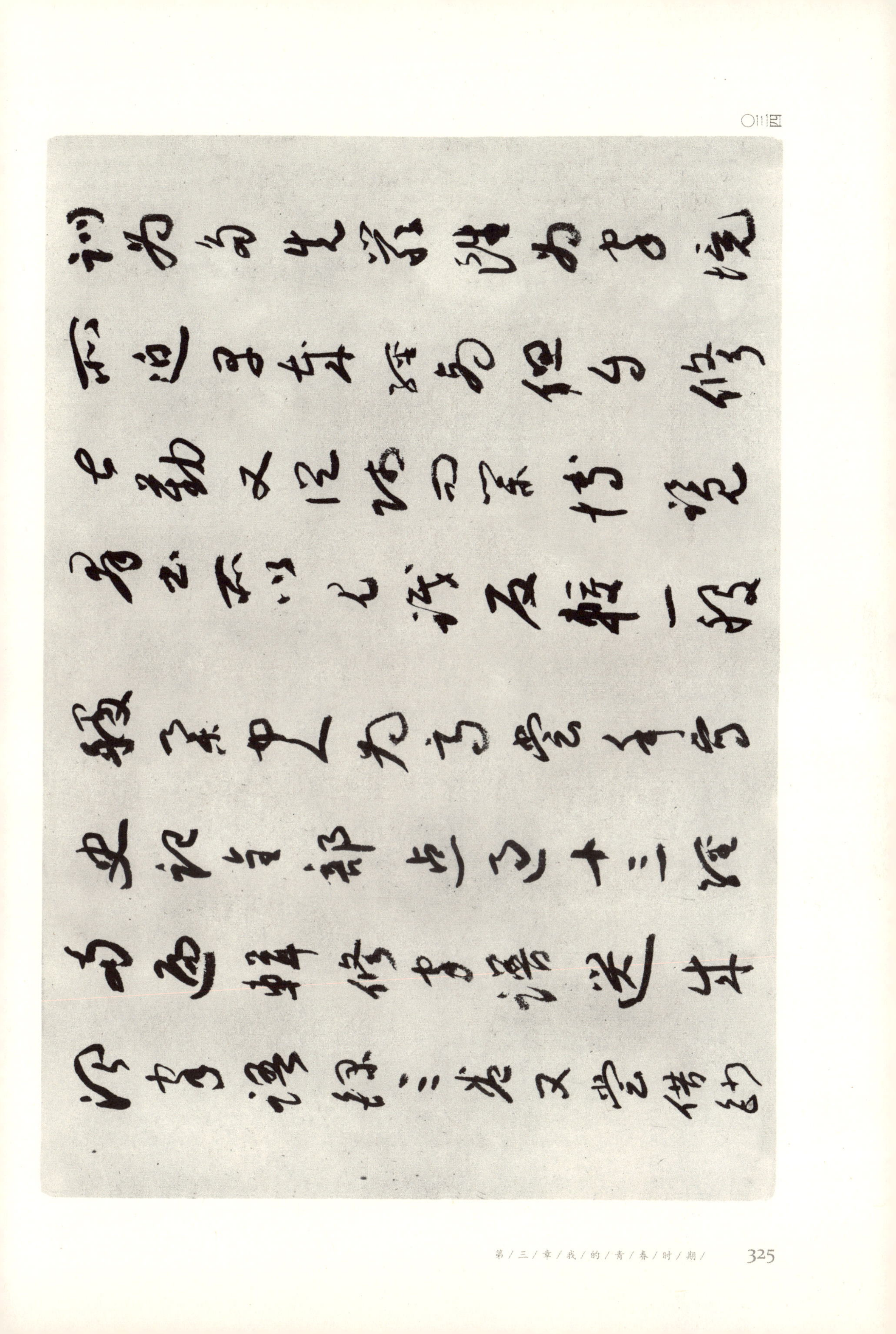

〇三五

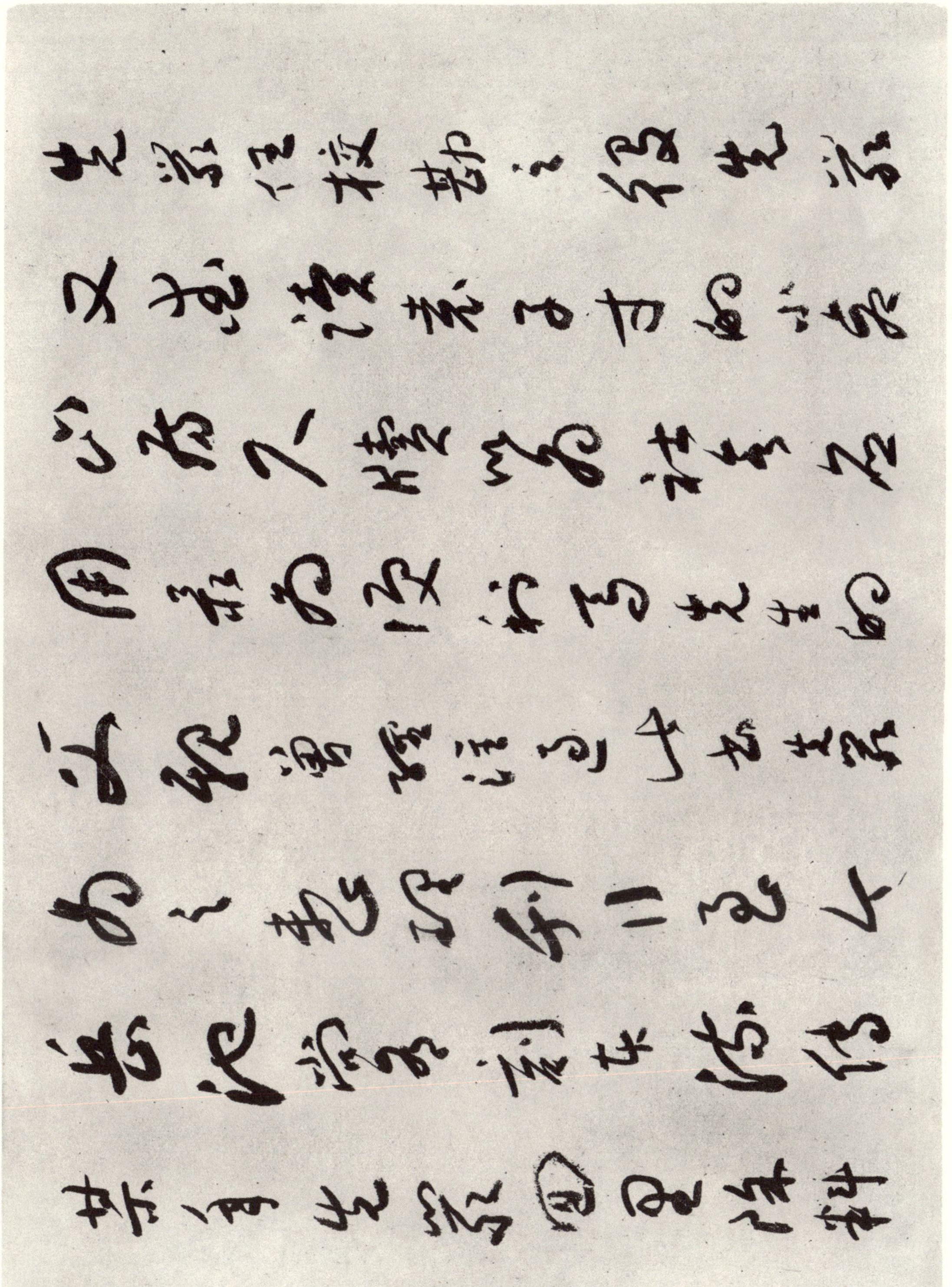

〇三七

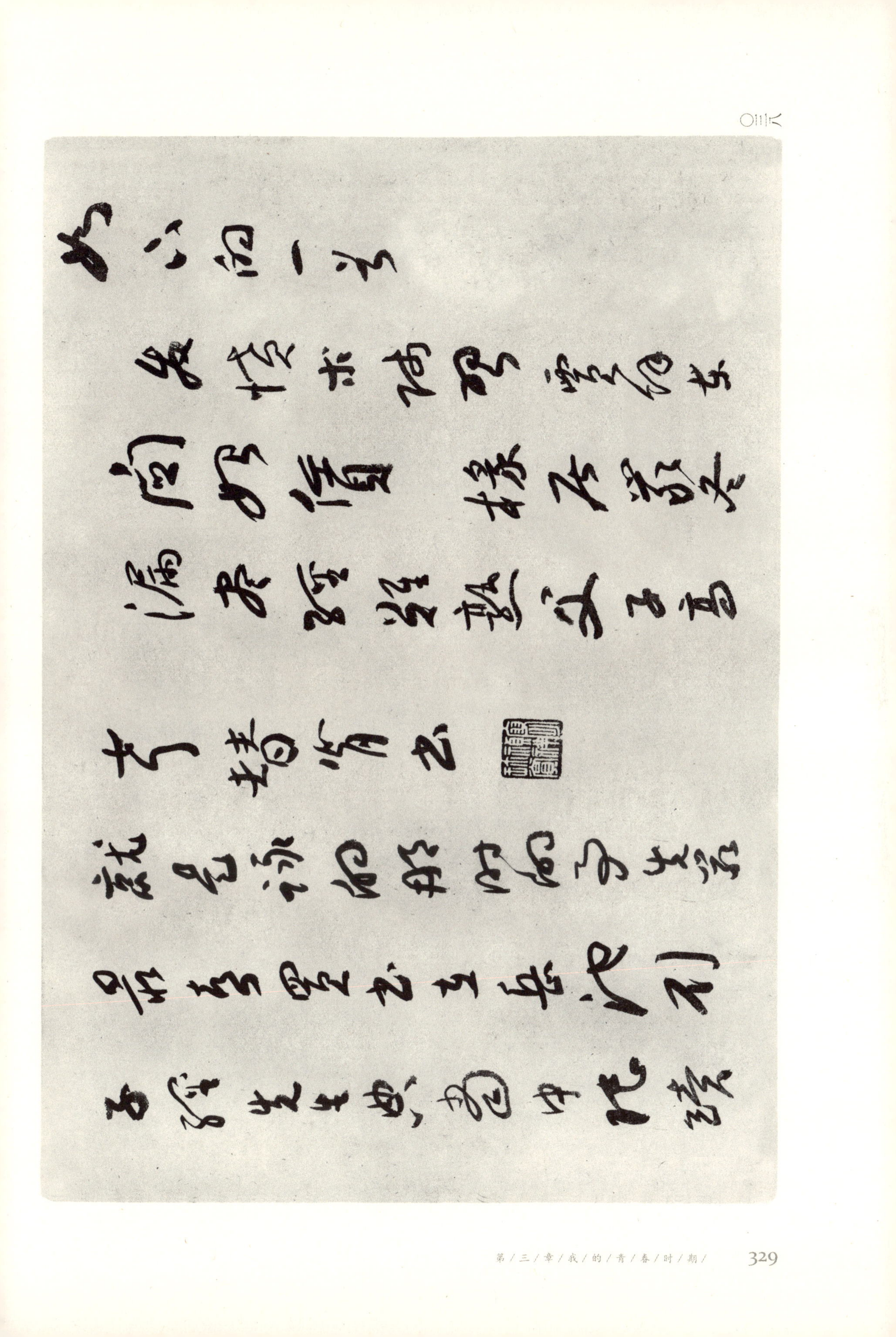

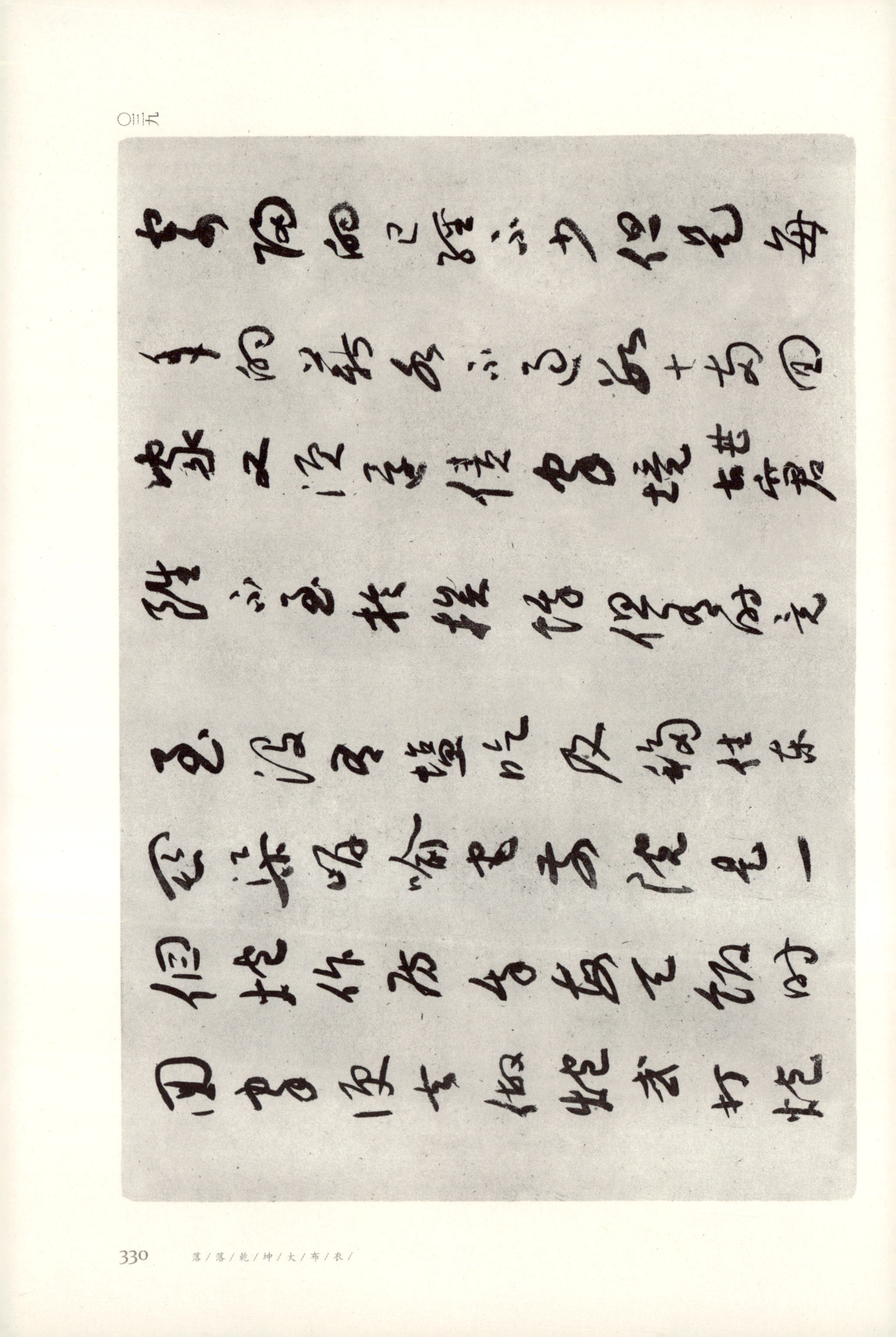

〇三九

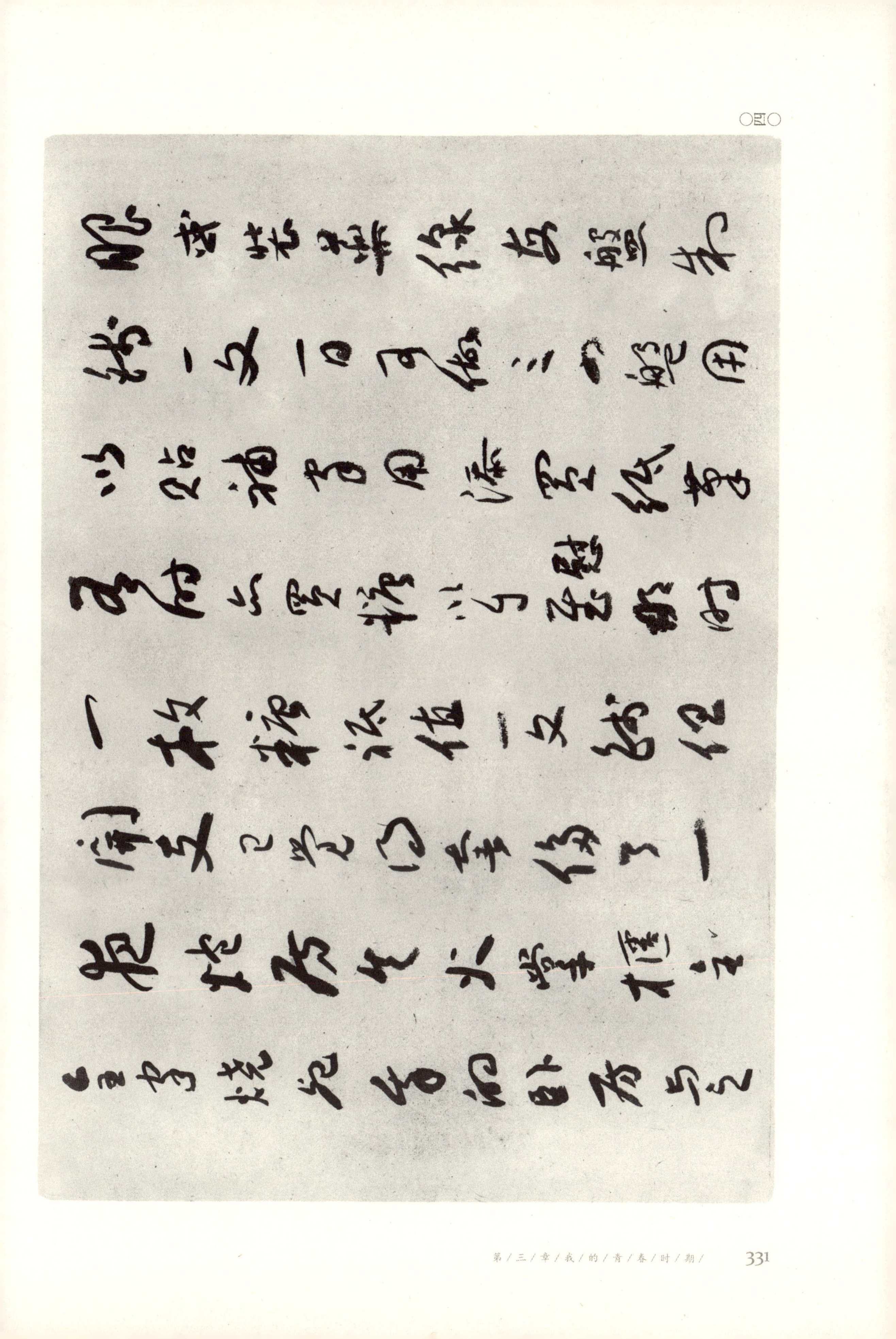

〇四一

时彼经济以复形活

勤十五年同学动手

急试三叔祖和先文恐荒

废学业者不禁失了

十七年随戴姗先生 绀跟

督学时年以案首入学塾

中功课好渐自由于读的

去可以由自己选择先生

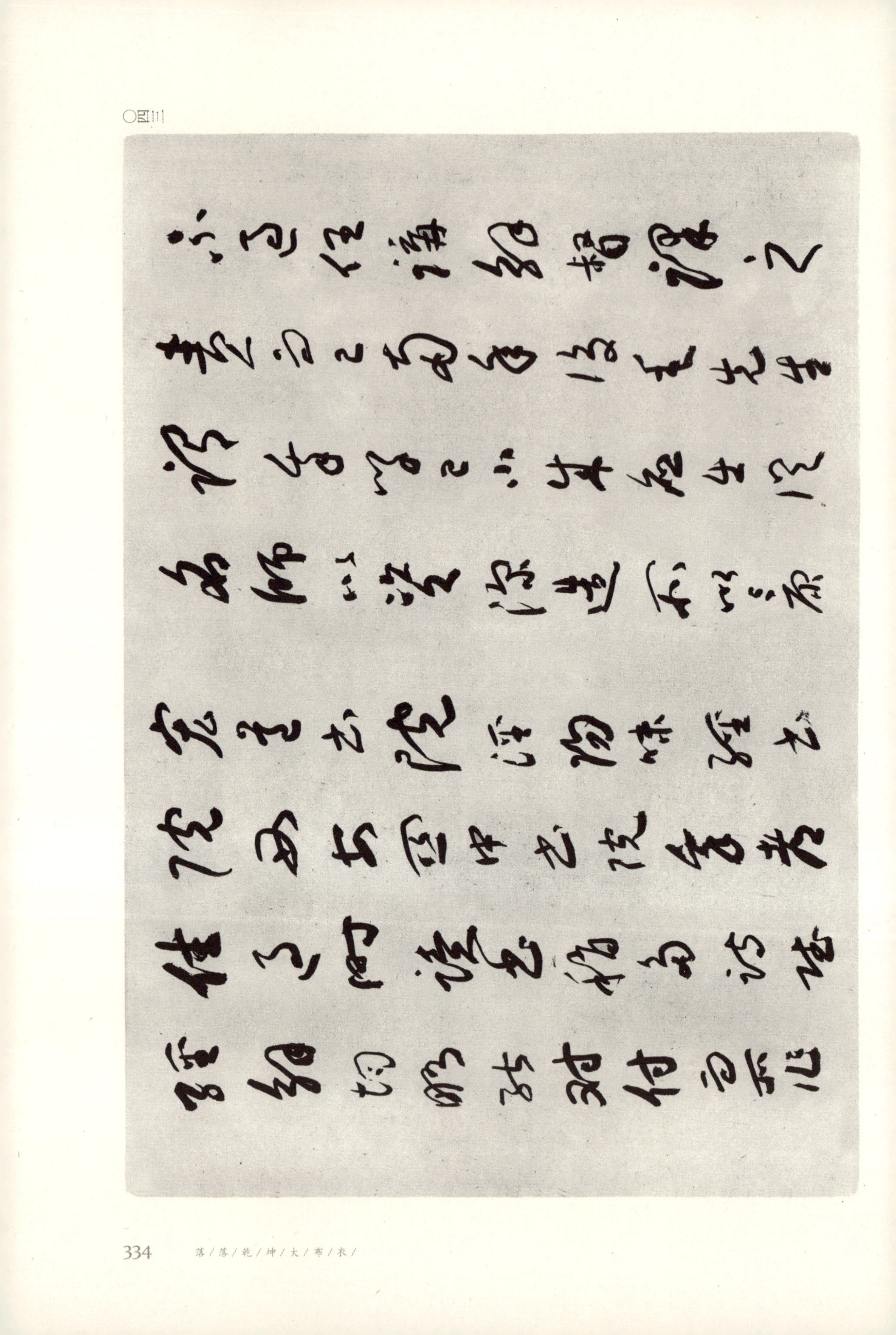

〇四三

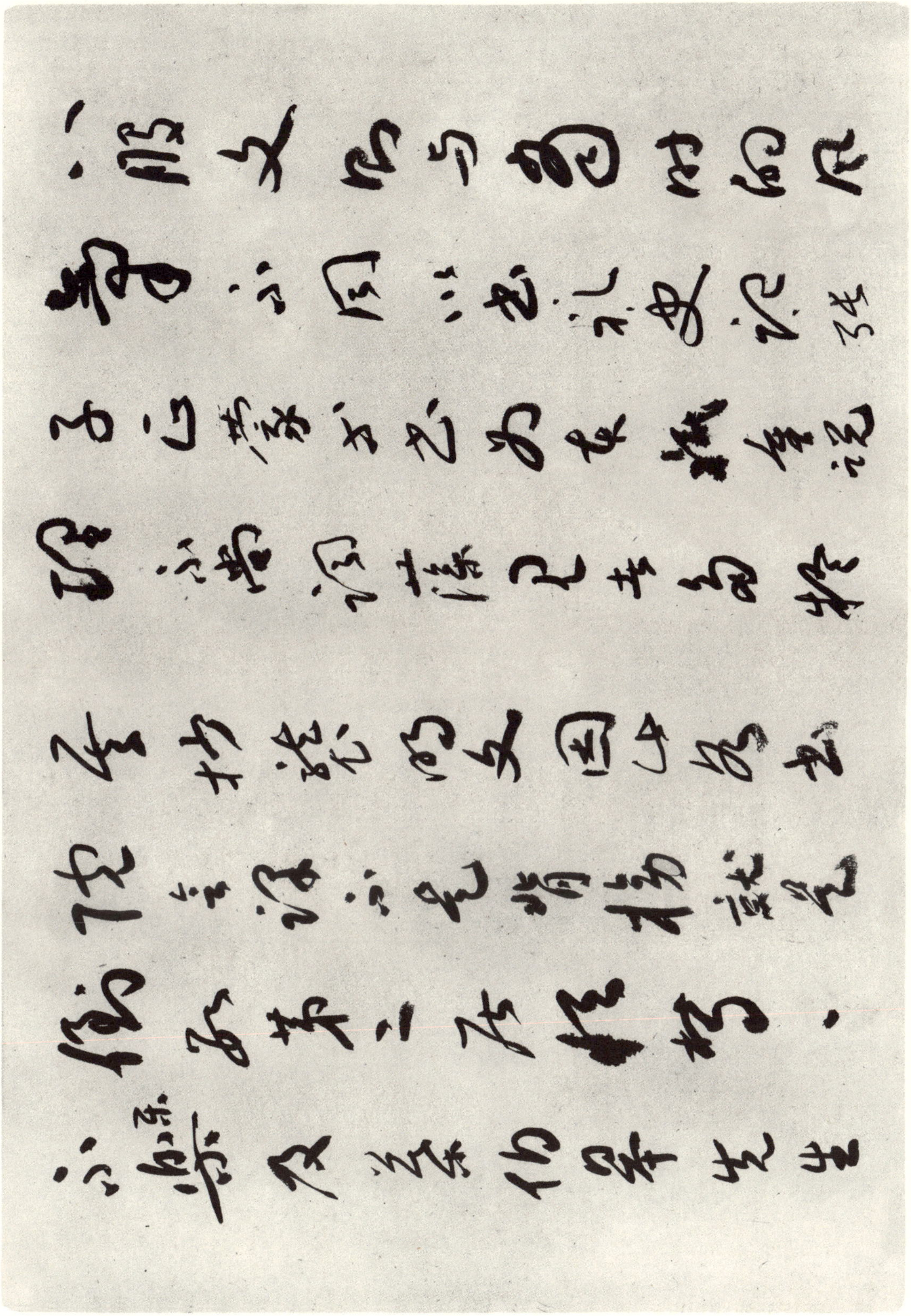

〇四五

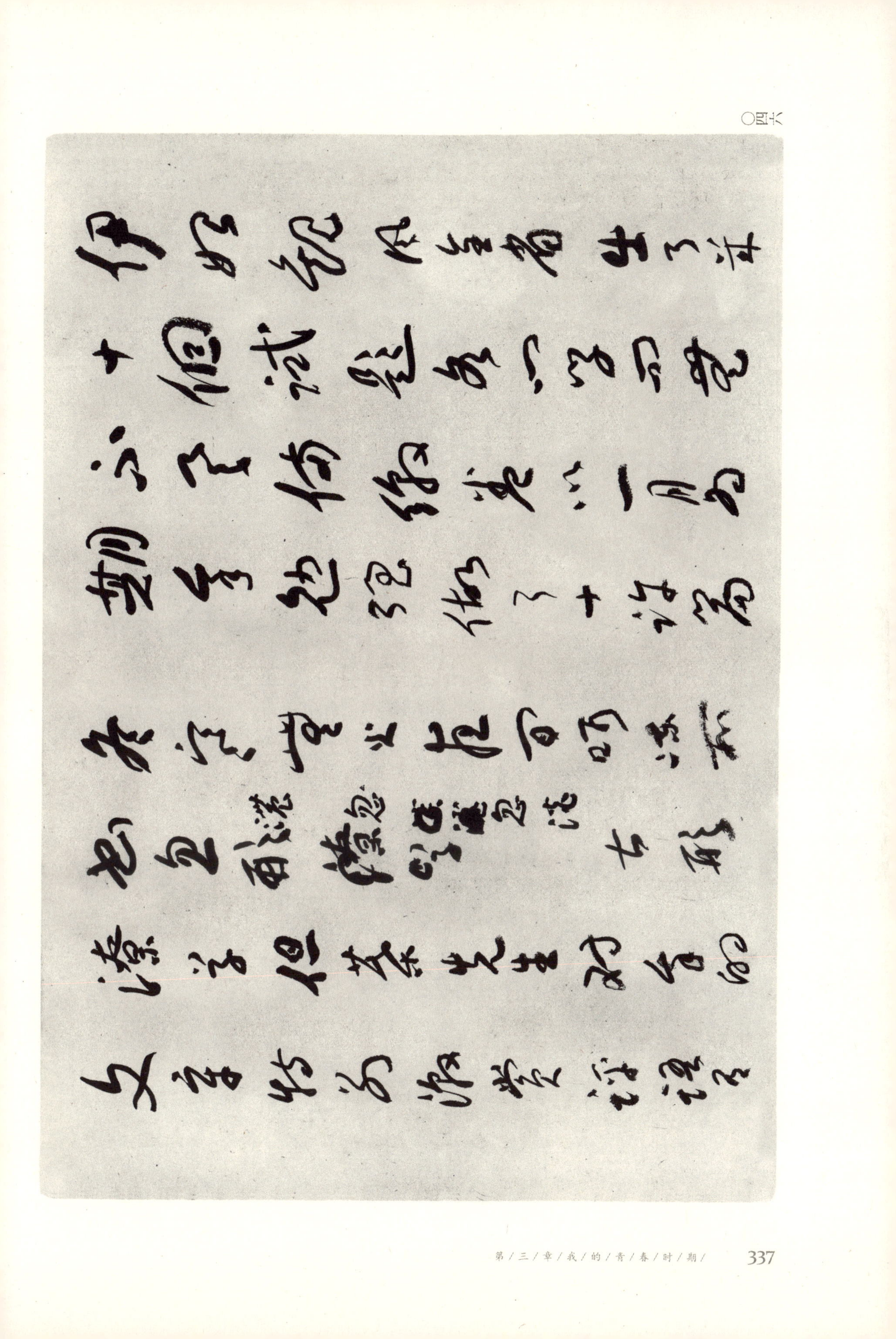

〇四六

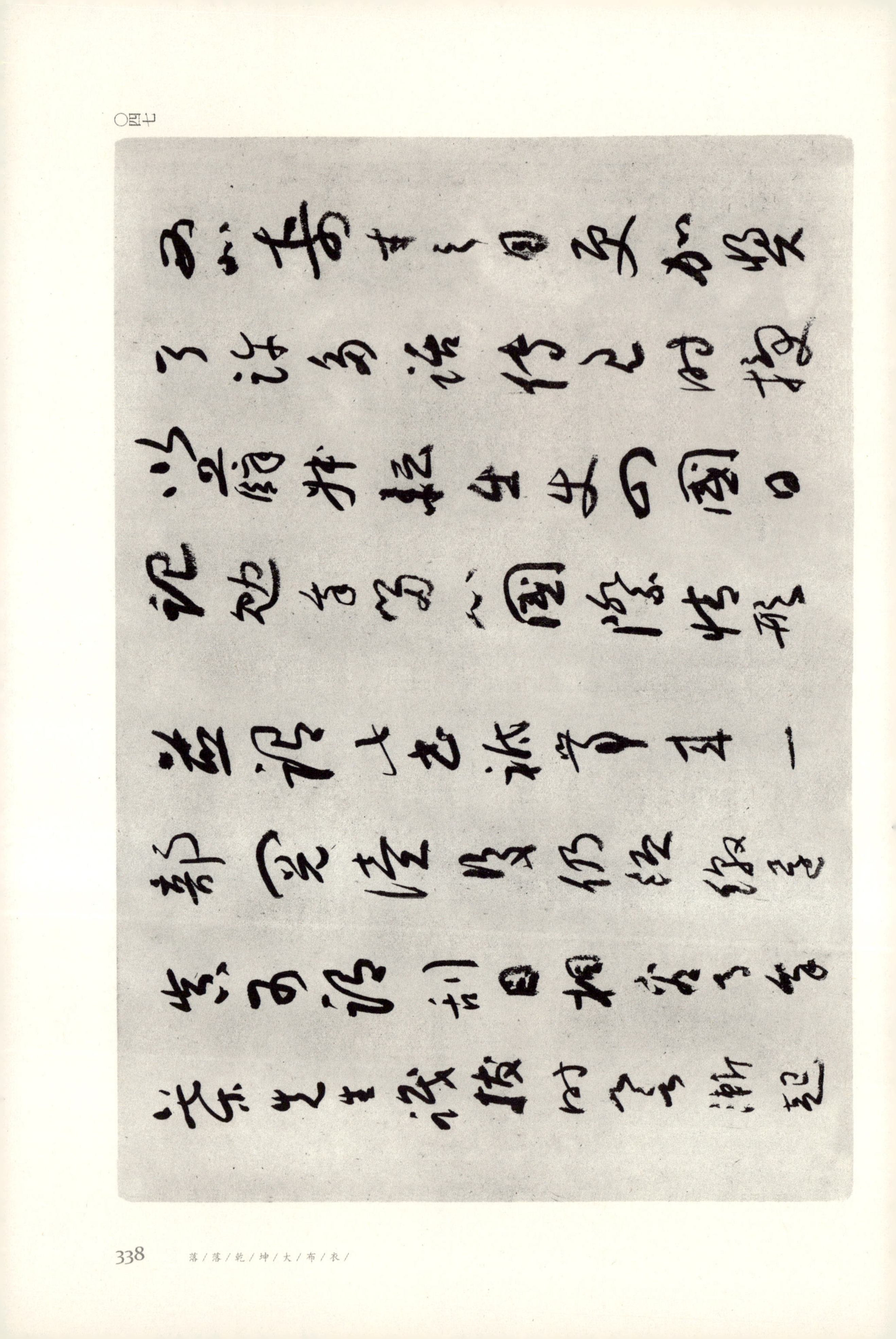

〇四七

〇四八

〇四九

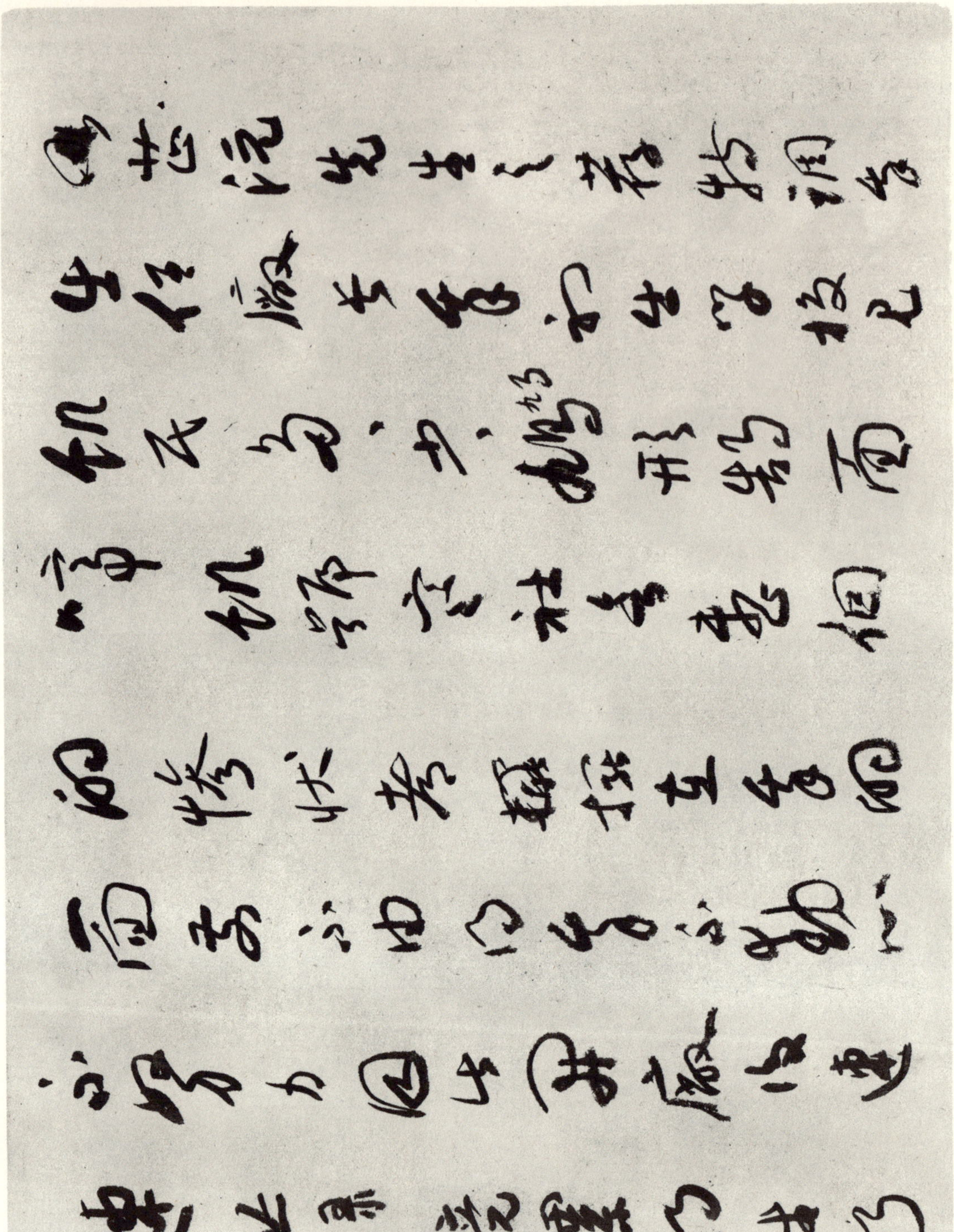

〇五〇

〇五二

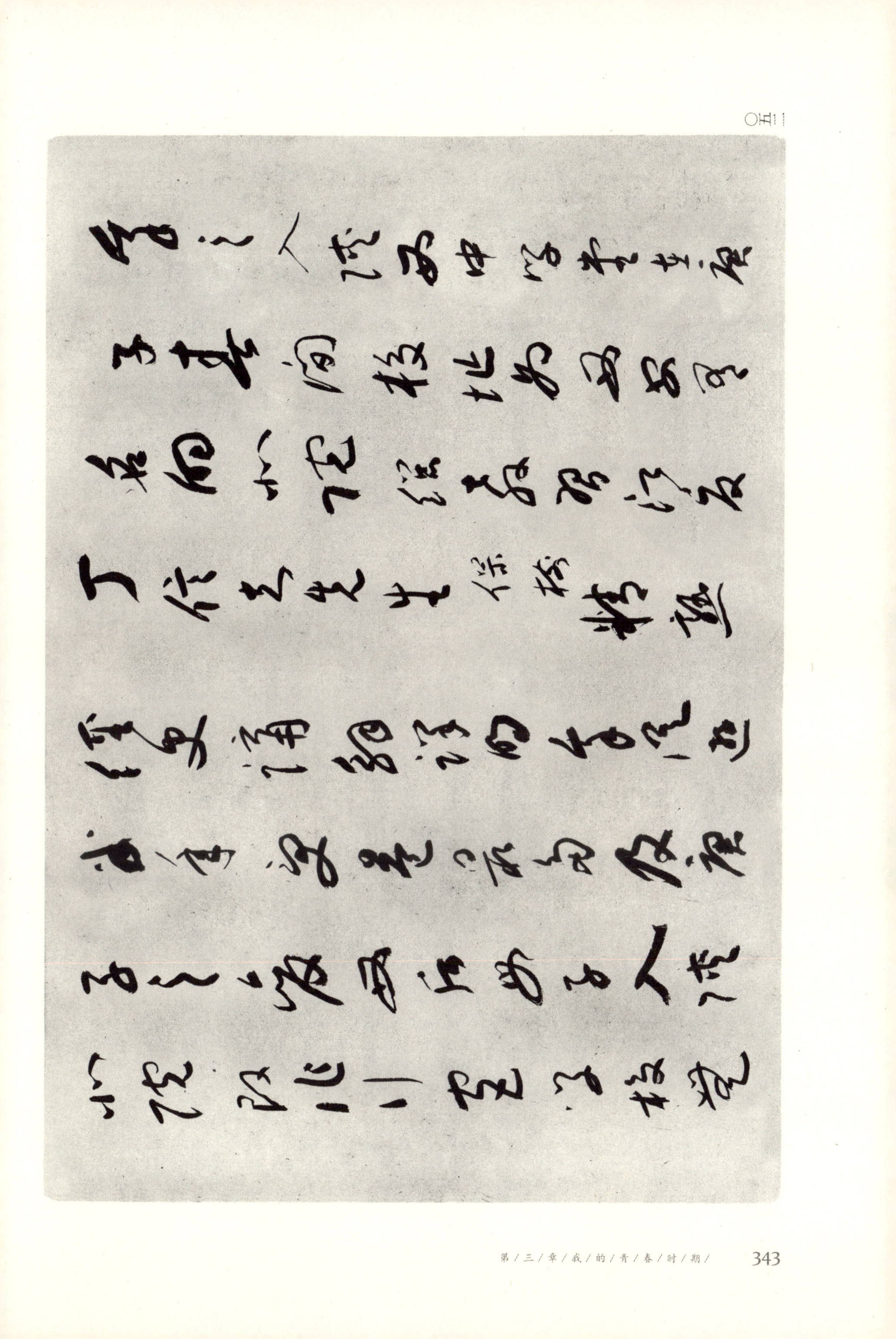

〇五三

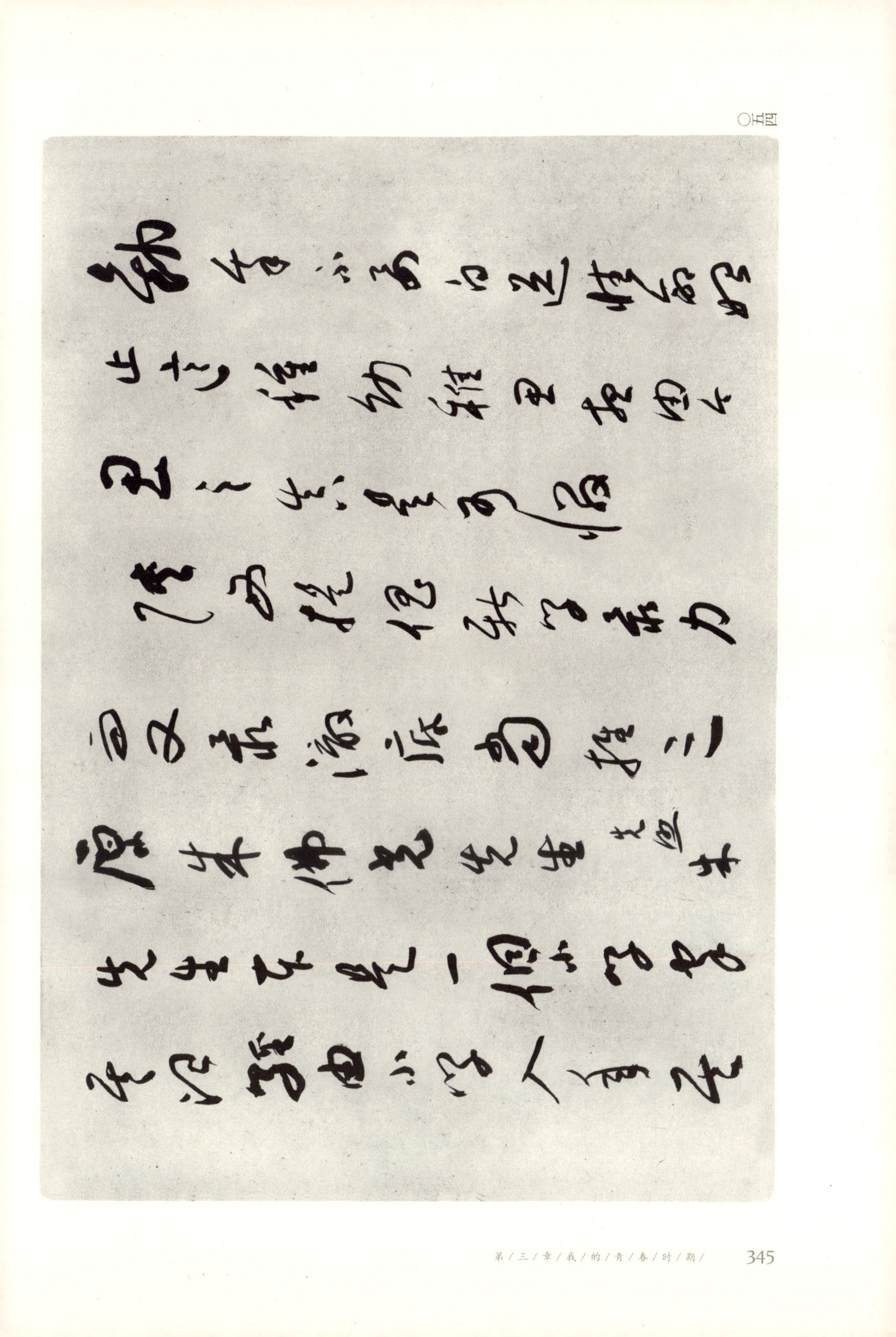

〇五四

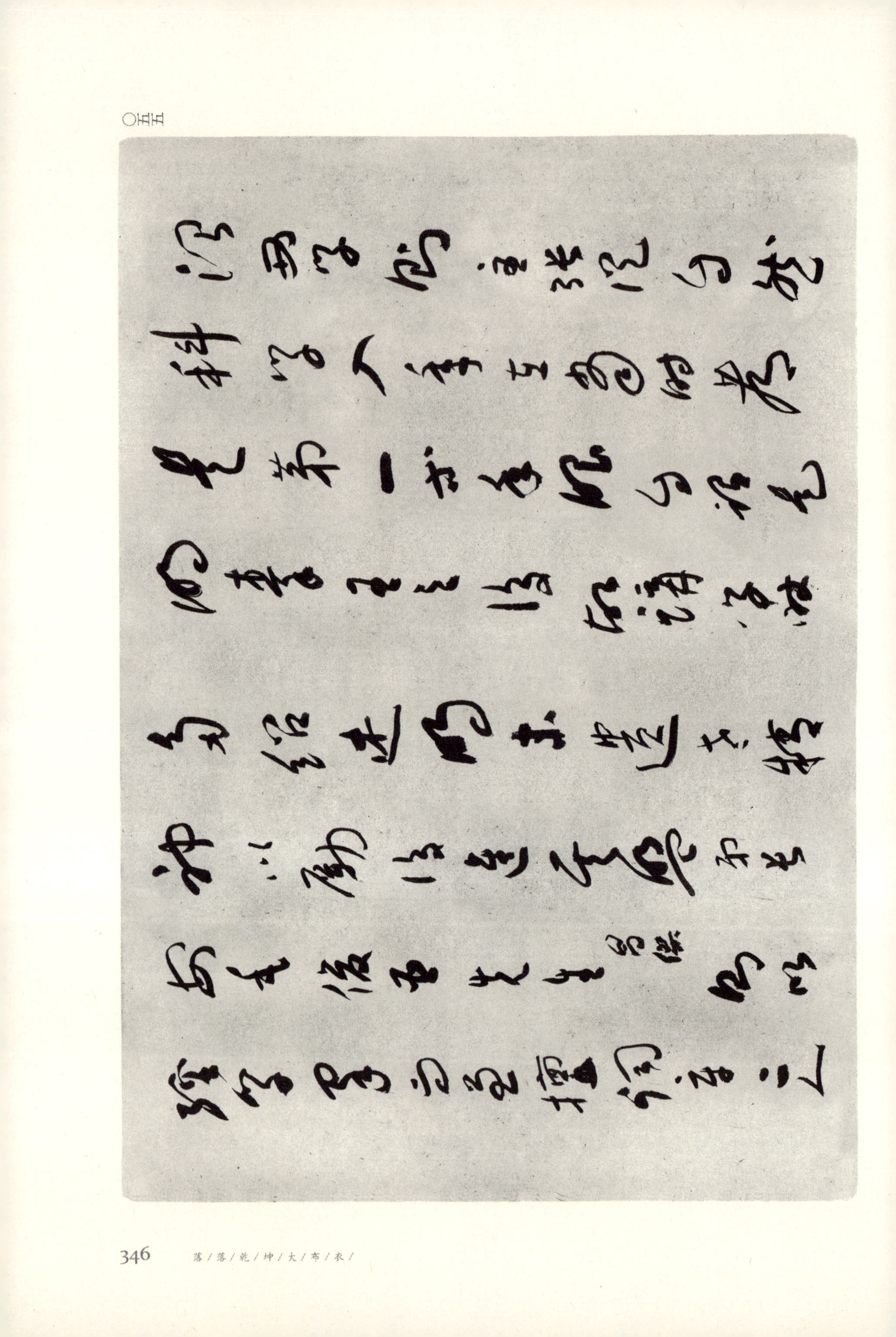

〇五五

〇五六

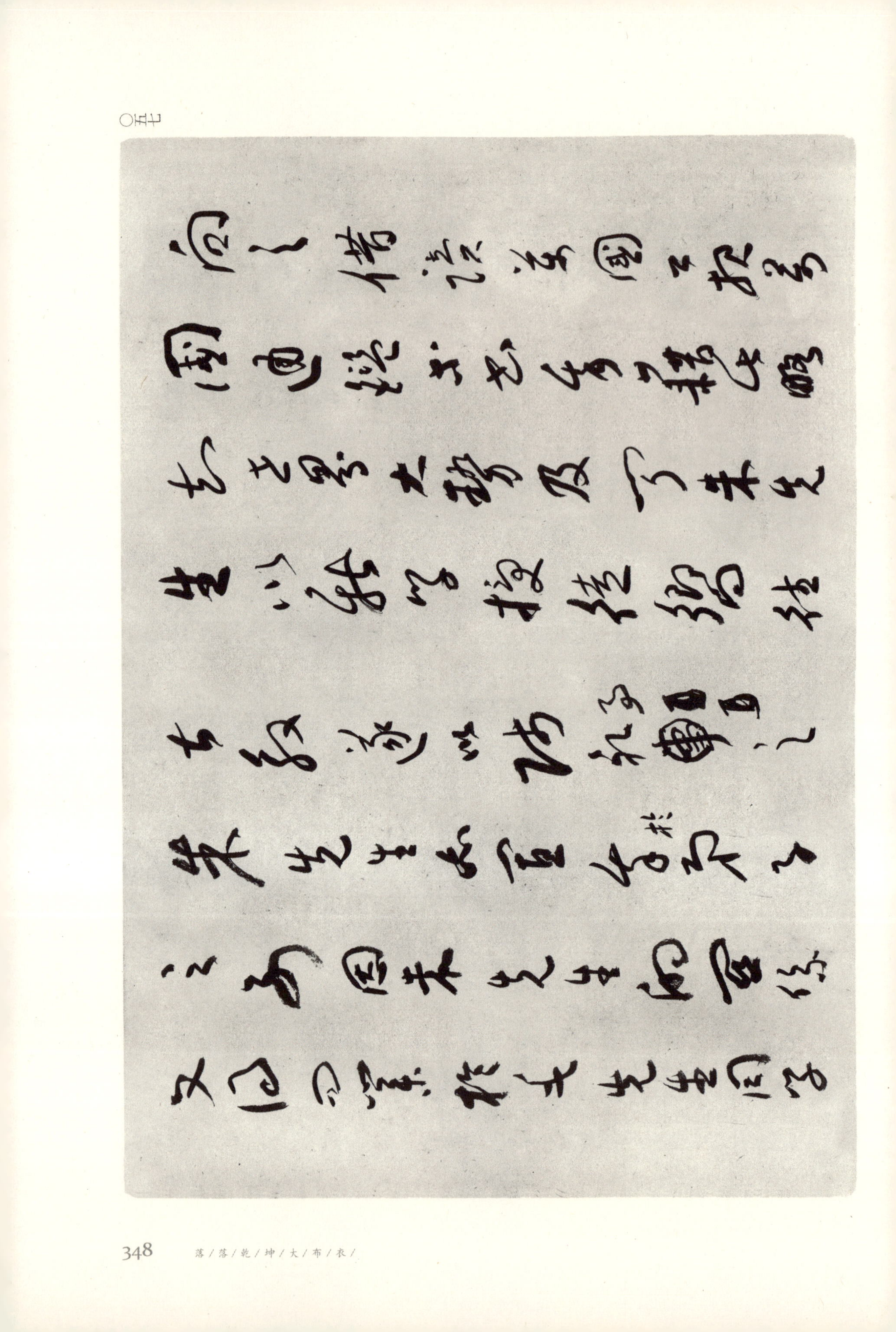

〇五七

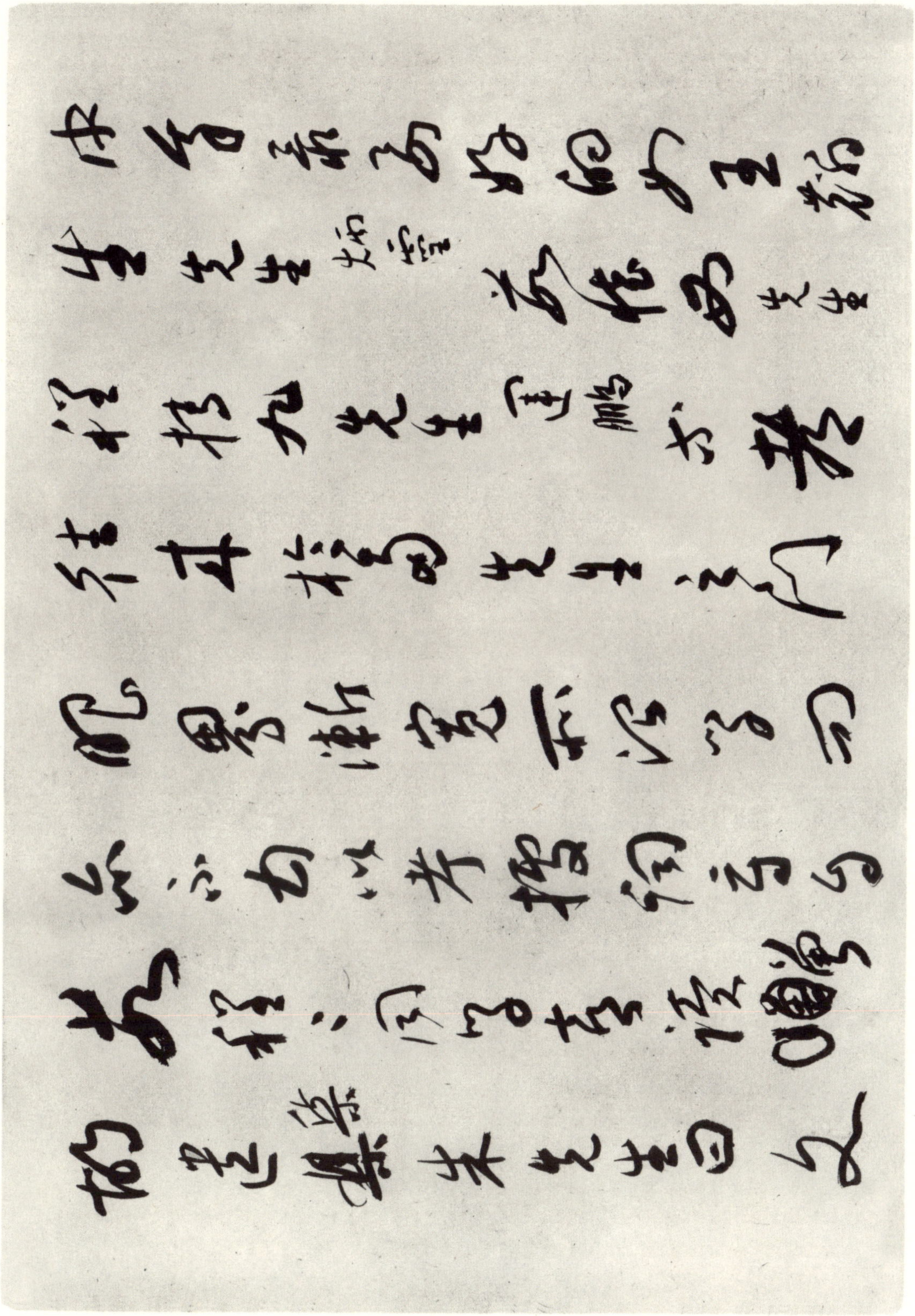

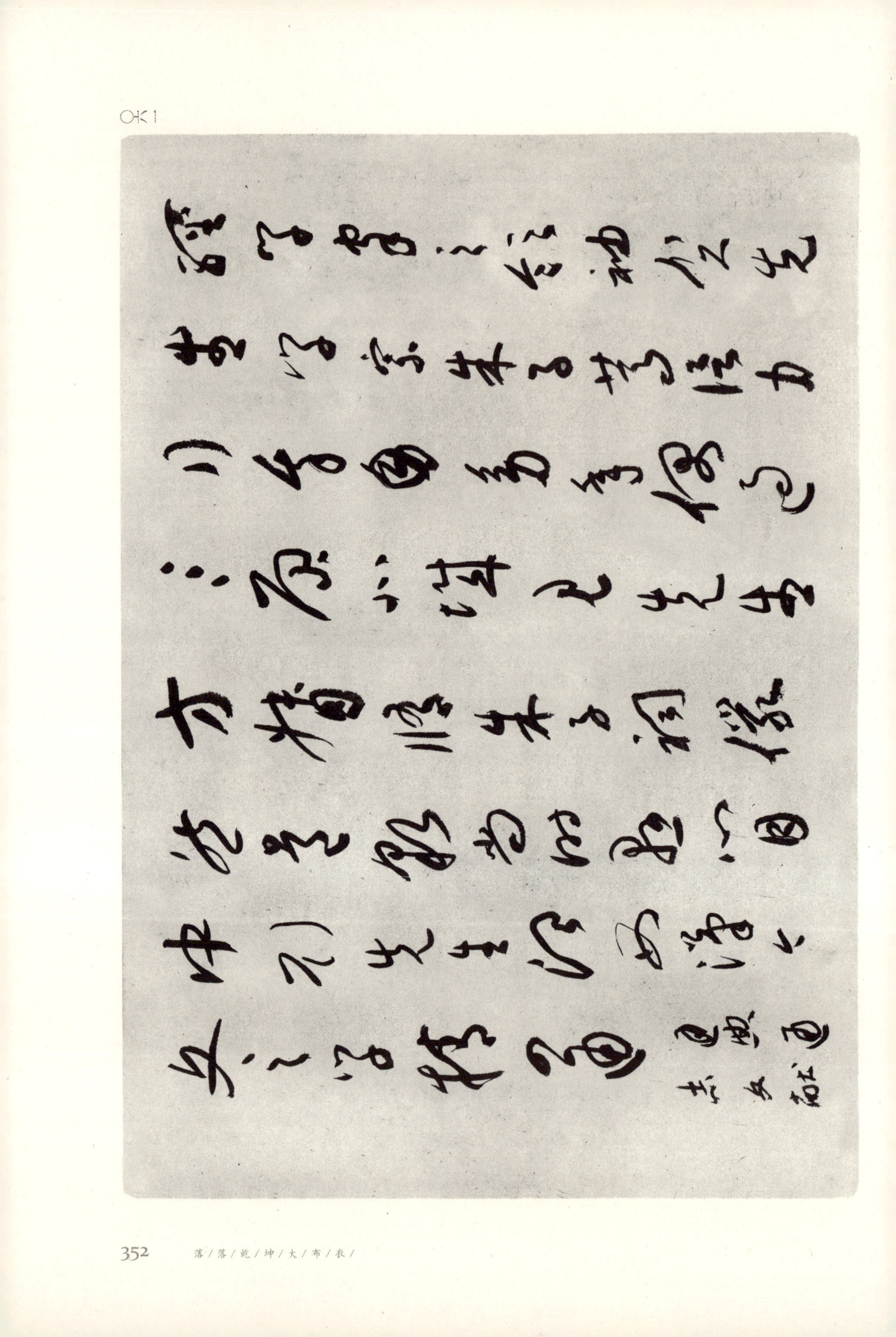

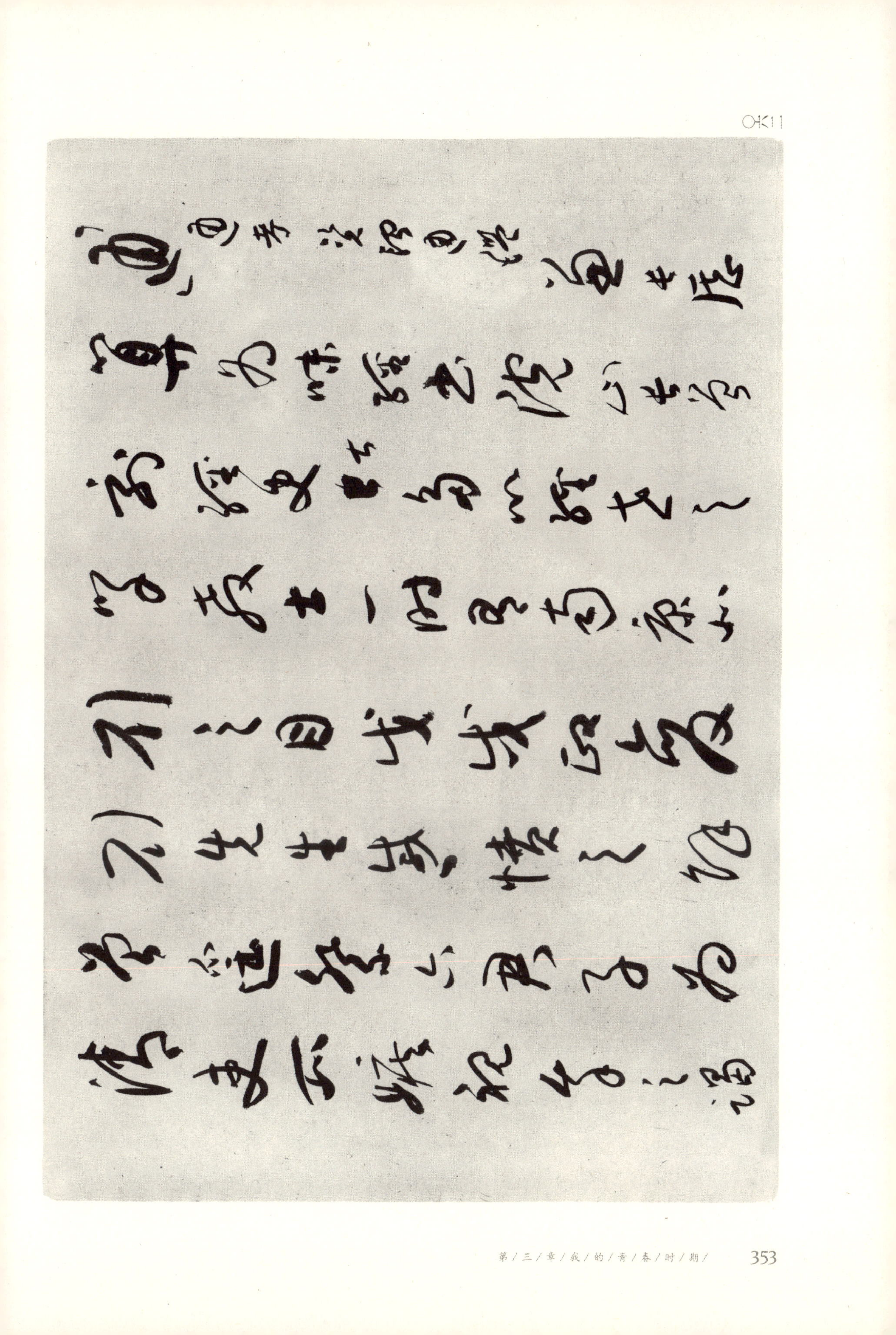

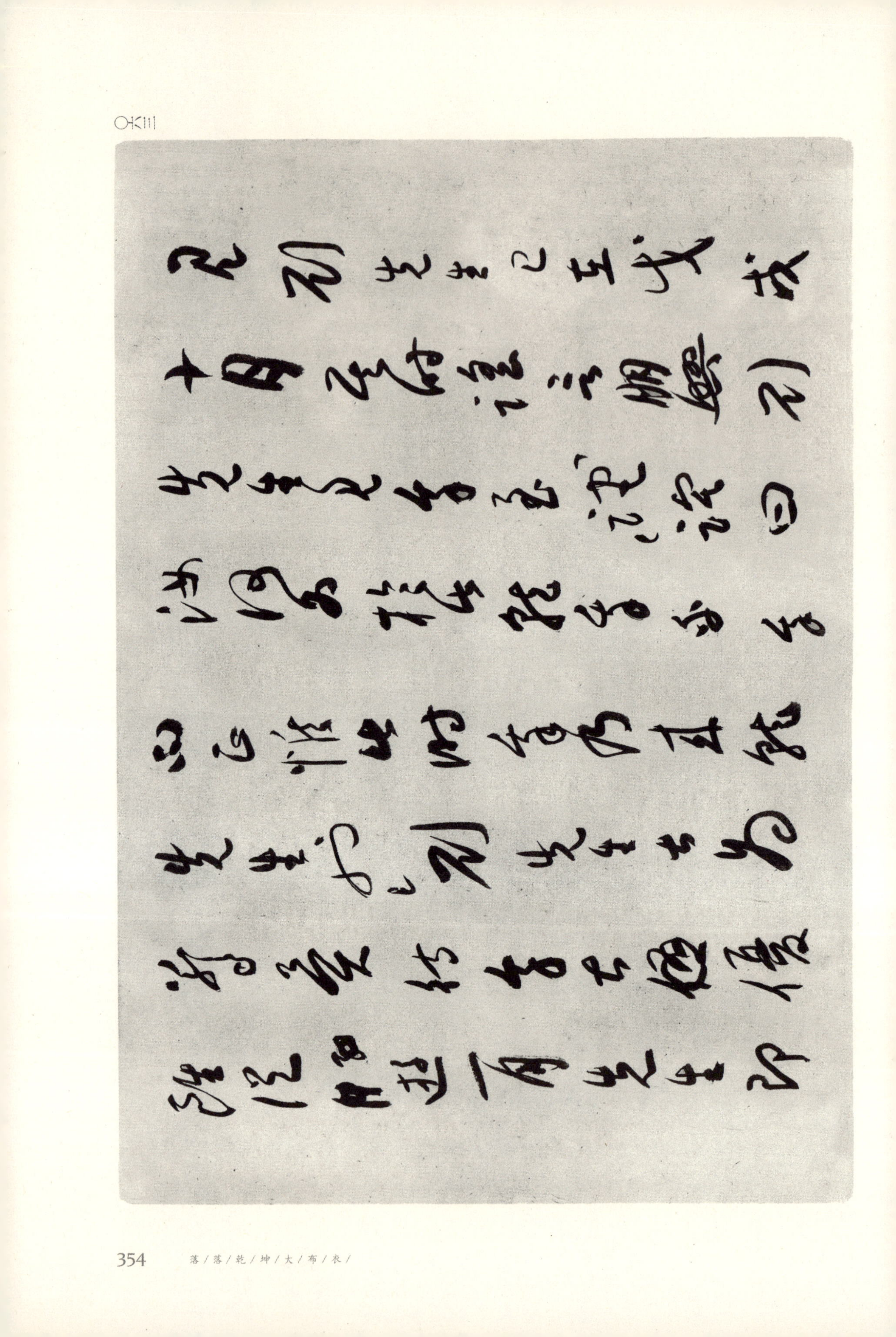

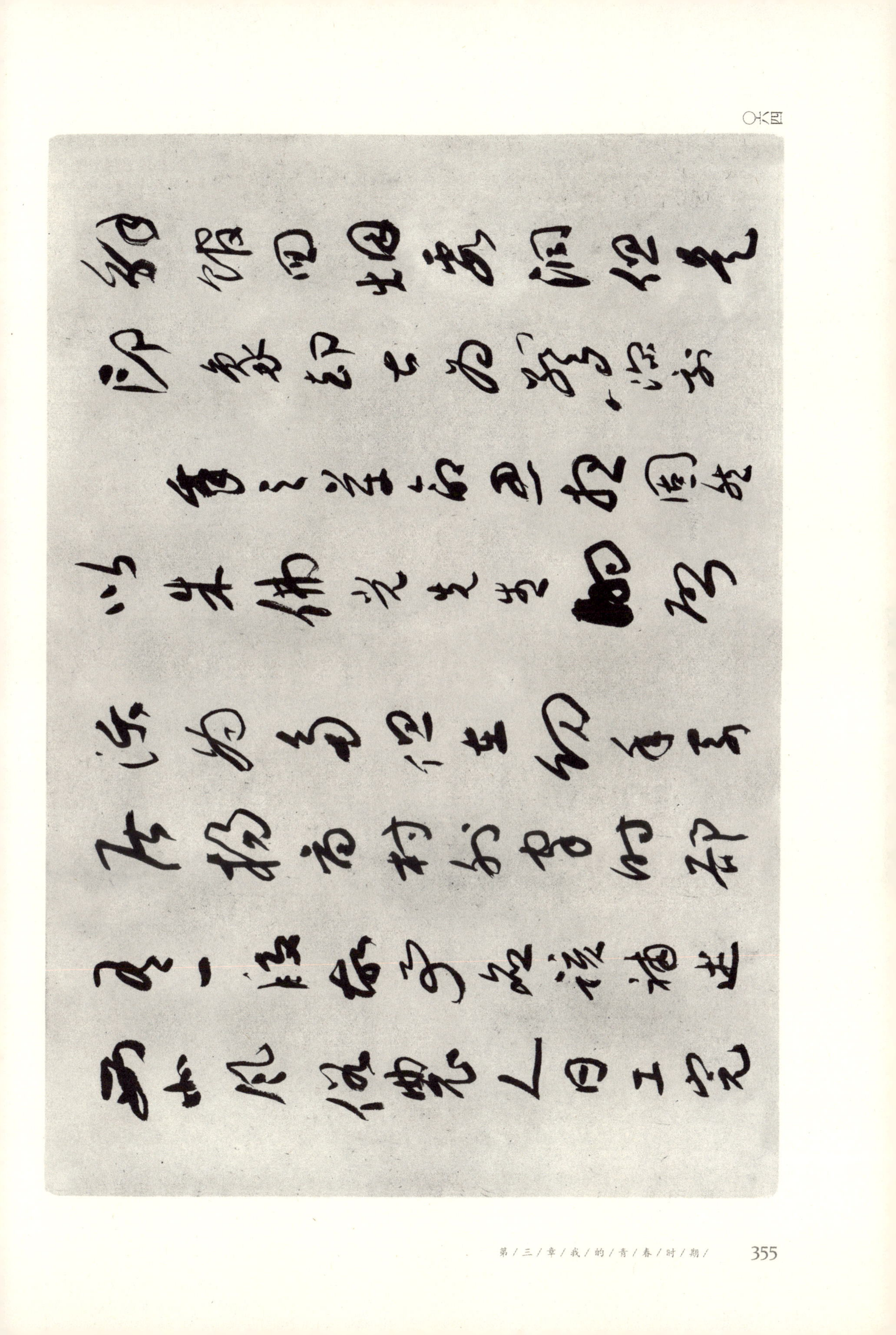

四八〇

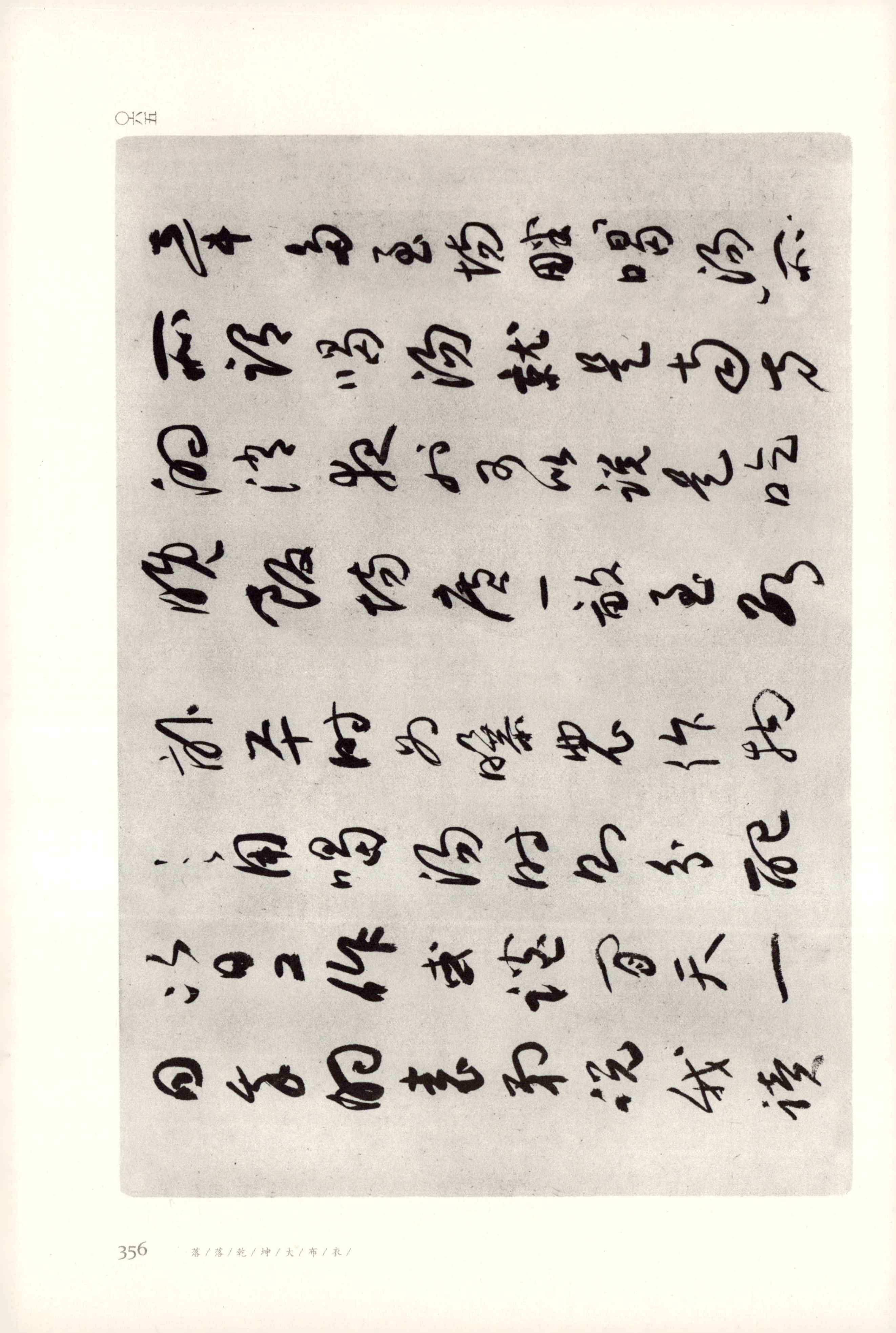

完百家姓何以冠首的
姓去中ゝ次の外祖是
羌，他们是满洲人呀满
洲人打败了我们的祖
先的中国的江山，统治
了不少年，我们的百家姓
上ゝ加他，当时年纪
莫名其妙，但现了一

個民族意識的憧憬
後來寫那紊案循例
為試言個民族意識
心象晦的狂熱狂
動得是什麼壁空
的界限及至混朱佛
若先生逝替先生之
書甚高論寫之搬為

〇六九

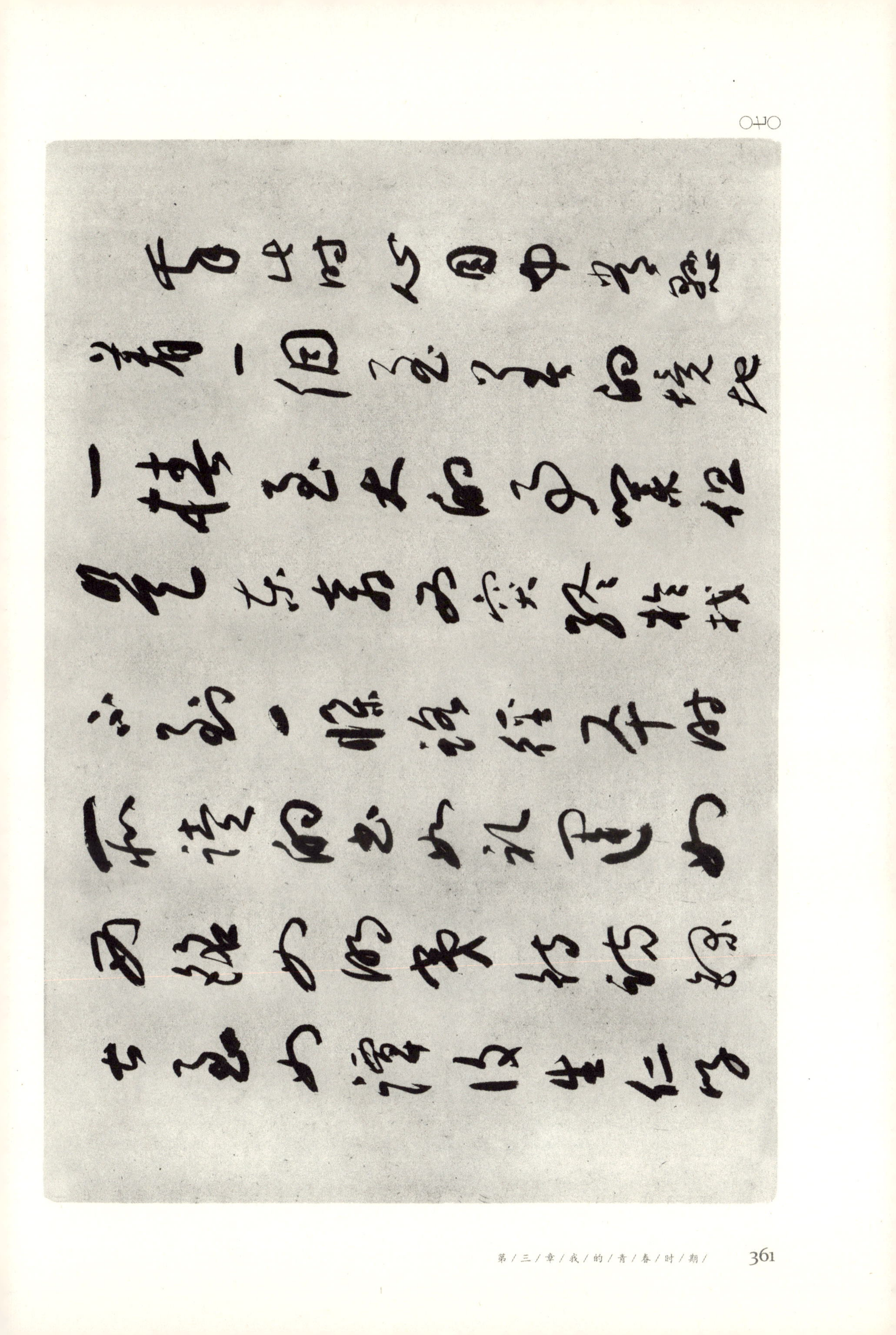

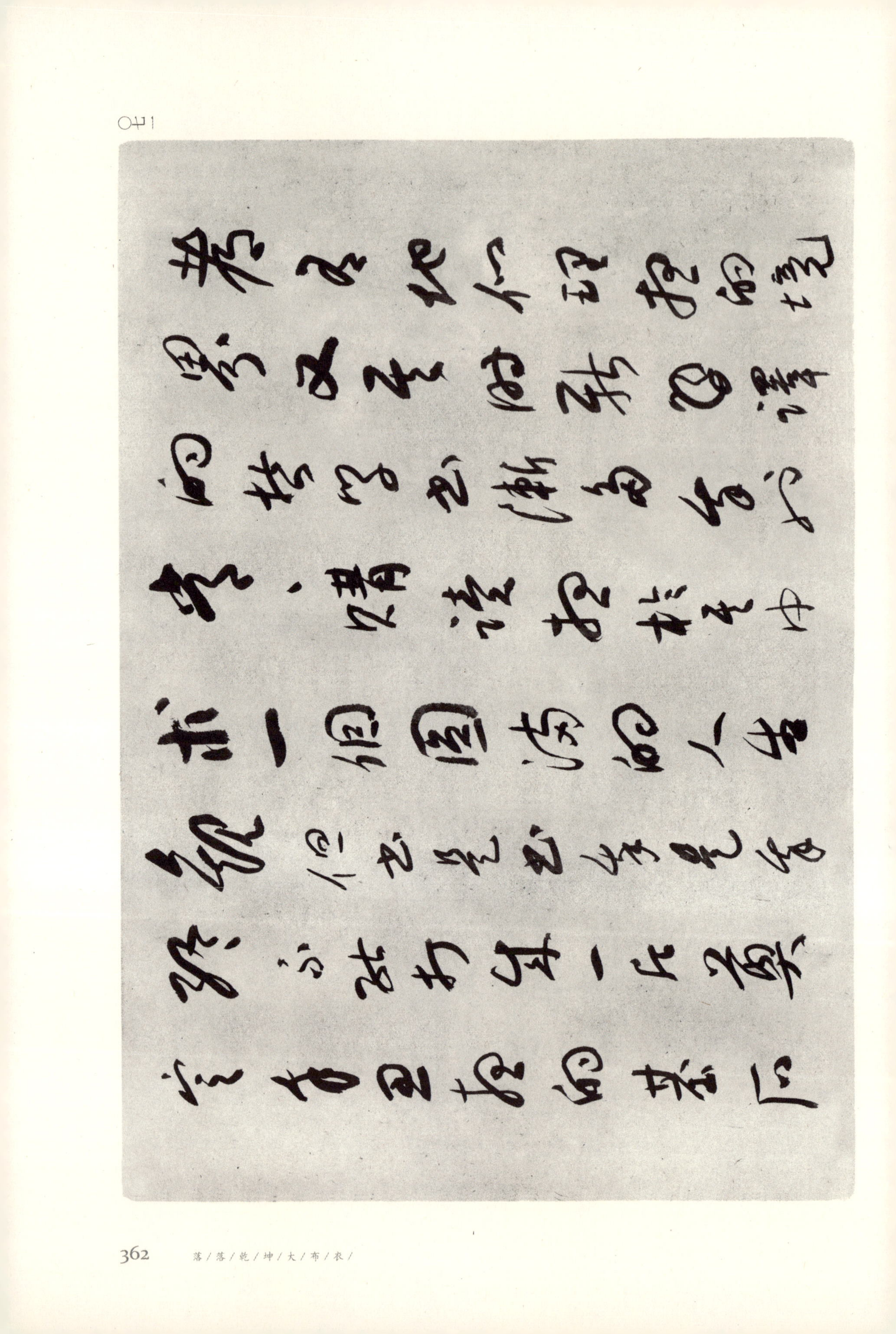

〇七一

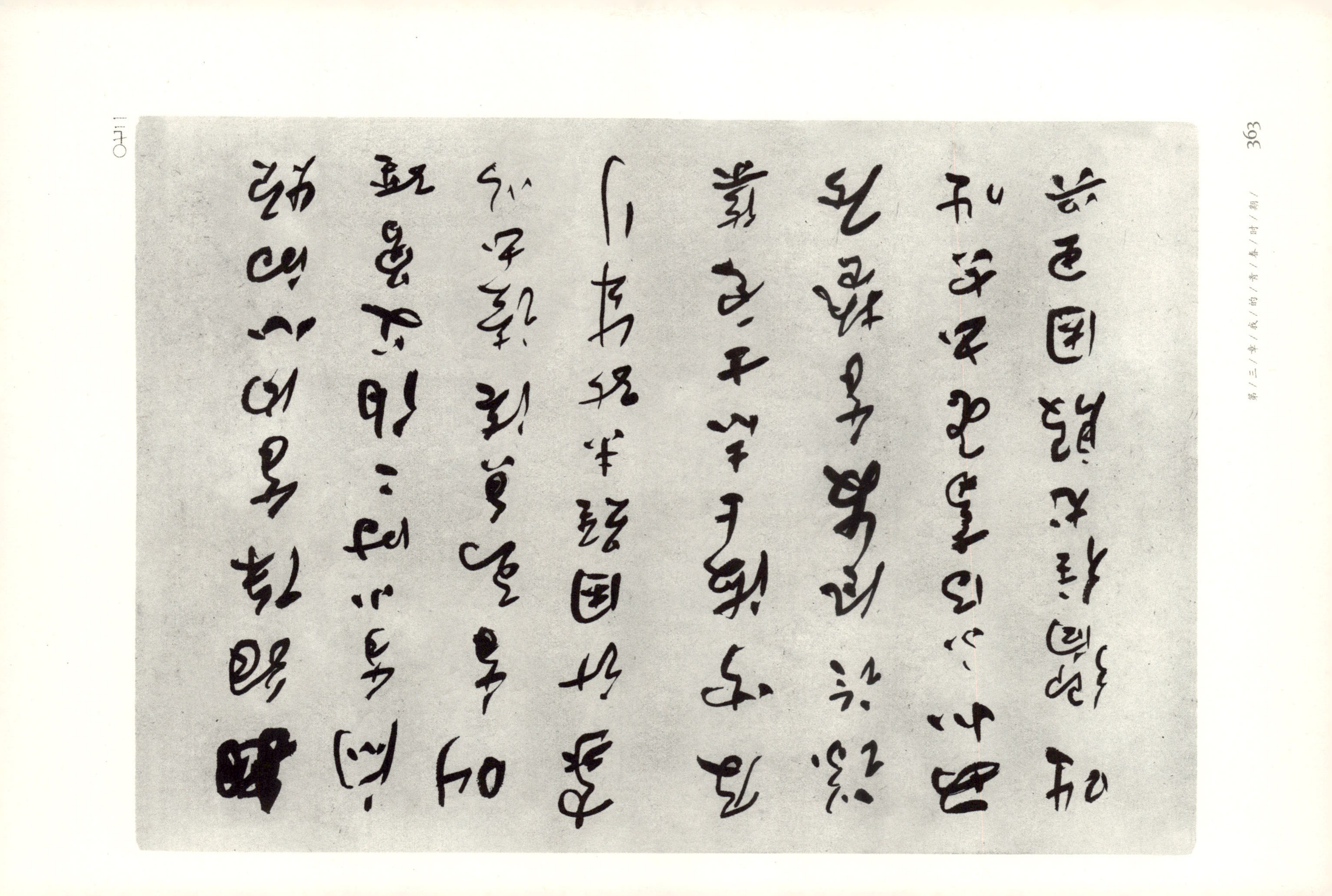

三七〇

〇七四

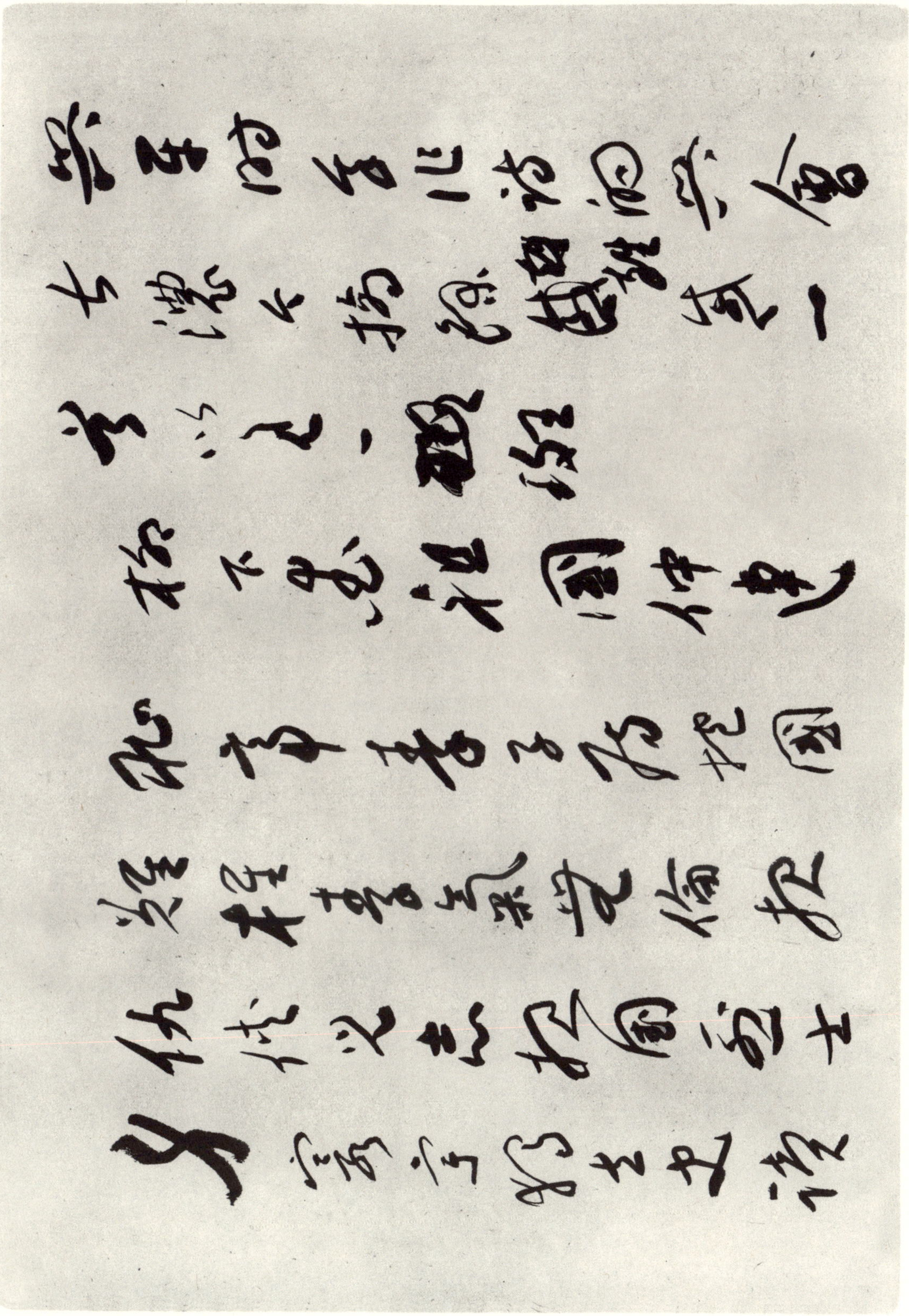

〇七五

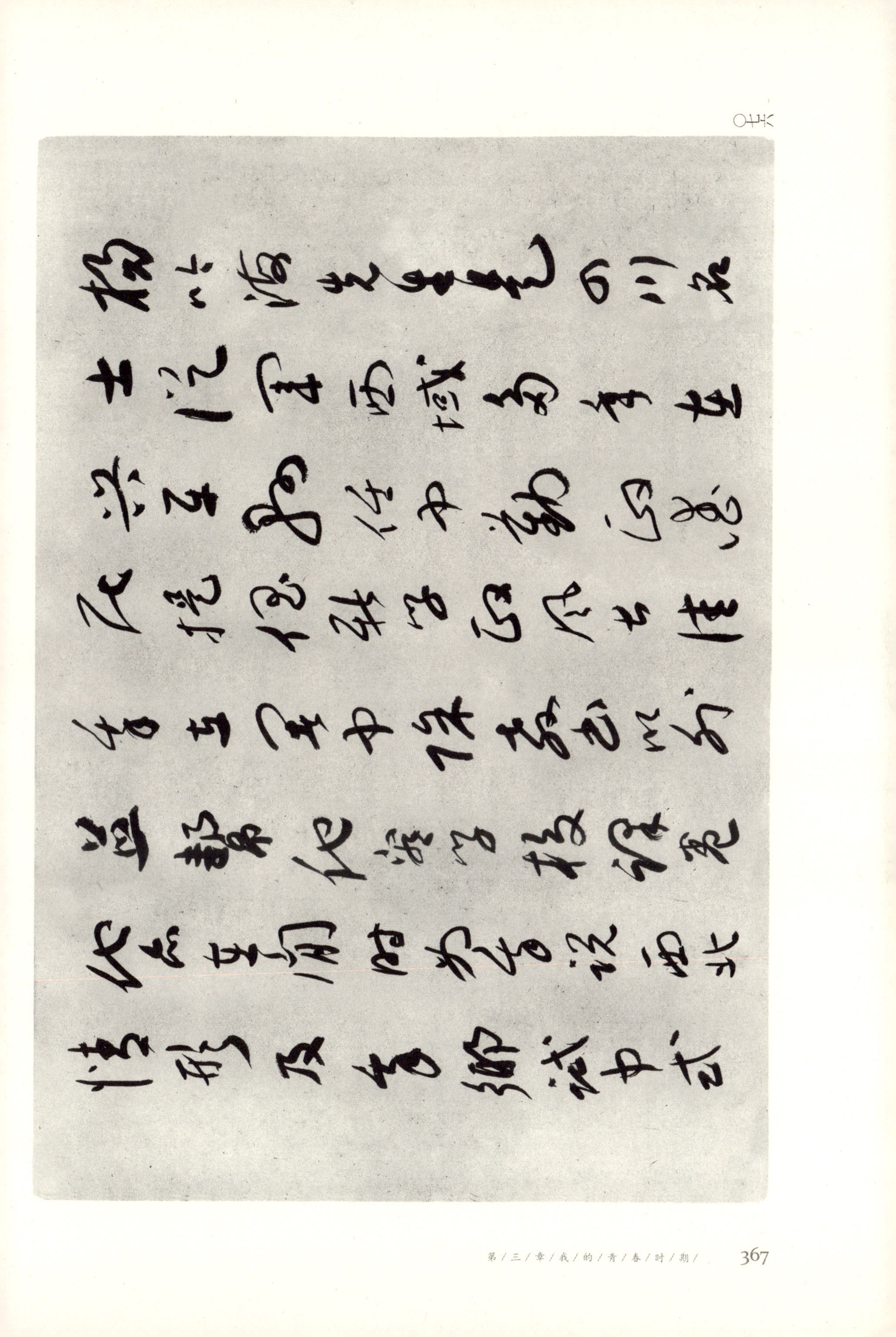

○七七

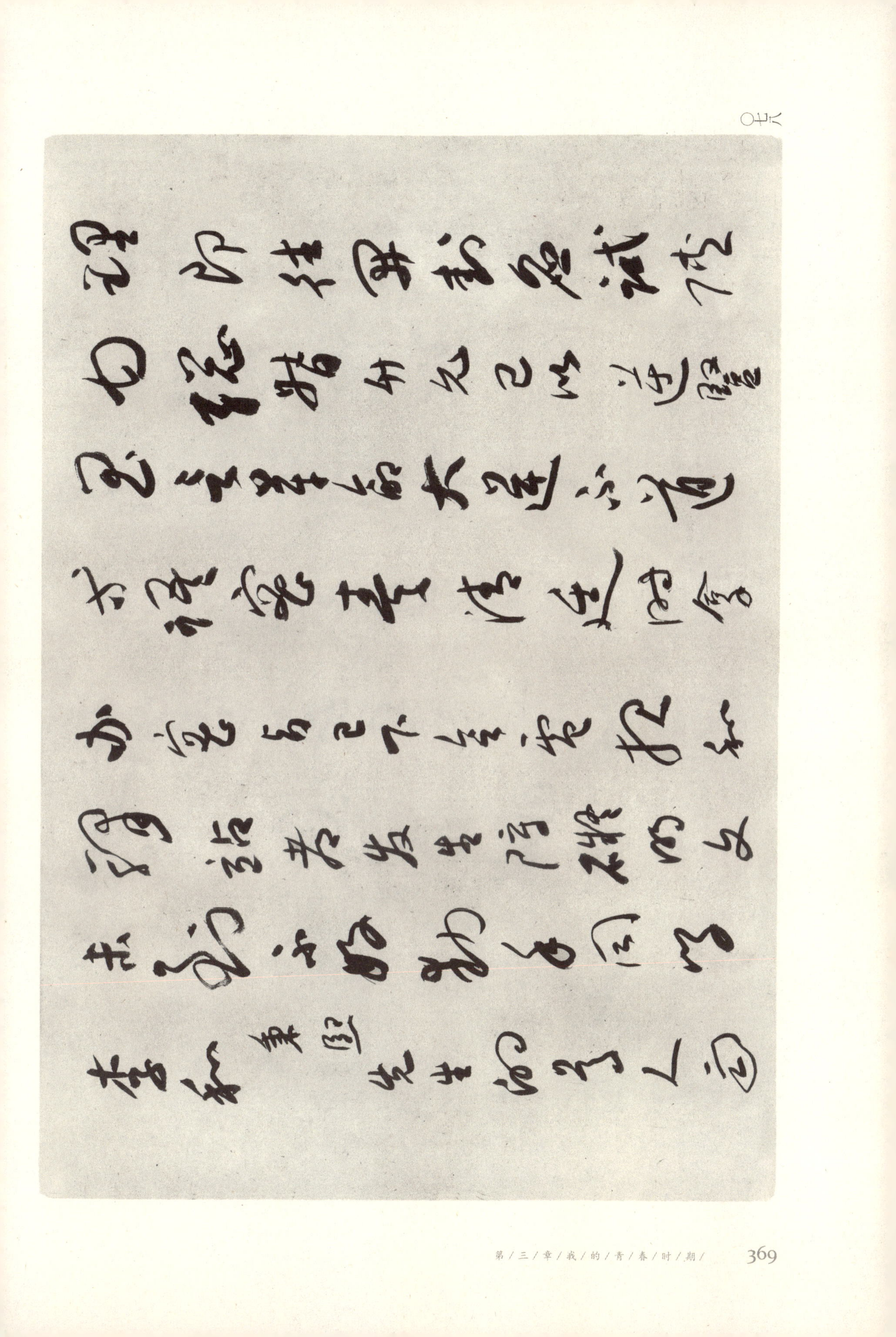

〇七九

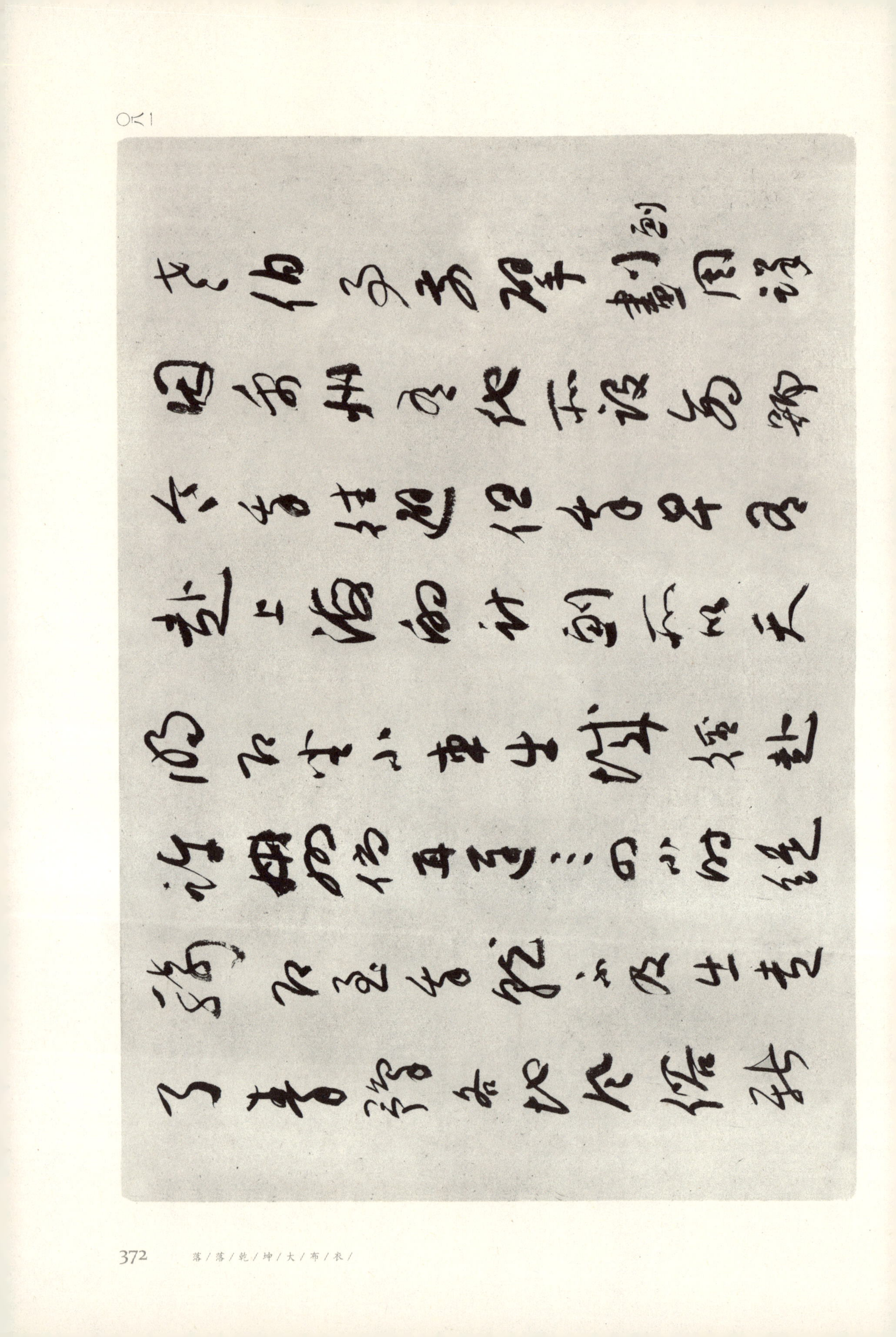

一八〇

来于乡下人的大红名
片者贴在壁上许多
揭了名片二十余张沿途
逢人盘诘乃得其一
名片以片中姓名名之
居然渡过难关到了
许州坐在车头的花
窗中至驻马店换车

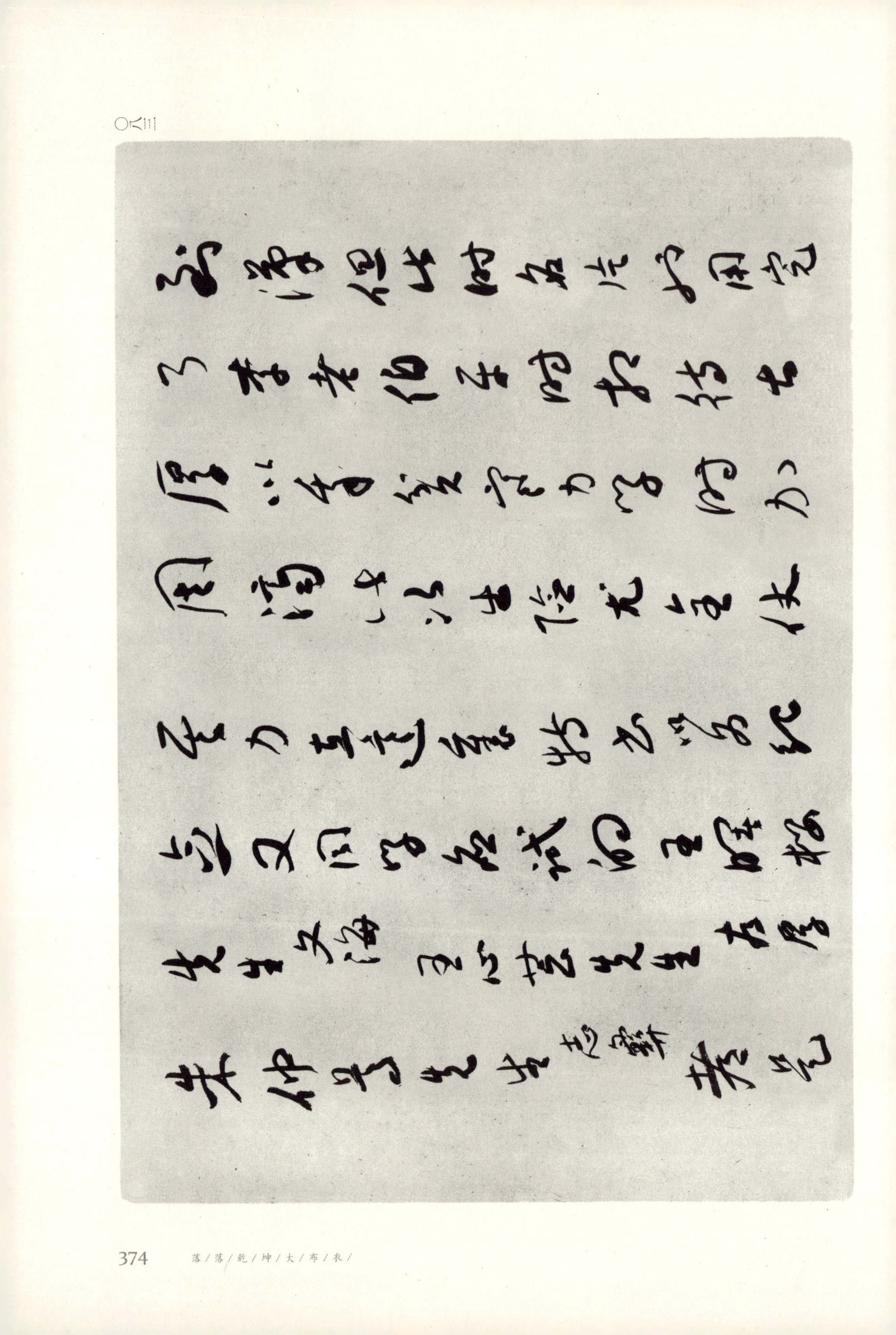

〇八三

〇八五

〇八六

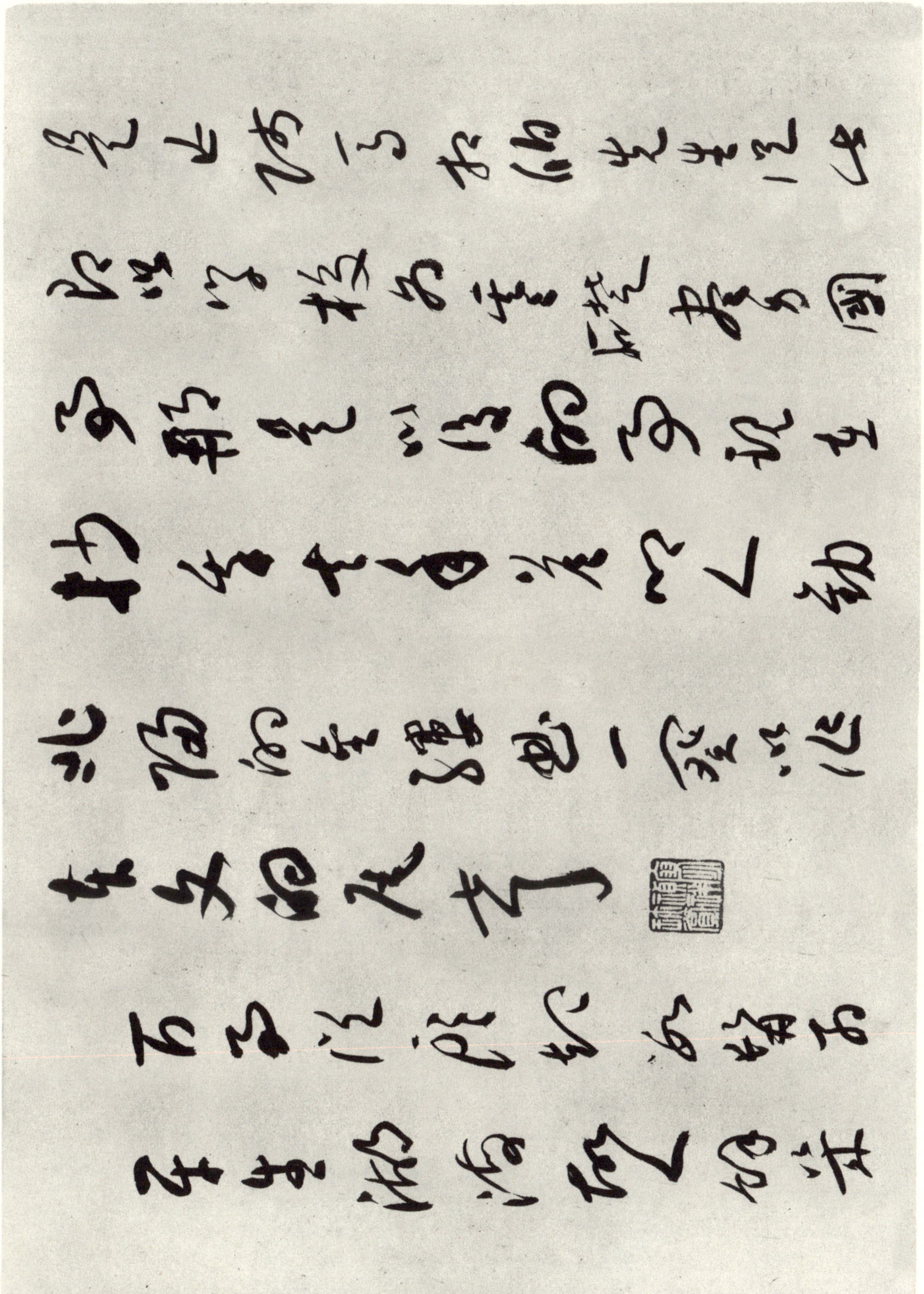

〇八七

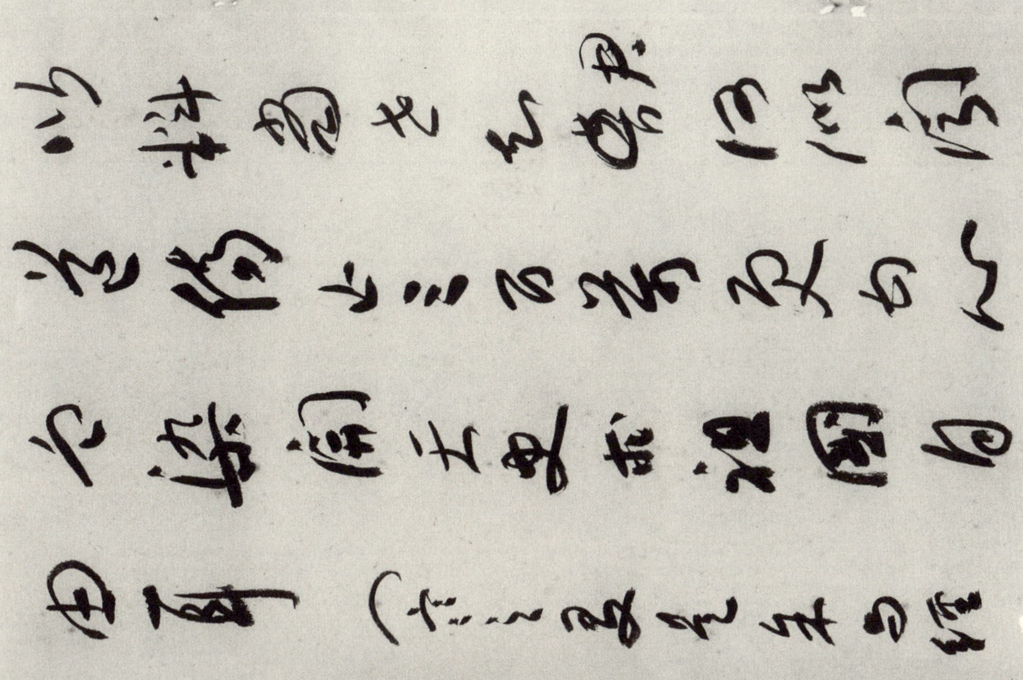

于右任先生的青春成长经历

·于氏家族·

姓 名	字/别名	生卒年	于右任年龄	关系·立场	方法·动向·特点	备 考
于右任一族						
象星公				先伯祖		于志敏之子
峻堂公				先祖		于志敏之子
宝 善				大伯父（大房之子）		伯行、伯勤之父
宝 铭	汉 卿			二伯父（二房之子）（峻堂公长子）	从南昌赴香港从商一直未归，曾让于右任到港读书	宝铭之子伯靖即建侯
房太夫人	九姑娘	～1924年		汉卿之妻	17岁嫁入于家。赵太夫人病故后，自于右任两岁起，养育他9年	泾阳杨府村
宝 文	新三公	～1908年		于右任生父（峻堂公次子）	12岁步行至川江津商号，见习后至岳地，三年始归	宝文之子伯循即右任
赵太夫人		～1880年	2岁	于右任之母、从赵家嫁	甘肃静宁人，在于右任两岁时病故	
刘夫人		～1919年		于右任11岁时，父带来继母	与父亲又生育一女	三原东乡人，生于仲华嫁周石笙为妻
高仲林		1882～1972年	20岁	于先生发妻	1898年与先生20岁结婚	陕西渭南人
于氏亲族						
祖望重	重臣公		11岁	三叔祖	交际甚广，介绍名塾师毛先生	于家亲属
表 兄			7岁以下		买跛羊一支，畜养	外家房氏
表 弟			11岁以上		读《百家姓》注意到没有官吏姓名	
四外祖					听闻回答表兄问题，激发于先生民族意识	

·周边人物·

姓名	字/别名	交往年	于右任年龄	关系·立场	动向	备注
☆马王庙学习时期						
第五先生		1886年	7～9岁	于右任的启蒙老师，在马王庙学习	为旬邑老儒第五轮之后；得知于右任孤苦无母，深为同情	旬邑县人
☆毛班香私塾时期						
毛班香	字经畴	1890年	11岁～	著名塾师，于右任恩师	于右任叔祖、于重臣介绍	
亚长	亚苌	1890年	11岁～	老儒，对王羲之草书颇精	教于右任书写王羲之草书《十七鹌》	毛班香尊人
宋伯鲁	字芝栋		×	亚苌先生高弟翰林院学士		
孙文秋			×	亚苌先生高弟为翰林和名医		
赵芝珊	字维熙		17岁		赵督学以案首入学，塾内学习始为自由	
刘古愚	字光贲		19岁	经学家首领，逸祭六君子。于右任随其从游一月，后隐居烟霞洞	通史也应关今	有“南康北刘”之誉
叶尔恺	伯皋		20岁	陕西学使(政)	叶督学赞其为“西北奇才”，由此于右任渐有名气	
叶澜	清漪		×	关中名士	知名学士，注重新学	
叶瀚	浩吾					

沈淇泉	卫 继		21岁	叶尔恺之后 任督学担当	募集资金创设施粥厂， 粥厂解散后， 推荐其入陕西中学堂	
孙芷沅	绚 华		21岁	天足会、励学斋 发起者之一	推荐于右任为施粥厂长	
丁信夫	保 树		22岁	陕西中学校总教谕	精熟经史，讲解详明	
岑云阶	春 蓂		×	陕西巡抚	预手刃慈禧，施行新政	
王麟生	炳 灵			学友	阻止先生莽撞，友情深厚	
朱佛光	先 照		×	小学家	提倡新学，影响至大， 治学方法独到，与孙芷沅 开设天足会、励学斋	
毛俊臣	昌 杰		×	朱佛光盟弟	经学家、擅词章	
莫安仁				牧师	在三原布道，先严借读 万国公报、万国通鉴	
敦崇礼						
茹怀西	欲 可			朱先生、毛 先生弟子，也是 于右任的学友	读书应选对书	曾任 民国政府 审计部长
程博九	运 鹏					
贺复斋	瑞 麟			理学家之首	关中学派两大系： 理学、经学。知行结合	
毓 贤	佐 臣			隐居三原东里堡	在清凉山唐园， 题写反诗唤起民族意识诗	
毓 俊	赞 臣					
谭复生	嗣 同		×	著作《仁学》		
杨吟海	宜 瀚			四川名士 兴平县知事曾在 新疆服役	在兴平做家教后任校长	
孟益民				同窗好友	帮助印刊 《半哭半笑楼诗草》	
姚伯麟						
李仪祉	宜 之		25岁	于右任赴开封后 嘱托两人担任 商州中学堂一事	托付商州校务，前往开封应试	
茹卓亭	欲 立					

升允	吉甫		25岁	陕甘总督，密奏朝廷于右任倡言革命，大逆不道	由于电报、驿站发生障碍，幸免逃脱	
李和甫	秉熙			学友	幼年读书常去李府	尊人李雨田
李雨田	云贵		24岁	李和甫令尊、庶信差通报于右任	重金庶信差、安排禹州分号落脚避难计划周详	
信差			24岁	受李先生之托如期赴开封	认识于先生	
南右嵩			24岁	同学	幸好漫步开封街头，巧遇信差	赶考开封
王曙楼	文海		24岁	同学好友，虽被案件牵连，始终未出卖于右任	通缉于右任时，被株连	赶考开封
王心芸	存厚					
朱仲尊	志彝		24岁	同学	通缉于右任时，被株连	赶考开封
马志德	相伯	1840～1939年	25岁	知遇之恩，介绍于右任入震旦公学	逃亡上海受到马先生照顾，与恩师同创复旦公学	学生、助理、校董
孙中山	孙文	1925年3月	27岁	经同乡康心淳介绍，11月13日在东京认识孙中山，胡汉民主盟加入同盟会	1906年在日本考察办报事宜，与孙中山相见，彻夜恳谈	
叶础伧			43岁	1922年设立上海大学		
邵子力						
周伯敏		1895～1965年		于右任外甥，擅长标准草书	标草社初期会员	泾阳人，陕西教育厅长
刘延涛	慕黄	1908～1999年	52岁	受于右任重托，著有《草书通论》	冀鲁豫监察使刘觉民介绍知遇于右任为忠实部下、得力助手	河南巩县人
胡公石	光历	1912～1997年	54岁	于右任入室弟子，入标准草书社	南京标准草书社第二代掌门	江苏盐城人

毛泽东	润之	1893～1976年	46岁	中国国民党第一次代表大会于广州召开，于右任为中央执行委员、毛泽东为湖南省代表	1936年毛泽东在延安接受斯诺时说：“在长沙我第一次看到《民立报》，这是民主革命的日报，这报是于右任主编的。”	湖南湘潭人
周恩来	翔宇	1898～1976年	59岁	于右任1937年在南京宁夏路官邸接待了前来拜访的朱德、周恩来	应周恩来、朱德之邀题写《新华日报》刊头	江苏淮安人
张学良	汉卿	1901～2001年		西安事变后，多次向蒋提出释放张、杨，均被婉言谢绝		辽宁盘锦人
蒋介石	中正	1887～1975年		在黄埔军校期间，经常接到于右任举荐人才信函，并交代说：“于先生送来的全收。”	赴台后，每遇于右任寿辰必登门贺寿	浙江溪口人
山田纯三郎		1876～1963年	75岁	孙先生日本友人	访台时欢迎并赋诗赠之	日本青森人
王世镗	鲁生	1868～1933年		1934年邀赴上海共研书法	安排在监察院领受薪资，安善安排后事	天津人

☆先严新三公成就及相关人员关系

姓名	别名	交往年	于右任年龄	关系·立场	动向·备考	备注
于宝文	新三	1853～1908年		先严，“一灯如豆下苦心，父子相揖背章文”	手写《史记》：阅注《十三经》，辑修家谱、编辑《治家语录》	泾阳斗口人
张香涛	之洞			《輶轩语》作者	借抄《輶轩语》《书目问答》	
马芰洲	丕成			岳池店铺掌柜	马谿田族人，喜刻遗书，并嘱先严校勘	
马谿田				明代名儒	先严典铺掌柜为马谿田族人	
袁子才	袁枚			小仓山房尺牍作者	经注此书，并复刻此书	
陈小园				乡邻	先严学医的先生	
刘子经				岳池典当行	拮据薪资中，购书寄并回家中	

·于右任读书清单·

书目名称	关系特点	作者	内容	备注
十七鹄	毛班香私塾	王羲之	书法	
唐诗三百首	毛班香私塾	蘅塘退士	诗选	
古诗源	毛班香私塾	沈德潜	诗选	
文文山诗集	毛班香私塾	文天祥	诗选	残本
谢叠山诗集	毛班香私塾	谢枋得	诗选	残本
史记	毛班香私塾	司马迁	史书	
十三经	毛班香私塾	多人著	儒家经典	
輶轩语	父亲誊写	张之洞	训诫	张借涛所有
书目问答	父亲誊写	张之洞	学习指南	张借涛所有
小仓山房尺牍	父亲常诵	袁枚	书信	父曰最对社会有用之书，马先生父注释
周礼·冢宰	书院所学		科举文	
尚书、礼记	书院所考内容		儒家经典	
张子正蒙		张载	理学	
四国出使日记	叶先生讲义	薛叔耘	国际情势	叶先生所有
万国公报	父亲所借书刊		国际情势	莫安仁、敦崇礼所有
万国通鉴		谢卫楼	历史	
胡遗集	茹、程的参考书	胡林翼	文集	文字华丽，立意不好
礼运	于右任爱读书	孔子	儒家经典	谭复生的仁学有见地、能感受到其人生境地
西铭		张载	理学	
明夷待访录		黄宗羲	思想学术	
善本丛书	民立图书公司	于右任编	古籍	
监察制度史要			政治	
监察制度史考			政治	

于右任先生曾使用过的书架图

书架高112.5厘米，长92.5厘米，宽30.5厘米。杂木，深褐色，书架背部及足部皆有修缮。

先生之治学，得之庭训者多，据自述：至于我之所以略识学术门径，却以得益于庭训为多。先严虽为家境所迫，早岁经商，但自修甚勤，又从师问业，博览群书，所以见识反较一般科举中人为高。尝手写《史记》全部，点过《十三经》两遍，辑修家谱，选成《治家语录》三卷。又尝借抄张香涛《輶轩语》和《书目答问》寄存家中。某书当读，某书某处重要，亦时以部业所得，在家信中示及。

“书者，如也，如其学，如其才，如其志，总之曰如其人而已。”

——清·艺术评论家 刘熙载

·于右任书架书籍·

第一层	·五经合纂大成·礼记卷四之五·增批直省闱墨·藏园九种曲·三命通会（卷之八） ·绘图笔生花卷九·柏经正堂藏书·注批左传快读·孟子集论卷三四五 ·书序传坿·再生缘全传·诗经首卷·御批增补凡卷二十三·四川闱墨 ·御批增补凡卷二十三·绘图笔生花卷四·特扳三阮协神机·论语 ·康熙字典一午集下·曾文正公家卷九·孟子道性善言·康熙字典 ·雍正乙卯花朝·康熙字典（人部）·寄山先生集·大学古本质言 ·芥子园书传·诗经精义卷二·新增选择萝万宝全书 ·尺牍初说序·论语今译·书法要录卷七·两般秋雨盦随笔 ·古文观止卷之五·各界应西州文件大全·再生缘·文法大全卷五 ·来生福弹词第七回·增补总纂大全卷二十八·经文囊括 ·四大奇书第一种卷十八·福慧全书卷二十八
第二层	·龙文鞭影十四卷·大学古本序·神课今口诀卷四一七·礼记卷五 ·礼记卷四·修真宝传·礼记卷一·河南陈氏遗书卷十八 ·礼记约篇礼器篇卷二·诗经大雅卷六·三国演义卷之十三 ·兵事法令大全·日本兵事法令大全·同治七年夏五周庄 ·警世会议原委·钦定春秋左传读本卷二十三·初学白话注解卷一二 ·分类尺牍·全书右三国本王皆栗姬卷十七·女四书白话解·诗经小雅 ·孟子卷之一·诗韵含英目录·增像全图东周列国志·孟子集论卷三四五 ·代数学三卷·新编宣讲拾遗卷一目次·明李文正公年谱卷·四步军将校 ·尺牍合璧·康熙字典·初学论说精华·天虚我生小说菁华·夏声第七号·周易传经堂藏书·拜占庭帝国
第三层	·二竹诗钞卷五·周礼疏删卷第二四十八卷·春秋卷之三四之十二 ·绘图识字实在易第三册·太上感应篇·亚饭干适楚·周易述义卷六·训女文 ·小学集解卷四·唐宋八家文读本卷四·五经类编卷·昌黎先生集卷 ·古文谐风新编卷三·汉闲一令一一史班卷三十一·东莱博义卷三十二 ·论语卷之六卷十·孟子书卷二·妇女一说晓·净业痛策附刻·平阳全书 ·钦命二品顶戴江南令·序·学校必读考试必须·初学集·黄忠端公集·同礼 ·金监略·雄辩学概·王六泉时文·钦命四书诗题·古文折义·澄衷蒙学堂字课图说 ·日往返六百里

· 于右任早年教育成长经历的研究 ·

时间	年龄	名称		地点	在籍	关系者	备考
1886年	7岁	马王庙私塾	入塾	泾阳杨府村	2年	第五先生	识字
1890年	11岁	毛班香私塾	入塾	三原东关石巷	6年	毛班香、亚芸	传统教育、诗词歌赋、书法
1894年	15岁	受学友相邀参考	考课	三原学古书院		毛班香	得奖银，补贴家用
1896年	17岁	三原县学	入学	宏道书院	3年	叶澜、叶瀚、朱佛光、毛俊臣、贺瑞麟、刘古愚	县试时以第一名考中秀才，入学书院，后又游学泾阳味经书院、西安关中书院
1899年	20岁	岁试合格	考试	宏道书院			以第一名补廪膳生；成婚
1900年	21岁	三原粥工厂	任职	三原西关	1年	沈淇泉、孙芷沅	就任施粥工场长
1901年	22岁	陕西中学堂	入学	西安北院		沈淇泉、丁信夫	西太后西安退避，学校被占
1904年	25岁	乡试合格	考试	三原宏道书院			成为举人
1905年	26岁	商州中学堂	任职	商州		杨宜瀚	担任校长
1905年	26岁	震旦公学	入学	上海		马相伯	上海亡命、化名刘学裕
1906年	27岁	复旦公学	创立	上海			与恩师马相伯合创
1906年	27岁	中国公学	创立	上海			担任校董
1906年	27岁	中国革命同盟会	入会	日本		康心孚、胡汉民	访日考察报业，与孙文首见
1907年	29岁	神州日报	发刊	上海	不足1年		被烧毁、人事离开
1908年	30岁	民呼日报	发刊	上海	83天		被清朝投狱，停刊
1909年	31岁	民吁日报	发刊	上海	50余天		再入狱、释放后度日本
1911年	32岁	民立报	发刊	上海	4年9个月	沈缦云捐助	对当时政局起到积极作用
1912年	33岁	国民党临时政府	成立	南京	3个月		就任交通部次长三个月
1914年	35岁	民立报	废刊				二次革命失败，后三度访日
1915年	37岁	民立图书公司	创设	上海			编刊善本丛书，倒袁护法自谓为一生最难得治学期
1918年	39岁	靖国军总司令	任职	陕西三原		胡景翼	军内盘根错节，志向不能达集碑、研习书法

附录 1. 于右任先生年谱

※

—— 光绪五年　1879 年 4 月 11 日（农历 3 月 20 日）　出生

祖籍陕西省泾阳，生于三原东关河道巷，祖父于登，字峻堂，父于宝文，字新三，母赵太夫人，原籍甘肃省静宁县。先生名伯循，字右任，以字行世。

—— 光绪六年　1880 年　2 岁

不足 2 岁，其父在四川经商未归，由此寄居依伯母房太夫人外家杨府村居住，养育达九年。

—— 光绪十年　1884 年　6 岁

农田半荒，先生随村童牧羊，遇狼险丢性命，幸遇村人牛娃相救逃过一劫。

—— 光绪十一年　1885 年　7 岁

始入私塾，随三水老儒第五氏师学两年。

—— 光绪十四年　1888 年　10 岁

每临清明祭祖，房太夫人携先生至斗口村于家墓地扫墓，告祭一年来所学所用，更发奋努力立誓言。

—— 光绪十五年　1889 年　11 岁

• 先生随伯母房太夫人返回三原县城，住东关叔祖于英（字重臣）家中，入毛班香（字经畴）私塾，读经书学诗文，学益大进。

• 此间受毛先生父亲亚苌公太夫子影响，习王羲之《十七鹅》书法、草书启蒙。其间新三公返乡，继母刘夫人归来，先生日间上学，晚间回家温习父子常读至深夜，互相背诵，先生自享当时略识学术门经，得益于庭训为多。

—— 光绪十六年　1890 年　12 岁

为补贴家用及购置文具，先生利用课余到前院喻氏纸炮房做炮房小工。某夜炮竹前院失火爆炸，掌柜全家遇难，万幸废虚中紧邻院坪处三籍未炸，又逃一劫，但失去了经济来源。适逢毛先生处出，以大学生料理塾务，始学古近体诗，并私阅文天祥、谢叠山诗集残本，学诗作诗深爱启迪。

—— 光绪十八年　1892 年　14 岁

入试本县学古书院考课，第一次即得奖银二钱。此后经常名列榜首，获得奖银，经济、声名鹊起。

—— 光绪二十一年　1895 年　17 岁

• 先生参加岁考，以优异成绩荣获案首，成秀才入三原县学。

• 深造三原宏道书院、泾阳味经书院、西安关中书院，诗赋经解略能对付，时作八股文多以书礼、史记、张子正蒙为本，只重说理，不当词藻，反误为抄袭明文。成绩不佳。师事三原朱佛光及咸阳刘古愚先生。沉浸经史典章之学，仰承三原学派之源流，慨然以天下为己任。

—— 光绪二十三年　1897 年　19 岁

先生学有小成，遂便住读于关中有名书院宏道学堂受业。

—— 光绪二十四年　1898 年　20 岁

• 先生以岁试第一人补廪膳生，学使叶尔恺阅先生原文，视为“西北奇才”，赏识并送出使四国日记书赠先生，勉励除读书之外，还要留心国内外形势。

• 同年先生与三原西关高焕章之女高仲林成婚。

※ ※

—— 光绪二十五年　1899 年　21 岁

沈卫继、叶尔恺督学陕西，时值旱灾，救济灾民，在三原开办粥厂，先生被任厂长，自此接触社会，济生服务于社会之志。

—— 光绪二十六年　1900 年　22 岁

• 督学沈卫荐保先生入陕西中学堂深造。总教习丁保树（信夫）精熟经史，对先生影响甚大。

• 慈禧太后一行西迁长安，陕西中学堂故改行宫，学校停课，当局令师生跪迎，先生愤慨，当夜行状欲上书陕西巡抚岑春煊。手刃慈禧，被同学王麟生劝阻。

—— 光绪二十八年　1902 年　24 岁

• 应兴平知县杨宜瀚（吟海）之邀赴兴平教书。

• 遍游兴平、武功一带名山大川，留下早年诗作。

—— 光绪二十九年　1903 年　25 岁

• 先生以第十名中登乡举。

• 应商州知州推荐入商州中学任校长，校务教学活范，声名从广。

—— 光绪三十年　1904 年　26 岁

友人孟益民为先生第一本诗集《半笑半哭楼诗草》三原铅印刊行。先生赴开封参加礼部应试，因《半笑半哭楼诗草诗草》中多有讥讽朝廷时政，被密告革去举人，严令通缉。亡命上海，化名刘学裕，识马相伯，入震旦公学，边读边做教师。先生伯父宝铭病逝。其父受影响逃至各地后，赴川岳池县城定居。

—— 光绪三十一年　1905 年　27 岁

震旦学院受外籍教员干涉罢课混乱，先生成校友筹办复旦公学、中国公学，兼任两校国文讲席，首次用于右任署名投稿于《新民丛报》《于君右任寄本社书》，此年因生活拮据而在上海定润格鬻字。

—— 光绪三十二年 1906 年　28 岁

• 先生投稿未被发表，蒙生筹办报刊之心。

• 赴日考察学习购置物资，乘船到达日本，与陕西留日学生，康宝忠（字心孚）、井勿幕参观报社，组织陕甘晋豫四省留学生，成立同乡会，担任会长，筹款三万多银元，经引见在东京拜见孙中山，入同盟会，国父授以长江大都督一职。

—— 光绪三十三年　1907 年　29 岁

先生在上海创办《神州日报》以废帝号改甲子纪年唤起民众，再创神州。其间广泛临帖未断，书艺大增。

—— 光绪三十四年　1908 年　30 岁

• 《神州日报》近邻因故火灾，影响报社物资全烧，再因人事纷争退出报社。 除日常复旦、中国公学任教外，重新筹备《民呼日报》。

• 父新三公病危返乡省亲，临终遗言“望汝作世上一个读书人”其间著诗甚多。父新三公病逝。

—— 宣统元年　1909 年　31 岁

《民呼日报》在上海发行其宗旨“大声疾呼，为民请命”，为清廷所疾，被诬陷入狱，停刊。先生出狱后，创办《民吁日报》，刊登国内国际政情，被再次查封，先生再度入狱，获释后再赴日本。省亲返乡三原安葬父亲去世周年，在家乡故里创办民治小学校。

—— 宣统二年　1910 年　32 岁

结识上海知名人士，再次创办《民立报》，并以骚心、剥果、大风等笔名发表社论，短评，一时成为革命宣传喉舌，受孙中山、毛泽东等高度评价。

—— 宣统三年　1911 年　33 岁

•《民立报》社评及各地起义信息大量报道，引起反响甚大。孙中山抵沪最先到访《民立报》报社。

• 先生随孙中山一行赴南京。

—— 民国元年　1912 年　34 岁

• 孙中山任临时大总统，先生被任命为交通部次长。

• 始创上海至南京滬宁铁路夜行列车。

• 开始蓄须。

—— 民国二年　1913 年　35 岁

二次革命失败，《民立报》被迫停刊。先生东渡日本。此期间为先生暗淡时期，此时也开始致力于版本、研究，治学鬻字。

—— 民国三年　1914 年　36 岁

革命低潮期，联络负责陕西三原组建中华革命军西北军。其间至北京筹措军费。

—— 民国四年　1915 年　37 岁

先生致力于文化事业，筹办民立图书公司，拟刊印善本、丛书终因资金受限，将设备转让世界书局；广泛接触传统文化领域。自谓是一生最难得的治学时期。

—— 民国五年　1916 年 38 岁

是年与孙中山策划讨袁斗争。痛斥、揭露复辟倒行逆施。

—— 民国六年　1917 年 39 岁

再北上，返陕呼应孙中山护法大计。在滬鬻书自给。

—— 民国七年　1918 年　40 岁

先生返陕任靖国军总司令，联军盘根错节，犬齿交错，志向不能达，时常郁郁寡欢。抽暇寻访碑石，研习书法。

※ ※ ※

—— 民国八年　1919 年　41 岁

• 先生治军之余，创办渭北中学、渭北师范，三原中学。

• 邀水利专家李儀祉创渭北水利委员会，发展地方水利多次撰书亲朋部下墓志铭。

—— 民国九年　1920 年　42 岁

• 先生在三原创办民治小学。期间兴修水利。

• 治学之余，于多地寻访名碑。书《董振武墓志铭》。

—— 民国十年　1921 年　43 岁

内外因素致使靖国军苦战，军民并困。先生退居三原西关民治小学，有民治学校《纪事诗》先后十首为证。失落之余，购置碑石墓志研习。

—— 民国十一年　1922 年　44 岁

• 先生发妻之女于芝秀入京与屈武（经文）成亲。

• 靖国军处境犹艰，移司令部于凤翔，历三年九个月靖国军总司令暂成句号，在上海创办上海大学。

• 复旦大学授于先生名誉法学位。

—— 民国十二年 1923 年　45 岁

• 孙中山委任先生为国民党参议。

• 先生与柳亚子、廖仲恺、何香凝创办“岁寒社”，其间先生书艺魏体、楷书，悟得魏碑书法之精髓。

—— 民国十三年　1924 年　46 岁

• 先生当选中国国民党第一次全国代表大会中央执行委员。

• 先生书《赠大将军邹君墓表》，为楷书代表作之一。

• 先生伯母房太夫人病逝，享年七十岁。

• 从洛阳古董商手中置进大批墓石，包括汉、晋、北魏、北齐、北周、隋、唐、宋各代一百多方，暂存北平。

—— 民国十四年　1925 年　47 岁

先生参与孙先生遗嘱的起草，先生撰并书《胡励生墓志铭》此书作为魏体楷书，属先生书法之精品。

—— 民国十五年　1926 年　48 岁

• 先生当选中国国民党第二届全国代表大会中央执行委员。

• 国民政府委托先生全权指挥西北革命大业。

• 于故宫太和殿参加孙中山逝世周年大会宣读哀悼文。

• 赴苏联请冯玉祥回国解围西安。期间拜会斯大林。

• 会师三原，成立国民联军，先生以驻陕总司令兼省府主席，解围西安。

—— 民国十六年　1927 年　49 岁

• 创办西安中山军事学校。

• 为纪念陕西革命献身殉难而建革命公园。

• 成立西安中山学院。

• 被推举为国民政府委员会常务委员、军事委员会委员。

• 广泛收集历代法帖书论，潜心研究草书，此时期代表作有《佩兰女士墓志铭》《总理遗嘱》《陆秋心墓志》《吴昌硕墓志》等。

—— 民国十七年　1928 年　50 岁

• 先生当选中央政府委员会委员。

• 先生任审计院长。

—— 民国十八年　1929 年　51 岁

• 先生《右任诗存》由上海世界书局出版。收录先生清末至二十年代初二百余首诗词曲。陕西大旱，先生归省赈灾。

• 先生撰写《总理奉安之追念》《耿端人少将纪念碑》。

—— 民国十九年 1930 年 52 岁

• 先生潜心研习魏碑典范。书《秋先烈纪念碑记》。
• 被复旦大学授予法学博士。
• 改良农业，兴修水利，创办陕西泾阳斗口村农业试验场，农艺、园艺部。
• 国民党第三届中央执行委员会第四次会议任命先生为国民政府委员兼监察院长。

—— 民国二十年 1931 年 53 岁

• 监察院在南京正式成立，先生主持工作。
• 筹办三原女子中学。

—— 民国二十一年 1932 年 54 岁

• 筹备建设西北农林专科学校（现西北农林科技大学）于杨凌。《右任诗存》再版。在上海创立标准草书社。
• 先生《右任墨缘》由友声文艺社出版，该书多为先生二十年代后行楷作品。先生撰并书《陆军上将岳公西峰墓志铭》。
• 先生书《梁公让甫及德配李申两夫人墓志铭》。

—— 民国二十二年 1933 年 55 岁

• 先生游太白山，创作巨篇《太白山记游歌》诗，近两千字。出资在儿时马王廊附近，购地建设宗海小学校。（宗海，为房太夫人哥哥名字。）
• 重金向洛阳古董商购入熹平石经（周易）残石（现已捐入西安碑林）。

—— 民国二十三年 1934 年 56 岁

• 被推举为《西北农林专科学校》校长。
• 致力于标准草书的编研工作。
• 先生书《孙中山总理在黄埔军官学校告别辞》刻石十二块，嵌在南京灵谷寺塔（原名阵亡将士纪念塔）全文六千字。
• 先生撰并书《长安孙公善述墓表》《长安孙公荆山墓表》。

—— 民国二十四年 1935 年 57 岁

• 先生主持朱佛光葬礼并撰书《朱佛光墓志铭》。
• 主持编纂《黄帝功德纪》并作序言。
• 编撰《监察制度史要》及《监察制度史考》，书《富平胡太公墓志铭》《蓝田赵君次庭墓志铭》，均为草书，胡太公为标准草书。

• 公务之余，注重标准草书研究。

—— 国民二十五年　1936 年　58 岁

• 先生《标准草书范本千字文》集字双钩百纳本，由上海汉文正楷印书局刊行，印500 本。

• 西安事变，先生任宣慰使赴陕，慰问西北军民。

• 先生将珍藏的三百八十七方碑石捐赠西安碑林。

—— 民国二十六年　1937 年　59 岁

• 《标准草书》第二次修正，未印行。

• 出版《民族诗坛》《报国半月刊》。

• 题写《新华日报》刊头。

—— 民国二十七年　1938 年　60 岁

• 出资在四川岳池县以父亲“新三”命名纪念办学（新三中学于 1951 年与岳池中学合并）。

• 先生《标准草书》第三次修正本，由香港中华书局印行 300 本。

• 先生书草书《正气歌》分刻六石，现藏于西安碑林。

※ ※ ※ ※

—— 民国二十八年　1939 年　61 岁

• 经先生提议，国民政府通过，西北农林专科学校与国立西北联合大学农学院合并为西北农学院。

• 先生撰书《三原李雨田墓表》此为标准草书力作。

—— 民国二十九年　1940 年　62 岁

• 先生编著的《标准草书》第四次修改本，由上海中华书局印 500 本。

• 先生撰《牧羊儿自述》自传。

• 先生撰并书《杨仁天先生墓志铭》。

—— 民国三十年　1941 年　63 岁

• 发表《论中南半岛之范围与命名》（中南半岛原为印度支那半岛）。

• 提议以农历五月五日为“诗人节”。

• 游敦煌遇张大千，对诸佛洞壁画保护勘忧，提议设立“敦煌艺术学院”。召集“西北文物考察团”与张大千一起研究调查敦煌。

• 《草书月刊》创刊，为中国最早研究草书学术刊物。

—— 民国三十一年　1942 年　64 岁

• 先生增订刊布《标准草书千字文》分上下两卷，上卷《草圣千文》，下卷为《标准草书释例》，第五次修改本在重庆出版。

• 先生书《中华民国陆军新编第二十七师长王君杰之墓表》。

—— 民国三十二年　1943 年　65 岁

• 先生《太平海》论文发表。因此自号“太平老人”。

• “标准草书与建国”首次公开演讲。

• 先生书《国民政府委员蒙藏委员会委员长马公云亭纪念碑》（存兰州市）《先君新三公墓表》。

• 撰并书《无名英烈纪念碑》《王陆一墓志铭》。

• 此时期先生标准草书已到成熟时期。

—— 民国三十三年　1944 年　66 岁

先生发起民族诗坛，创办《中华乐府》刊物。

—— 民国三十四年　1945 年　67 岁

• 先生在重庆与故友毛泽东、周恩来相见。《中吕·醉高歌》十首发表于《中华乐府》。

• 先生撰文并书《天水邓尚贤先生墓碑》，此碑分行书及行草两面刻成，现存于三原县博物馆。

—— 民国三十五年　1946 年　68 岁

• 先生为敦煌莫高窟题写跋文。

• 先生参加新疆民族联合政府典礼，遍游南北，赋诗多首。

—— 民国三十六年　1947 年　69 岁

• 撰并书《刘公允丞墓表》。

·《草书月刊》第二至四期出版。
·作长篇诗作《第二次大战回忆歌》。

—— 民国三十七年 1948 年 70 岁
·撰文《叶楚伧墓碑记》。
·《草书月刊》第五六期合刊出刊。
·书《百字令题标准草书》。
·上海大学同学会编辑《右任诗存》诗集二百余首，线装由上海大东书局出版。
·竞选副总统落选。
·《标准草书》第六次修正本由中华书局出版发行。

—— 1949 年 71 岁
·谒黄花岗烈士，赋诗刻石记之。
·11 月 28 日赴台从此未归。

—— 1950 年 72 岁
弹劾李宗仁案，修禊于台北士林园艺所。“新兰亭”重阳节，约台北诗人阳明山登高。即有诗学革新计划。

—— 1951 年 73 岁
·患脑部微血管阻塞，有中风状，戒烟。
·《右任诗存》第六次印本由上海大学同学会编印出版。
·《标准草书》第七次修正本由中国公学校友会出版发行。
·撰书《居觉先生墓表》。

—— 1952 年 74 岁
·各界各层数千余人贺寿于台北宾践堂。
·蒋介石夫妇持美玲国画两幅贺寿。
·撰《周佩箴墓志铭》《李萝彪先生墓志铭》。

—— 民国四十二年 1953 年 75 岁
·编著的《标准草书》第八次修正本由台湾中史文物供应社出版。
·先生撰《谈善吾先生墓志铭》。

—— 1954 年　76 岁

• 先生撰《邹鲁墓志铭》《丁鼎丞先墓表》。

• 孙中山诞辰暨国民党建党六十周年，孙先生日本友人山田纯三郎来台携国父墨宝《亚细亚复兴会》。先生拜读以诗相赠。

—— 1955 年　77 岁

• 先生在台南发表有关对诗学最精辟见解与指引，发扬时代精神，便利大众欣赏。

• 先生发表《国父行谊》纪念孙先生九十诞辰。

—— 1956 年　78 岁

• 先生诗《题梁鼎铭画拐子马图》并书条屏。

• 先生撰书《郑仲武墓志铭》。

• 先生荣获国民党“当局”教育部文艺诗歌奖，发获奖感言《老树著花》。

—— 1957 年　79 岁

• 民国肇启至此，上海爱丽园纪念照三十四人仅剩先生一人。念往昔，感慨万千，赋诗有“不信青春唤不回”之句。

• 先生作忆西安书院门发妻诗《忆内子高仲林》。

—— 1958 年　80 岁

• 先生八十寿诞，蒋介石及夫人在台北中山纪念堂设宴祝寿，并颂赠“国光人瑞”。

• 先生参加诗人节，发表《诗应化难为易，应接近大众》：现在国家推行的是国语，而我们作诗用的是古韵……埋没了人才，损失了好诗，应与时俱进。

※ ※ ※ ※ ※

—— 1959 年　81 岁

• 先生手临《标准草书》千字文交林华堂出版。

• 先生感怀西安书院门发妻赋诗两首《思念内子高仲林》。

—— 1960 年　82 岁

• 先生书赠台北国立中央图书馆大厦落成。
• 文化五千年汇群流而归大海，图史十万轴开宝藏以利后人。
• 修订《标准草书》。

—— 1961 年　83 岁

• 先生望着发妻高仲林八十寿辰在西安举行的照片及信函，甚为安慰。
• 先生编著《标准草书》第九次修正本由台湾中史文物供应社出版，此为最后定稿本。
• 先生书赠蒋经国先生“计利当计天下利，求名应求万世名”联。

—— 1962 年　84 岁

• 先生在日记中，1 月 12 日——“我百年后，愿葬于玉山或阿里山树木多的高处，可以时时望大陆，山要最高者，树要最大者。我的故乡是中国大陆。”1 月 20 日——“葬我于台北近处高山之上亦可。但山要最高者。”1 月 24 日——作《望大陆》歌预嘱后事。
• 先生生辰之日，台湾发行“元老记者”纪念邮票。
• 先生书《台北历史博物馆纪》。

—— 1963 年　85 岁

• 先生在台成立《标准草书研究会》刘延涛任会长。
• 先生撰书《中华民国开国五十年文献序》。

—— 1964 年　86 岁

• 先生《右任诗文集》藏中书局出版印行。
• 先生《右任墨存》集结。
• 终于 8 月 10 日晚 8 时 8 分，台北荣民医院。

—— 1965 年

7 月 17 日祭陵并葬于阳明山、大屯山八拉卡墓园。

附录 2. 于右任文化研究大事记

1991年 ◎ 纪念于右任诞辰100周年在日本京都、高崎举办于先生纪念展，日本柳原书店出版发行《于右任书法集成》。

1991年 ◎ 「中国标准草书学社」迁至南京。

1995年 ◎ 台湾行政院文化建设委员会出版《于右任书法选集》。

1996年 ◎ 日本福山美术馆（广岛县）举办「于右任书展」。

1997年 ◎ 陕西三原于右任纪念馆开馆。

1998年 ◎ 台北市，台湾行政院文化建设委员会主办「三百年来一草圣·于右任先生诞辰120纪念」。

2002年 ◎ 西安市文物局《关于书院门52号于右任故居的认证》。

1984年

◎ 胡公石先生提议恢复「中国标准草书学社」于宁夏。

1986年

◎ 北京革命历史博物馆，举办「于右任书法真迹展」。

1987年

◎ 在陕西省成立「陕西省于右任书法学会」。

1988年

◎ 陕西省于右任书法学会与日本高崎书道在西安举办「首届于右任书法流派展」。

1988年

◎ 西安市于右任书法学会成立。

1989年

◎ 「于右任杯全国书法大赛」在三原举行。

◎ 2006年 首届于右任国际学术研讨会，复旦大学开幕。

◎ 2007年 《于右任诗词曲全集》出版座谈会，编著于媛，北京现代文学馆。

◎ 2007年 「于右任书法精品暨海峡两岸当代书法名家作品联展」西安亮宝楼。

◎ 2009年 西安于右任故居纪念馆试开馆。

◎ 2009年 「于右任与西安于馆的复建——我的博物馆实践经历」讲座在日本国学院大学举办。

◎ 2010年 「于右任书法精品展」在北京举行。

◎ 2010年 西安于右任书法艺术博物馆成立。

2003年 西安于右任故居纪念馆注册成立。

2004年 「纪念于右任诞辰125周年暨《望大陆》诗作发表四十周年」北京现代文学馆。

2005年 「景行行止」纪念于右任逝世四十周年纪念集，陆炳文编著。

2005年 西安于右任故居纪念馆复建开始。

2005年 「一代草圣：三原于右任书法艺术」展，香港中文大学。

2005年 于右任书法陈列馆在复旦大学开馆。

2006年 「纪念中国标准草书创立七十周年于右任书法真迹暨国际书法邀请展」陕西美术馆。

◎ 「忆长安·话乡愁」于右任先生、台湾余光中先生诗歌朗诵会举行，西安于右任故居纪念馆正式开馆。 2012年

◎ 「纪念中国标准草书社成立八十周年」在江苏美术馆举行。 2012年

◎ 「于右任在上海的岁月」讲座在上海大学举行，演讲人于江。 2012年

◎ 「于右任与齐白石书画联展」在西安钟楼举行。 2013年

◎ 《于右任书法全集》发行座谈会举行，编著钟明善。 2015年

◎ 于右任先生诞辰140周年纪念之《落落乾坤大布衣》出版发行，编著于江。 2019年

◎ ……

附录 3. 关于于右任先生纪念及研究机构一览

·关于右任先生纪念及研究机构一览·

序号	名　称	成立时间	内　容	地　址
01	中国标准草书学社	1932年 于右任（上海） 胡公石（南京）	弘扬草书艺术、 促进传统文化发展	南京市中山北路283号 10号楼
02	中国标准草书学会	1963年	草书标准化改革、推广	台湾文山区罗斯福路5段176巷
03	陕西于右任书法学会	1987年12月	研究、普及于右任书法艺术、继承发展于氏标准草书	西安市莲湖区丰庆路1号 财富广场19楼C座
04	西安于右任书法学会	1988年	弘扬于右任爱国精神和书法艺术成就	西安市东仪路173号绵江木器厂院内
05	于右任故居（文管所）	1997年7月	于右任生平事迹展当代名人字画展	三原县城西关斗口巷5号
06	三原于右任纪念馆	1997年11月	爱国事迹展先生墨品展	三原县城南西三一级公路西段
07	陕西于右任研究会		研究于右任学术方面业绩	陕西师范大学校内
08	西安于右任故居纪念馆	2003年登记 2009年开馆	于右任生平展，事迹展，不定期举行文化活动	西安碑林区书院门52号
09	于右任书法陈列馆	2005年	研究于右任创建本校先贤历史文化贡献	上海复旦大学邯郸路校区 博物馆内
10	于右任书法收藏研究院	2005年	收藏整理推广于右任先生文化贡献	台湾市台北区罗斯福路5段
11	于右任书法艺术博物馆	2010年7月	集中收藏、展示于右任书法作品专题博物馆	西安北二环东段锦园新世纪社区中心广场830号
12	于右任书法艺术研究院	2010年8月	研究收藏于书作品、传承传统文化	银川市兴庆区银帝·丽水 文化会所
13	于右任教育思想纪念馆	2014年9月	展示、宣传于右任教育方面的功绩	西北农林科技大学校内
14	紫金标准草书研究院	2018年11月	标准草书研究推广	江苏南京市鼓楼区南京 艺术学院内

·后 记·

于右任先生是20世纪伟大的世界文化名人，是集“真诚的爱国者、政治家、教育家、记者、诗人、书法家、文物收藏家、美食家……”硕名于一身，但其跌宕起伏、朴素真诚的人生“布衣”形象却早已深深地置根于各国于迷和国民心中。

本纪念文集是将于先生历经清末、民国的历史一瞬，呈现给读者，通过先生的每一个像素、每一副作品及自传中每一句朴素言语，透过墨香呈现给我们。一帧帧写真中的音容笑貌、一幅幅书作中的真善美表达，使人回眸、留恋，我们似乎感受到了他思乡的真情流露，仿佛听到他浓重地关中乡音依然回响在每一个阅读者的耳畔和心间。每当掩卷沉思，虽历经百年的往事，仍能让我们深切地感受到于先生的人生高度、事业宽度和待人接物的温度。在短暂而平凡人生道路中，于先生却使之波澜壮阔，这是如何的不易之事呀！我痛切地感到本书又怎能包罗下他“落落乾坤大布衣”的胸怀和人生轨迹。

时值无雨的亥猪清明，在即将迎来于先生诞辰之际，在春天的阳光中去迎接和重温大家心目中的于右任先生；从先生的人生过往中感受平凡中的不平凡；理解和认识这位从陕西关中走向世界的世纪文化伟人。

在收集、整理、编辑本书过程中，给予关怀、支持、帮助的诸位前辈、好友如：廖祯祥先生、张英女士、张健、孙留伟、李靖、于天荟、李暖、于天昱、李传樑、段兵、安建炜、郭治华、王欢、陈晓勇、岳朗、亚东、红五……致以深深地谢忱！

·编者简介·

于江，字大方，号渔夫，乐游居士。男，汉族，籍贯三原。由于家庭影响，年少对中国文学诗歌尤为喜爱。少长自学日语，在西安外国语师专进修提高。

1986至1996年中，在日本漂泊游学。期间，得助于朝日新闻知名记者石川忠臣、阿倍芳子，全日本古城保护协会及丝绸之路博物馆会长五十岚大佑、日本博物馆学研究家加藤有次、香川知名绅士位野木峰夫、炙味美术馆位野木　正馆长、国学院大学博物馆专家青木豊等先辈诸友帮助和影响，游历于日本博物、艺术、资料各馆，实习考古于大小岛屿之间。随日益增研，逐拨云见日，恍然于从叶致根的回归和认识。复读于中国传统文化诸科。

依所学博物馆理论，进入博物馆申请、复建、陈列、展示、研究、收藏等一系列博物馆实践活动。逐渐脱离有关僵硬博物馆思想，找出更加适合于本时代的社会启蒙和社会教育学习设施的博物馆经营理论。近年来，组织中国民博界、收藏界、学界多次赴日交流考察，受到各界同仁积极评价。参与的论文、共著、编著、译著有《标准草书概要》《博物馆纪要37期》《户外博物馆研究》《有效利用地区遗迹和博物馆》《西安名碑系列》《我的青年时代日文版》等一系列有关传统文化的整理研究和探寻工作。研究方向为文化交流、商业、观光复合传统新文化设施等。

泊唐文化 Botang Culture
思想引领思想　文化创造文化

落落乾坤大布衣

产品经理|岳　朗
装帧设计|朱天瑞 卫东青
媒介推广|闫　瑞

出版统筹|孙留伟
印制总监|王师源
运营总监|高　莉